深部岩土力学与地下工程国家重点实验室
中国矿业大学(北京)公共危机管理与决策实验室 研究成果

高等教育应急管理系列教材

总主编 范中启

社区公共危机治理概论

主编 许文文

应急管理出版社

·北 京·

内 容 提 要

本教材从社区公共危机治理的基本概念以及中国社区公共危机治理的历史沿革入手，重点介绍社区公共危机治理风险评估、危机应对、善后恢复三大阶段的相关工作方法与基本原则，最后尝试从社区韧性构建、国际经验借鉴、理论工具及成功案例介绍等视角给出提升社区公共危机治理能力的可行路径。

本教材适用于高等院校应急管理、安全工程等专业的本科及研究生教学，也可作为基层政府机构、应急管理领域企事业单位的培训教材。

序

德国著名社会学家乌尔里希·贝克（Ulrich Beck）指出，人类已经进入一个风险社会，在风险社会中，不明的和无法预料的后果成为历史和社会的主宰力量。2020年初，一场突如其来的新冠肺炎疫情对世界产生了重大影响。据美国约翰斯·霍普金斯大学统计数据显示，截至2021年10月底，全球累计确诊新冠肺炎病例超2.47亿例，全球新冠肺炎死亡病例超过500万例，而且全球疫情下降的拐点还没有出现。在全球性风险社会背景下，突发事件应急管理成为一种新常态。

应急管理是国家治理体系和治理能力的重要组成部分，加强应急管理体系和能力建设、有效应对风险挑战是推进国家治理体系和治理能力现代化的内在要求。党的十九大报告对应急管理做出重要战略部署并明确提出，要坚持总体国家安全观，构建满足人民美好生活需要的公共安全体系；十九届四中全会提出，要健全公共安全体制机制，优化国家应急管理能力体系建设；十九届五中全会进一步提出，要不断健全重大风险防范化解体制机制，显著增强突发公共事件应急能力。

从实践来看，2003年“非典”疫情对我国公共卫生体系造成了巨大冲击，成为我国应急管理的重大转折点，在这之后以“一案三制”为核心的应急管理体系逐步建立起来。2018年4月应急管理部的组建，实现了应急管理从综合协调体制向统一指挥、权责一致、权威高效体制转变，从多部门协同应对向更加专业化、职业化管理转变，从临时性指挥机构向常设制、常态化治理组织转变，从侧重应急处置向危机管理全过程转变，新时代中国应急管理体系得到逐步完善。2020年初暴发的新冠肺炎疫情是新中国成立以来我国遭遇的传播速度最快、感染范围最广、防控难度最大的重大突发公共卫生事件。以习近平同志为核心的党中央统揽全局、果断决策、科学防控，取得了疫情防控阻击战的重大战略成果，统筹推进疫情防控和经济社会发展取得显著成效，向世界重大突发公共卫生事件应急管理贡献了“中国智慧”和“中国方案”。

为了适应形势发展的需求，更好地开展高等学校应急管理的教学科研工作，中国矿业大学（北京）公共危机管理与决策实验室整合学校“安全科学与工程”国家一流学科的优势办学资源，联合中国矿业大学、华北科技学院等学校的优秀学者编写了这套高等教育应急管理系列教材。系列教材具有如下特色：一是体系完整，基本涵盖了应急管理专业教育的主要知识领域，能基本满足应急管理专业教学需求；二是内容较新，反映了国内外应急管理研究领域的最新成果，为该领域的教育者、学生、实践工作者提供最新信息和资料；三是应用性强，兼顾管理和技术两个维度，理论与实践相结合，偏重应用性。

教材编写是一项艰巨的系统工程。应急管理学科是一门正在快速发展的学科，其包含的知识面广、知识点多，涉及的问题复杂。在编写过程中，我们遵循了系统、全面、科学的原则，力求使系列教材涵盖应急管理专业教育的基本理论、基本方法、主要内容。但由于理论演进需要一个过程，同时应急管理领域还有很多问题需要进一步深入研究和探讨，也受制于编者的精力和能力，因此系列教材难免存在一些不足和缺陷，希望读者提出宝贵意见和建议。

这套高等教育应急管理系列教材是中国矿业大学（北京）公共危机管理与决策实验室的研究成果，也是校企合作、科教融合协同育人的最新成果。感谢中国矿业大学（北京）深部岩土力学与地下工程国家重点实验室何满潮院士团队、威讯柏睿数据科技（北京）有限公司给予的支持；感谢参与系列教材编写的专家和学者，他们认真负责、严谨务实的态度深深感动了我；也感谢应急管理出版社为系列教材的出版付出的大量心血。

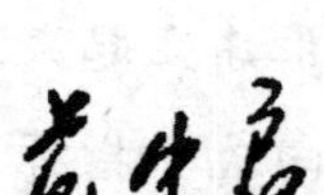

2021 年 11 月

于中国矿业大学（北京）

前　言

随着全球化、信息化与城市化进程的不断演进，影响人类生存安全的不稳定因素日益增多，公共危机频繁发生。从惊天动地的自然巨灾到骇人听闻的技术灾难、从肆虐横行的传染病疫情到令人发指的恐怖袭击，诸如此类的公共危机无不给社会公众的生命健康与财产安全造成了严重的威胁，挑战着社会系统的核心价值与运行能力，考验着各级政府的执政能力。

社区作为构成社会的基本单位，社区安全是社会安全、稳定、和谐的基础。社区作为各类公共危机的承受主体与“第一现场”，以及预防和应对公共危机的前沿阵地，社区公共危机治理能力是国家公共危机治理能力的核心组成部分。

在上述背景下，专业的社区应急管理人才的培养，确保基层治理人才能够掌握社区公共危机治理的系统知识、具备社区公共危机治理能力迫在眉睫。为助力上述目标的达成，我们组织编写了本教材。本教材的编写过程是对中国社区公共危机治理进行扫描及审视的过程，旨在向学习者客观地传达中国社区公共危机治理的实践发展及理论进程。

在教材编写工作完成之际，特向为此教材顺利出版付出努力的所有人员及机构表示感谢。感谢中国矿业大学（北京）深部岩土力学与地下工程实验室资助出版；感谢中国矿业大学（北京）城市危机管理与决策实验室“高等教育应急管理系列教材”管理团队的支持；感谢应急管理出版社编辑团队在教材出版过程中耐心、严谨的审稿和编校工作；感谢教材编写团队成员唐钟昕、石煊、刘一靓、张牧辛、李张宁的辛苦付出。鉴于教材的探索性及编写资源的有限性，本教材仍存在诸多不足，敬请各位读者批评指正。

许文文

2022 年 3 月

目　录

第一章 导 论

第一节 社 区 概 述

“人的本质不是单个人所固有的抽象物，在其现实性上，它是一切社会关系的总和。”[1] 社会关系是由多重维度的关系组合而成的。现代人的行动空间和身份认同兼具私人性、社群性和国家性3种存在状态。人的社群性原理说明人不仅是自然人、家庭人、职业人、政治人，更是社区人。社区人是对人之社群性这一属性的外在表达。社区人恰好说明了人与其生活的社区紧密关联。鲜活的生活事实告诉我们：在中国，绝大多数人都是要回归社区的。社区就是由一个个家庭组合而成但又超越家庭的生活共同体与治理共同体。所以社区治理的好坏，直接决定着国家治理体系的健康与否。社区建设、社区服务和社区治理，与百姓生活紧紧相连，与城市生命环环相扣，与国家命运息息相关[2]。

一、社区的概念

社区是社会学中的一个基本概念。它源于拉丁语，本意为关系密切的伙伴和共同体。首次将社区一词用于社会学研究的是德国社会学家F. 滕尼斯，而中文中的“社区”一词是20世纪30年代由以费孝通为首的燕京大学的学生从英文community翻译过来的。现在“社区”已成为社会学中一个通用的术语。但这个词从滕尼斯提出到现在，其含义发生了很大的变化，人们在界定这一概念时观点各异。有的把它理解为社会团体，有的则称它为生活组织，也有的把它与社会一词通用。直至今天，据粗略统计，有关社区的定义有140多种。比较有代表性的有：

美国学者R. E. 帕克认为，社区是“占据在一块被或多或少明确地限定了的地域上的人群汇集”。他还说，“一个社区不仅仅是人的汇集，也是组织制度的汇集”。

美国学者F. M. 罗吉斯与L. G. 伯德格认为：“社区是一个群体，它由彼此联系、具有共同利益或纽带、具有共同地域的一群人所组成。社区是一种简单群体，其成员之间的关系是建立在地域的基础上的。”

美国社会学家B. 菲利浦斯认为：“社区是居住在某一特定区域的、共同实现多元目标的人所构成的群体。在社区中，每个成员可以过着完整的社会生活。”

美国社会学家戴维·波普诺在其所著的《社会学》一书中写道，社区是指“在一个地理区域内围绕着日常交往组织起来的一群人”。

日本社会学者横山宁夫在其《社会学概论》中指出：“社区具有一定的空间地区，它是一种综合性的生活共同体。”

我国台湾学者龙冠海教授认为：“社区是有地理界限的社会团体，即人们在特定的地域内共同生活的组织体系，普遍称为地域团体。”

费孝通先生对社区的表述为：“社区是若干个社会群体或社会组织聚集在某一地域里形成的一个在生活上相互关联的大集体。”

社会学家袁方指出：“社区是由聚集在某一地域内按一定社会制度和社会关系组织起来的、具有共同人口特征的地域生活共同体。”

郑杭生教授认为：“社区是进行一定的社会活动，具有某种互动关系和共同文化维系力的人类群体及其活动区域。”

北京大学社会学教授夏学銮先生将社区概念的历史演变总结为3个阶段：

第一阶段，“组织”论阶段。从1887年德国社会学家滕尼斯的《社区和社会》一书问世，至1917年英国社会学家麦基文的《社区》一书发表，其间30年是社区界定的“组织”论时代，即把自然社区（即农村）看成是与理性社会（即城市）相对独立的组织形态，它们之间的差别是以人际关系的远近亲疏为特征的。在自然社区这种原始的组织中，人际关系具有熟悉、同情、信任、相互依赖和社会粘着等典型特征；而在理性社会这种人造的组织中，人际关系则具有陌生、反感、不信任、相互独立和社会联结等典型特征。这种关于“社区”和“社会”的绝对划分与交互界定，为现代社会学的分析奠定了基础。

第二阶段，“区域”论阶段。从1917年麦基文《社区》一书的出版到1975年桑德斯《社区论》（第三版）的出版，这半个多世纪为社区界定的“区域”论时代，即把社区看成是人们在其中共同生活的区域，“社区”不再是与“社会”截然对立的绝对体，而变成与人们的生活区域范围有关的相对物，村庄、城镇、街道是社区，区、城市也是社区，更大的地区、国家甚至整个地球都可以看作一个社区，一个社区可以看作是另一个更大社区的有机组成部分。这种关于社区的“区域”论界定为在区、城市、地区、国家甚至全球层面引入社区规划和社区发展概念，奠定了理论基础。

第三阶段，“综合”论阶段。从1975年桑德斯的《社区论》出版至今的30多年是社区界定的“综合”论时代，即把社区既看成一个互动的体系，又看作一个冲突的场所，还看作一个行动的场域。这种关于社区的“综合”界定为社区发展的方案论、过程论、运动理论和方法论模式提供了理论支持。

综合前人围绕社区概念展开的种种讨论，我们可以得出社区的定义——社区实质上就是一个区域性社会，是聚居在一定地域范围内的人们所组成的社会生活共同体[①]。社区包含以下4层基本含义：①社区都有一个相对稳定、独立的地理空间，任何一种规模的社区

① 需要说明的是本教材名称中的“社区”具体指我国行政规划中的基层治理单位。

都存在于一定的地理空间中；②社区都有以特定社会关系为纽带而形成的一定数量的人口，社区的存在总离不开一定的人群，一定数量的人口是社区各种活动展开的主体；③生活于该地域的人们具有一种地缘上的归属感和心理文化上的认同感，在社区的共同生活中，人们基于某些共同的利益、问题和需要而产生了某些共同的行为规范、生活方式及社区意识，从而形成了社区人群的文化维系力；④社区的核心内容是社区中人们的各种社会活动及其互动关系，人们在经济的、政治的、文化的各项活动和日常生活中产生互动，形成了各种关系，并由此聚居在一起，形成了不同类型的社区。

二、中国社区制度的发展历程

新中国成立后，我国在城市基层社会逐步建立了以“单位制”为主、以基层地区管理（街居制）为辅的管理体制。但是，在我国经济转轨和社会转型之后，单位制逐渐被打破，单位管理模式趋于失效；街居制也因基层社会的巨大变化而面临很多的现实难题，在管理上陷入困境。因此，社区制的出现是基层社区治理中的一种必然趋势，它改变了传统的城市基层社会管理的理念和方法，必将在未来对我国城市社会的发展起到重大的作用。

（一）走入历史的单位制

1. 单位制的产生

一方面，中国共产党在实现“农村包围城市”夺取全国政权之后，工作重点转移到城市，在战争年代，我们党形成了一套特殊的管理体制，即“公家人”管理，这套管理体制使我们党和军队保持了强大的战斗力，取得了全国斗争的胜利。新中国成立后，虽然将实行多年的供给制逐步改成了工资制，但“公家人”的管理模式却得到了延续，并为单位制的产生奠定了基础。另一方面，对于个人来说，在社会生活受到国家行政权力全面控制的条件下，一旦离开就业场所和党政部门的认可和证明，个人的许多社会活动就无法进行（例如婚姻登记、户口登记、工作调动等）。当社会上的各种就业场所逐一被纳入计划经济体系后，单位社会就形成了。

2. 单位制的功能

（1）政治动员。单位制度中的单位，其政治功能是十分突出的。每个单位（不论事业单位，还是企业单位）都有一定的行政级别，每个单位都是由干部和工人这两大政治身份的人群组成，都作为行政体系中的一个“部件”而存在，都将健全的党群组织作为政治动员的主导力量。通过这种高效率的政治动员机制，党和政府可以运用自上而下的行政手段，组织群众投入各种大规模的政治运动，以实现党和政府具备了极强的各项方针和政策。借助于高度行政化的单位组织，党和政府具备了极强的政治动员能力，可以直接面对民众，在战略部署上实现全国人民步调一致。

（2）经济发展。在计划经济体制下，国家控制了几乎所有的资源。国家对资源的调控和配置是通过各类单位组织来进行的。单位制为国家集中稀缺资源、投入现代化建设的关键性领域发挥了重要的作用，有效地保证了国家战略意图的顺利实施，为我国工业化体系的快速建立奠定了良好基础。

（3）社会管控。毛泽东同志非常重视人民群众的力量，强调将人民群众组织起来，单位制就反映了这一要求。在新中国成立之初、生产力水平很低的状态下，单位制通过提供充分就业、劳保福利、分配住房、子女入学等福利制度，实现了整个社会生活的高度组织化。全国人民几乎都被纳入了行政权力的管理范围之内，行政权力延伸到了全国的每一个角落和社会生活的每一个领域，整个社会实现了高度的整合。

3. 单位制的衰落

改革开放以来，随着社会主义市场经济体制的逐步建立，包括个体私营经济在内的各种经济成分获得快速发展，社会结构不断分化，城市社会发生了根本性变革。社会的转型对以单位制为主体的二元城市基层管理体制构成了巨大挑战：一方面，社会组织的多样化特征日益明显，出现了许多不具有传统“单位”特征的行业和组织，且从业人数快速增长；另一方面，由于20世纪90年代以来原本由单位运作的医疗住房、养老保障等福利制度逐步走向社会化，单位成员在单位之外获得资源的机会不断增多，从而对单位的依赖不断减弱。再加上流动人口的增加、居民闲暇时间的增多、老龄化社会的来临等，这一切都使得城市基层管理的内容越来越庞杂。在社会转型的大背景下，单位制整合社会的组织功能日益弱化。这些都使得单位制失去了生存的土壤。

（二）深陷困境的街居制

1. 街居制的创立与发展

新中国成立以来，我国街居制的发展大致经历了4个阶段：

（1）创立阶段。1949年新中国成立后，党和国家的工作重点开始从农村向城市转移。我国在1954年第一届全国人民代表大会四次会议上，制定并通过了《城市街道办事处组织条例》和《城市居民委员会组织条例》。按照规定，街道办事处的任务是：办理市、市辖区人民委员会有关居民工作的交办事项，指导居民委员会的工作，反映居民的意见和要求。居民委员会的任务是：办理有关居民的公共福利事项，反映居民的意见和要求，动员居民响应政府号召并遵守法律，领导群众性的治安保卫工作，调解居民间的纠纷等。

（2）膨胀阶段。1958年兴起的“大跃进”、人民公社运动，使街道的机构和职能迅速膨胀。以上海市五里桥街道为例，1960年，街道党委成立，4月开始试办城市人民公社，实行“政社合一”，实际上是党、政、社高度合一，街区权力达到前所未有的高度集中，党几乎控制街道内的全部权力。人民公社作为一级政权组织，又是经济生活组织、社会生活组织，它在管辖的街道、里弄所在的街区里，全面实行基层行政管理，组织生产，履行司法、公安、卫生、医疗、文化、教育以及社会福利、社会服务、社会救济等职能。但是，随着“大跃进”战略的失败，街道权力迅速回落，促成了单位制的出现。

（3）曲折阶段。“文化大革命”时期，街居体系遭到了严重破坏。在极“左”路线的影响下，有些居委会实行军事编制，有些居委会干部被当成“当权派”。随着各级“革命委员会”的建立，街道办事处改组为街道“革命委员会”，居委会也相继改称为“革命居民委员会”，主要任务是抓阶级斗争，从而严重背离了为人民服务的方向。

(4) 恢复与发展阶段。1978 年党的十一届三中全会以后，街居体系得到恢复，并获得快速发展；1979 年，街道革命委员会被撤销；1980 年，全国人大常委会重新颁布了《城市街道办事处条例》《居民委员会组织条例》，街道办事处、居民委员会的机构和职能得以恢复。此后，街道办事处和居委会都进入了一个大发展的新阶段。

2. 街居制的现实困境及其衰落

“街居制”的实践初衷是要承担起因单位制解体而回落到政府的大量管理任务和生活事务，实现城市基层社会的稳定和发展。然而，伴随着改革的深入和社会的转型，我国城市基层管理出现了很多新情况、新问题，使得“街居制”的实际成效并不尽如人意。尽管对其调整从未间断，但是大多都陷入“人、权、物”的囹圄且面临着不少现实难题，如职能超载、职权有限和角色尴尬。

(1) 职能超载。在经济和社会发展的进程中，我国城市基层管理出现了很多新的领域，街居制的负载量越来越重。首先，单位制的瓦解导致单位职能外移，要求街居来承接；其次，随着人口的老龄化、无单位人员以及外来人口的增多，街居增添了更多的管理、服务工作；最后，我国城市管理体制的改革，提出了管理重心下移，由此导致原来实行“条条”管理的很多部门将任务下放到街区，给街区增加了很多新的管理内容，如市场管理、园林绿化、交通道路、民政福利、市容市貌等管理项目。综上可知，我国目前的街居体系不仅承接了单位剥离出来的职能，还增加了很多新的管理领域；不仅要承担行政功能，还要承担社会功能，甚至有些街区还承担部分经济功能。街居体系的职能已经大大超载，但仍不能满足社会发展的需要。

(2) 职权有限。虽然街居体系承担了原来单位外移的职能以及新增的工作任务，但街居的权力却依旧十分有限。从街道办事处来说，区级政府及各职能部门的“漏斗效应”将大量的事务“漏”到街道一级，但街道办事处却没有相应的法定地位和权力来承接这些事务，不仅在财政和人员编制上受制于上级政府，而且没有独立的行政执法权和完全的行政管理权，只能受制于各职能部门的委托或充当行政职能“传递者”的角色。由于街道没有明确的职权，往往出现“看得见，摸得着，管不了”或“管得到的管不了，管得了的管不到”的局面；从居民委员会来说，其工作人员的津贴、办公经费、活动开支等都是经由街道下拨控制的，居委会一般没有财务支配权，居委会的支出项目则要由街道办事处批准。此外，有些街道实行给居委会编制的做法，进一步加重了街道与居委会“上下级”关系的色彩，“指导”为虚，“命令”为实，居委会的工作相当被动。

(3) 角色尴尬。职能超载，但职权又十分有限，使得街居的角色陷入了尴尬。街居组织处于政府和居民之间，但从目前的情况来看，街居倾向于政府一边，变成了政府的“脚”，只是被动地执行市、区一级政府下派的任务。居委会对上过分依赖，而向下不能真正深入到居民中去，这种被动的局面长期下去造成政府权威在基层的流失。尤其在出现物业公司、业主委员会等组织后，居委会的工作面临着更大的挑战。

（三）浮出水面的社区制

在我国，“社区”一词在20世纪30年代被引进，而作为一个名词被广泛使用则始于1986年。当时，民政部为推进城市社会福利工作改革，争取社会力量参与兴办社会福利事业，并将后者区别于民政部门代表国家办的社会福利，就另起了一个名字，称之为“社区服务”，由此引入了社区的概念。1991年民政部为了开拓民政工作思路又提出“社区建设”的概念。1998年国务院的政府体制改革方案确定民政部在原基层政权建设司的基础上设立基层政权和社区建设司，意在推动社区建设在全国的发展。2000年12月，中共中央办公厅、国务院办公厅转发了《民政部关于在全国推进城市社区建设的意见》（23号文件），这是指导我国城市社区建设的纲领性文件。随后，全国范围内的社区建设广泛地开展起来，在政府的推动和社区居民的参与下，我国城市社区建设由试点进入全面推进阶段。社区制是对单位制、街居制的一种超越和重整，它不同于后两者的主要特征体现在以下3个方面：

（1）在管理理念上，变管理为服务。过去的单位制、街居制有很强的控制思想，如限制人口流动，固定职工与单位之间的关系等。社区制则以服务为核心，合理配置社区资源，解决社区问题，努力为社区居民营造一个环境优美、治安良好、生活便利、人际关系和睦的人文居住环境，最终促成人与自然、社会的和谐发展。

（2）在管理形式上，从强调行政控制到强调居民参与。不管是单位制，还是街居制，行政功能都非常突出，命令式的上下级科层色彩浓厚。而社区制则强调居民参与，要求社区发展的各项规划、社区建设的实施以及社区事务的处理等都必须让社区居民广泛参与，与居民的要求相适应。居民是社区的主体，是社区发展的终极动力。

（3）在管理目标上，强调政府与社区的合作。我国过去在对基层社会的管理中，管理主体单一化，只能是政府。而在社区制中，社区管理主体的多元化是必然要求，除了国家（政府）主体之外，还须有社区自治组织以及专业化的社区服务与社会工作机构等。也就是说，政府的能力是有限的，要弥补政府的缺陷，就应实行共同治理，把政府“管不了也管不好”的社区事务交由社区自己管理。不仅如此，还要在政府与社区之间形成积极而有成效的合作关系，在社区管理的过程中，以善治为目标，达到公共利益的最大化。

三、社区的功能

社区是多功能的集合体。社区功能有很多方面，可以归纳为如下4点：

（一）政治功能

社区是人们参与社会生活和政治生活的主要场所。社区的政治功能主要体现在：①社区居民享有选举权、监督权，通过其选举、监督行为参与社会政治生活。②社区自治组织是代表群众监督政府依法行政、社区依法自治的组织机构，是推进政府决策的科学化和民主化建设的载体。③社区管理是在党和政府领导下的人民群众的依法自治管理，社区自治管理水平的提升，是实现“小政府、大社会”政府改革目标的主要标志。随着社区的发展、社区地位的提高，社区的政治功能将不断被强化。

（二）文化功能

社区具有开展文化教育、艺术、娱乐活动的物质设施，也是开展各种文化活动的基本场所。社区的文化功能就是指社区可以通过完善社区文化设施，担负起开展多层次、多样化的社区文化活动的功能。社区文化功能具有群众性、传统性、自发性、多层次性等特点。社区文化活动是指居住在社区内的所有社区成员，以自身活动为主体，以自我娱乐、自我教育为目的进行的带有传统继承性的各类文化活动。

社区的文化功能表现在：①文娱功能。通过群众喜闻乐见的形式，开展内容丰富多样的文化娱乐活动，丰富社区居民的文化生活。如组织社区老年秧歌队、社区老年歌咏队、戏剧爱好者协会等。②体育功能。利用社区体育设施，吸引群众积极参与，开展全民健身运动。如每天清晨，各社区人们的晨练活动已成为群众性体育活动的一道亮丽的风景线。③教育功能。充分利用社区的墙报、板报、宣传栏、阅报栏、人才等各类教育资源，为社区居民提供各种教育服务，传播知识、传递信息、扩大社区居民的知识面；举办各种培训，提高社区居民的生活、工作技能；宣传党和国家的各种政策、思想，提高社区居民的政治和文化素质。总之，社区已成为个人兴趣爱好培养和终身教育的重要场所，发挥着全方位的教育功能。

（三）维系功能

社区的维系功能表现在两个方面，一方面是心理维系，另一方面是社会维系。社区的心理维系功能主要指生活在社区中的人们因共同的生活方式、信仰、背景、利益而具有一种地缘上的归属感和心理文化上的认同感。因此，社区可以缓解人们因社会角色冲突或社会竞争带来的心理压力，并提供给成员“集体身份”，使之在社区内和在成员彼此之间有密切的交往，互相照顾、关心、合作、支持和依赖。社区归属感和认同感是维系社区成员关系的精神纽带。社区的社会维系功能是指社区作为联系社会的桥梁，可以以一定的社会关系为纽带，将社区居民组织起来，统一、协调社区成员的行为及思想，保持社区乃至社会的稳定。目前我国社区中由政府代表、社区单位代表、居民代表组成的各类社区发展协调组织，如社区事务协调委员会等，担负着听取意见、上传下达、沟通信息等职能，在社区与社会、社区与政府之间建立了一个缓冲带，减少了社区与外界的矛盾冲突，有利于维系社会的稳定。

（四）服务功能

社区的服务功能是指社区通过基础性保障和福利性照顾，来满足社区居民的日常生活需求。目前我国社区已普遍建立起社区服务中心，下设卫生保健、职业介绍、图书阅览、家政服务、救助中心等各类服务机构，对社区居民提供优抚、家政、治安、就业、文化等各方面的服务活动。同时，社区的各种志愿者服务队充分利用社区的人力资源优势，发挥其技术专长，为社区居民解决生活中遇到的各种疑难问题，也是社区服务功能的一大重要表现。随着社区的发展，社区的服务内容、服务方式将不断丰富和完善。

第二节　公共危机概述

在司马迁彪炳千秋的《史记》中有这样的记载："当帝尧之时，洪水滔天，浩浩怀山襄陵，下民其忧。尧求能治水者，群臣四岳皆曰鲧可。"但是，临危受命的鲧以堵为法，这种与自然对抗的治水之法收效甚微。结果，"九年而水不息，功用不成"。后来，鲧的儿子禹继承父业，以疏代堵，治理水患，十三年过家门而不入。禹以科学的精神与勤勉的态度战胜了危机，使人民安居乐业，被后世传为佳话。早在上古时代，我国就有精卫填海、夸父追日、共工防洪等传说，它们反映了先民们挑战自然、驾驭危机的勇气与智慧。往事越千年，弹指一挥间。如今，随着全球化、信息化与城市化进程的不断演进，影响人类生存安全的不稳定因素日益增多，世界各国公共危机频繁发生。公共危机已成为悬在人类头上的一把达摩克利斯之剑，危及人类的生存与发展[3]。

一、公共危机的概念

公共危机是与公共利益密切相关的严重威胁是一种高度不确定的情境，通常由灾害或巨灾引发，对社会系统的核心价值与运行功能提出严峻的挑战。公共危机往往威胁到所有公民的人身安全，容易引发社会恐慌，加剧破坏性。公共危机的应对要求危机管理者在巨大的时间压力与心理压力下，在短时间内做出尽可能正确的决策，成为考验政府执政能力的重要指标。随着社会的不断发展，公共危机的表现形态也不断变化，因此公共危机的具体界定一定处于动态发展的态势。在此背景下，世界各国积极采取行动，形成公共危机的动态更新制度。该制度具体来说有如下 3 个重点：

（1）定期或不定期发布形势报告。例如，美国政府向国会提供的《国家安全战略报告》是美国政府声明其国家安全关注、世界秩序主张、军事与外交方略的"宣言书"，与其下位的《国家防务战略》《四年防务审议报告》《国家军事战略》共同构成国家层面的战略文件体系，其中对美国公共危机的界定不断更新。

（2）定期出台战略规划。例如，我国的突发事件应急体系建设五年规划纲要制度和防灾减灾、安全生产、食品药品安全等领域的五年规划纲要制度形成了国家战略层面对公共危机界定的动态更新制度。《"十四五"国家应急体系规划》描述了我国公共危机新的时代特征：随着工业化、城镇化持续推进，我国中心城市、城市群迅猛发展，人口、生产要素更加集聚，产业链、供应链、价值链日趋复杂，生产生活空间高度关联，各类承灾体暴露度、集中度、脆弱性大幅增加。新能源、新工艺、新材料广泛应用，新产业、新业态、新模式大量涌现，引发新问题，形成新隐患，一些"想不到、管得少"的领域风险逐渐凸显。同时，灾害事故发生的隐蔽性、复杂性、耦合性进一步增加，重特大灾害事故往往引发一系列次生、衍生灾害事故和生态环境破坏，形成复杂多样的灾害链、事故链，进一步增加风险防控和应急处置的复杂性及难度。全球化、信息化、网络化的快速发展，也使灾害事故影响的广度和深度持续增加。

（3）定期或不定期更新应急预案。例如，通过对《北京市突发公共事件总体应急预案》的不定期更新，北京市突发公共事件的分类定级实现制度化的动态更新。从《北京市突发公共事件总体应急预案》，到《北京市人民政府关于实施北京市突发公共事件总体应急预案的决定》，到《北京市突发事件总体应急预案（2010 年修订）》，再到最新修订的《北京市突发事件总体应急预案（2021 年修订）》，北京市突发公共事件的种类变化从 2004 年和 2005 年的 4 类 13 种 34 项，发展到 2010 年的 4 类 23 种 51 项，再发展到 2016 年的 4 类 23 种 52 项，实现了公共危机界定的动态更新（表 1-1）。

表 1-1 北京市突发公共事件总体应急预案中的危机界定变化

预案版本	公共危机的“类”数	公共危机的“种”数及其变化	突发公共事件的“项”数及其变化
2004 年和 2005 年版（两个版本内容一致，故在此表中合并）	共计 4 类，包括自然灾害、事故灾难、公共卫生事件和社会安全事件	共计 13 种，包括： （1）自然灾害类：水旱灾害、地震灾害、地质灾害、气象灾害、森林火灾； （2）事故灾难类：安全事故、环境污染和生态破坏突发事故； （3）公共卫生事件类：重特大传染病疫情、重特大动植物疫情、食品安全与职业危害； （4）社会安全事件类：重特大群体性事件、重特大刑事案件、涉外突发公共事件	共计 34 项，包括： （1）自然灾害类：洪涝、干旱、破坏性地震、泥石流、滑坡、采矿塌陷、大风及沙尘暴、浓雾或冰雪天气、暴雨或雷电天气、森林火灾； （2）事故灾难类：危险化学品事故、矿山事故、特种设备事故、轨道交通运营突发事故、道路突发事故、桥梁突发事故、道路交通事故、人防工程事故、火灾事故、建筑施工突发事故、公共供水突发公共事件、公共排水突发公共事件、城市地下管线突发公共事件、重特大电力突发公共事件、燃气事故、供热事故； （3）公共卫生事件类：环境污染和生态破坏突发事故，鼠疫、炭疽、霍乱、SARS、流感等，口蹄疫、高致病性禽流感等，职业中毒事件，食物中毒事件； （4）社会安全事件类：影响校园安全稳定事件、重特大群体性上访事件、公共场所滋事事件、民族宗教群体性突发公共事件、重大恐怖事件和刑事案件、涉外突发事件
2010 年版	共计 4 类，同 2004 年和 2005 年版	共计 23 种，包括： （1）自然灾害类：水旱灾害、地震灾害、地质灾害、气象灾害、森林火灾、生物灾害（增加项）； （2）事故灾难类：工矿商贸企业等安全事故、火灾事故（增加项）、交通运输事故（增加项）、公共设施和设备事故（增加项）、核事件与辐射事故（增加项）、环境污染和生态破坏事件； （3）公共卫生事件类：传染病疫情、群体性不明原因疾病（增加项）、食品安全和职业危害、动物疫情、其他严重影响公众健康和生命安全的事件（增加项）； （4）社会安全事件类：恐怖袭击事件（增加项）、刑事案件、经济安全事件（增加项）、涉外突发公共事件、群体性事件、其他（增加项）	共计 51 项，包括： （1）自然灾害类：水灾、旱灾、气象灾害（沙尘暴、浓雾、冰雪雷电、冰雹、高温等）、破坏性地震、突发地质灾害（滑坡、泥石流、地面塌陷等）、突发林木有害生物事件、植物疫情、外来生物入侵、森林火灾； （2）事故灾难类：危险化学品事故、矿山事故、建设工程施工突发事故、火灾事故、道路交通事故、轨道交通运营突发事件、公共电汽车运营突发事件、铁路行车事故、民用航空器飞行事故、供水突发事件、排水突发事件、电力突发事件、燃气事故、供热事故、地下管线突发事件、道路突发事件、桥梁突发事件、网络与信息安全事件（公网、专网、无线电）、人防工程事故、特种设备事故、辐射事故、核事件、重污染天气、突发环境事件； （3）公共卫生事件类：重大传染病疫情（鼠疫、炭疽、霍乱、非典、流感等）、群体性不明原因疾病、食品安全事件、职业中毒事件、重大动物疫情（高致病性禽流感、口蹄疫等）、药品安全事件； （4）社会安全事件类：恐怖袭击事件，刑事案件，生活必需品供给事件，粮食供给事件，能源资源供给事件，金融突发事件，涉外突发事件，上访、聚集等群体性事件，民族宗教群体性事件，影响校园安全稳定事件，新闻舆论事件，旅游突发事件

表1-1（续）

预案版本	公共危机的"类"数	公共危机的"种"数及其变化	突发公共事件的"项"数及其变化
2016年版	共计4类，同2004年和2005年版	共计23种，与2010年版保持一致	共计52项，与上一版（2010年版）相比，变化如下：将"涉外突发公共事件"细分为"京内涉外突发公共事件"和"境外涉及本市突发公共事件"
2021年版	共计4类，同2004年和2005年版	共计23种，与2010年版保持一致	共计52项，与上一版（2016年版）相比，变化如下： （1）在"自然灾害类"中，将"气象灾害"细分为"大风、沙尘暴、雷电、冰雹高温等"；将"破坏性地震"更名为"地震灾害"；将"突发地质灾害"细分为"崩塌、滑坡、泥石流、地面塌陷等"；将"植物疫情"更名为"农业植物疫情"；将"外来生物入侵"更名为"农业领域外来生物入侵"； （2）在"事故灾难类"中，将"网络与信息安全事件（公网、专网、无线电）"更名为"通信网络突发事件（公网、专网、无线电）"；将"民用航空器飞行事故"更名为"民用航空器空难事件"；新增"信息安全事件"；删除"铁路行车事故"项； （3）在"公共卫生事件类"中，将"重大传染病疫情"细分为"鼠疫、炭疽、霍乱、非典型肺炎、新冠肺炎、流感等"；新增"疫苗安全事件"； （4）在"社会安全事件类"中，不再将"涉外突发公共事件"细分为"京内涉外突发公共事件"和"境外涉及本市突发公共事件"

资料来源：根据《北京市突发公共事件总体应急预案》《北京市人民政府关于实施北京市突发公共事件总体应急预案的决定》《北京市突发事件总体应急预案（2010年修订）》《北京市突发事件总体应急预案（2016年修订）》《北京市突发事件总体应急预案（2021年修订）》等公开资料整理。

二、公共危机事件的类别

我国《中华人民共和国突发事件应对法》《国家突发公共事件总体应急预案》等相关法律法规按照公共危机的发生过程、性质和机理，将突发公共危机事件分为4类：自然灾害、事故灾难、公共卫生事件和社会安全事件。

（一）自然灾害

自然灾害是指由自然异常变化造成的人员死伤、财产损失、社会失序、资源被破坏等一系列后果的公共危机事件。我国是全球自然灾害最严重的国家之一，灾害种类多、发生频率高、灾变强度大、影响范围广，频发多发的自然灾害主要包括气象灾害、海洋灾害、洪水灾害、地质灾害、地震灾害等。总体而言，常见的自然灾害具有以下3个特征：

（1）不可抗力。自然灾害本质而言属于自然现象，灾害的发生不以人的意志为转移；对此人类能动性的作用有限，通常难以消除或规避灾害，只能在一定范围内减少灾害带来的损失。

（2）破坏程度大。自然灾害的强破坏性主要表现为人财损失。通常情况下，经济欠发达的国家或地区的人员伤亡程度相对更高，经济发达的国家或地区的财产损失程度相对更高。

（3）恢复难度大。自然灾害易对人类造成不可逆转的毁灭性破坏，灾后工农业基础设施、生产生活环境等的恢复重建工作面临涉及面广、制约因素多、资源需求量大、时效性要求高等困难。

（二）事故灾难

事故灾难是指在人类生产生活过程中发生的、直接由人类活动引发，并且造成人员伤亡、经济损失或环境污染的公共危机事件。我国常发的事故灾难主要包括安全生产事故、交通运输事故、公共设施和设备事故、辐射事故、环境污染和生态破坏事件等。总体而言，常见的事故灾难一般呈现以下 3 个特征：

（1）环境较为复杂。事故灾难多发于生活生产区域，诱发衍生灾害的因素多，人员大量集聚、危险品存放不当、生产区与生活区界限不明等均可能导致事故灾难并引发衍生事故和连锁反应。

（2）救助难度较大。事故灾难的现场往往面临人员密集、伤员多、伤情重、救援设施设备简陋、分散空间有限等困难，救援难度大。

（3）救助专业性要求高。事故灾难往往对救助提出多学科、多领域的专业要求，救助人员需要具备专业知识、技能，并配备相应设备；事故灾难现场的客观障碍对专业设备正常发挥功能和救助人员熟练操作专业设备提出了更高的要求。

（三）公共卫生事件

公共卫生事件是指突然发生、可能造成社会公众身心健康严重受损的公共危机事件。我国常见的公共卫生事件主要包括传染病疫情、群体性不明原因疾病、食品安全事件、职业危害及其他严重影响公众健康的公共危机。总体而言，常见的公共卫生事件呈现以下 4 种特征：

（1）诱因复杂。公共卫生事件发生的诱因复杂，人类改变生活习惯和生产方式、干预自然等活动或行为均有可能引发公共卫生事件。

（2）影响面广。公共卫生事件逐渐呈现区域性乃至全球性蔓延的趋势，特别是流行性疾病传播或有毒有害食品扩散，易从一地一国向多地多国蔓延。

（3）控制难度大。公共卫生事件发生初期一般具有较强的隐蔽性，危害性易被忽视，难以有效把握遏制事态的有利时机。传染性疾病具有辐射性暴发和几何性扩散的特点，食品卫生事故具有集中性暴发和群体性危害的特点。

（4）应对专业性强。公共卫生事件应对需做好划定控制区域、有效控制疫情、病人接诊收治转运，现场控制和隔离防护、应急疫苗接种和预防服药、流动人口管理、交通卫生检疫等一系列工作，并要采取边调查、边处理、边抢救、边核实的方式，以专业措施控制事态发展。

（四）社会安全事件

社会安全事件是指由人为因素引起的、由极端敌对分子制造或人民群众参与的、有一定组织性和目的性，对社会公共秩序、群众人财安全、政府公共管理造成负面影响的突发性公共事件。我国常见的社会安全事件主要包括恐怖袭击事件、民族宗教事件、经济安全事件、涉外突发事件和群体性事件等，近年来我国社会安全事件呈现以下 3 种特征：

（1）后果严重，影响恶劣。社会公共安全类事件的后果复杂恶劣，轻则导致人财损失，重则妨碍公共秩序、危害公共安全，甚至威胁到较大区域内的经济发展和社会稳定，且事发后易引发全球范围的高度关注，造成长期的恶劣负面影响。

（2）成因复杂，急剧爆发。社会安全事件的诱发因素较多，既有敌我矛盾直接导致的恶性事件，也有人民内部矛盾疏导不畅引发的治安类事件，还包括自然灾害、事故灾难、公共卫生事件连带产生的安全事件，还可能掺杂着民族问题、历史传统、宗教影响等复杂因素。

（3）处置不当易导致恶性衍生灾害。处置不当的社会安全事件易触发恶性衍生灾害。恶性衍生灾害一方面来源于处置社会安全事件不当导致的社会矛盾升级和事件性质的转变，另一方面来源于应急处置时可能触发的其他诱发因素及其引发的其他安全事件。

三、公共危机事件的特征

危机作为一种不期而至的威胁，“挑战着我们的想象力，超出了我们所掌控的资源。它们使一个社会系统的核心价值或生活维系功能受到威胁，使社会及其领导者面临考验——他们必须在高度不确定和极其紧急的情况下采取补救性的行动”。现代社会结构的高度精密性与复杂性导致其高度的脆弱性。这使得公共危机突然爆发的可能性加大，并且公共危机一旦发生，可能对整个社会系统产生严重的影响。一般而言，公共危机有以下 6 个基本特征：

（一）公共威胁性

现代民族和国家面临着恐怖袭击、自然灾害、关键基础设施崩溃、传染病疫情蔓延等一系列威胁。当这些威胁问题彰显、突出时，我们将其称为危机。公共危机的影响具有社会性。它不是对特定个体产生的威胁，而是常常挑战着正常的社会运行秩序，对公共利益、公共安全构成威胁，是一种非均衡状态。它可能会使众多社会公众的生命、健康、财产遭受损害，对社会系统的基本价值与行为准则构成威胁。

（二）不确定性

在英文中，形容危机的语汇许多都以“un”这个前缀开头，如“不可计划”（un-scheduled）、“不可预料”（un-expected）、“不可规划”（un-planned）、“不愉快”（un-pleasant）、“不可想象”（un-imaginable）、“不可管理”（un-manageable），这说明危机具有不确定性，人们很难对其进行逻辑预测及因果阐释。

在危机状态下，决策者获取所需信息的能力受到很大的限制。公共危机从始至终都处于不断的变化过程之中，人们很难根据经验对其发展方向做出常识性的判断，进行有针对性的准备，当公共危机发生时，常规的管理措施与政策很难发挥作用，往往使决策者陷入一种压力困境：一方面，公众关注决策者，并要求决策者有所作为；另一方面，决策者很难掌握完全、确定的信息，做出有效的决断。由于公共危机具有不确定性，有效应对需要危机管理者具备创新精神和创新能力。

（三）紧急性

危机的发生需要危机管理人员在巨大的时间和心理压力之下，迅速调动一切可以掌控的人力、物力和财力，有效应对危机，控制事态发展，消除不利的后果与影响。

在危机发生时，应对者会因为危机有紧急性而承受过大的压力，产生严重的焦虑感。学者帕特里克·拉加戴克（Patrick Lagadec）认为，过度的压力与焦虑将使危机管理者产生以下问题：判断能力受到影响；个人人格特征更加明显，如具有轻微焦虑倾向的人更加焦虑，个性较为封闭者遇事退缩、迟疑，变得更加沉默，甚至行动迟缓；想方设法寻找替罪羊；情绪逐渐不稳定；产生防卫心理，宣称一切尽在掌控之中。毫无疑问，上述问题将极大地影响危机管理的效率。

（四）跨界性

危机扩散性的含义包括两个方面：一是危机往往会突破地域限制，向更广范围的地理空间扩张；二是危机会引发次生灾害，形成一个灾害的链条。前者要求我们建立区域、流域应急联动；后者要求我们加强各个相关部门之间的应急合作与协调。如东日本大地震不仅重创了京滨、京叶两大工业区，还导致企业零部件、原材料及服务的供应链中断，使日本整个国内经济及海外企业都受到了重创，延缓了日本经济复苏的步伐。

未来社会的危机多为跨界危机（transboundary crisis）。其特征是可能跨越地理和功能的边界，从一个系统蔓延到另外一个系统，导致多个重要系统崩溃。具体而言，跨界危机的发生途径有两种：一个系统的失误蔓延到其他系统，产生滚雪球效应，逐渐升级为复杂的灾害；外部的威胁对多个系统同时产生影响。例如，2008 年发生的中国南方低温雨雪冰冻灾害导致关键基础设施崩溃，就是跨功能边界危机；2003 年北美大停电就是跨地理边界危机。跨界危机也可能既跨越地理边界，又跨越功能边界。

（五）政治化

亚当·斯密认为，政府必须要履行 3 个基本职责：保护本国社会的安全；保护人民在社会中的安全；建立并维护某些公共机关和公共工程。公共危机挑战着政府确保公共安全的职能。

人们将公共危机归结为不可抗拒的自然原因或由人和技术的失误而导致的后果。但无论如何，公共危机都考验着政府驾驭复杂局势的能力，关系着社会的稳定、政权的兴衰。高明的政治家在公共危机中妥善处置，可化危为机；拙劣的政治家则有可能成为问责的“替罪羊”或舆论的声讨对象，黯然离职。

（六）媒体化

在信息时代，媒体在公共危机中扮演着一个特殊的角色，在一定程度上具有改变局势的神奇力量。危机包含着人们主观评判的因素，而媒体左右着公众的情感。故而，危机与媒体之间的关系非常密切。“危机的魅力特质颇符合现代新闻媒体追求新奇而具有煽动性题材的品位。因此，任何组织发生了重大的危机事件，必定逃不过媒体之关注。媒体将报道散播后，危机将成为社会议论之议题，且导致危机威胁升高，让危机处理者倍感困难与压力。”此外，媒体的作用还加剧了危机的国际传染性。由于媒介的高度发达与透明，发生在天边的危机可能给万里之外的公众造成巨大心理压力，产生同样的影响。

第三节　社区公共危机治理的重要性

在界定了“社区”和“公共危机”的基础上，我们自然得出了“社区公共危机治理”概念：社区共同体范围内的政府部门、企业、社会组织及公民个人等主体，为了保护公共利益安全，采取必要的管理手段，对公共危机事件本身及其事件发生前的风险源采取预防、应对、处置、恢复的动态管理过程。社区公共危机治理是社区众多公共管理事务中的一部分。在知晓率和重视程度上，社区公共危机治理都远远不及社会保障等其他社区工作，然而社区公共危机治理又是不可或缺的一项“兜底”工作，其重要性主要体现在以下3个方面：

一、社区是公共危机爆发和应对的前沿阵地

社区是构成社会的基本单元，社区安全是社会安全、稳定、和谐的基础。随着社会的发展和城市规模的不断扩大，人群的集中度或密集度越来越高，社区安全防控复杂性越来越高、难度越来越大。所有公共危机事件都是在一定社区范围内发生的，例如2014年12月31日上海市黄浦区外滩陈毅广场群众拥挤踩踏事故、2015年8月12日的天津港爆炸事故都发生在当地的社区。社区既是公共危机爆发的前沿阵地，又是预防和处置突发事件的第一现场，更是突发事件监测的前哨站和突发事件群防、群控的第一道防线[4]。作为基层组织，社区能够及时掌握包括潜在危机和风险在内的信息，在此基础上排查隐患。作为危机发生的第一现场，社区能够调配医疗服务等相关资源对居民进行救助，稳定民众情绪，控制恐慌的蔓延，保证社会秩序尽快恢复[5]，因此社区公共危机治理能力直接影响我国整体的公共危机治理能力。

二、社区是公共危机治理的重要场域

在单位工作、在社区居住已经成为一个人的双重生活面向。住在家中与住在社区中，是有等价内涵的。在一个流动的社会中，如果要实现对每一个人的“锁定”，实现对每一个人的零距离对接与零距离服务，唯一可以依托的空间就是社区。所有的社会治理和基层治理都是围绕社区展开的，社区是国家最为重要的治理细胞。

因此，社区内部蕴含公共危机治理的巨大能量，是公共危机治理的重要场域。社区“两委”成员在与社区居民长期生活交往中建立并保持着良好的互动关系，这在公共危机来临时能够有效转化为治理效能。社区之所以成为公共危机治理的重要场域，具体体现在以下 4 个方面：

（1）从道德层面上讲，邻里间互相帮助是我国的传统美德。中国是典型的“熟人社会”，《孟子·滕文公上》在两千多年前就提出了“乡田同井，出入相友，守望相助，疾病相扶持，则百姓亲睦”的美好社会愿景。映射到现代社会的城市中，“同井”的“乡田”范围，就可以对应为一个“社区”。近年来，特别是在汶川地震、舟曲泥石流这样的大灾大难中，我国人民表现出的“一方有难、八方支援”的互助精神，更是远远超越了“社区”的范围。

（2）从公共危机治理的过程上讲，前期的“减缓”与“准备”环节的工作最适合在日常具体事务中完成。千里之堤，溃于蚁穴，许多突发事件演变成公共危机之前，都要通过“产生”与“发展”完成量变到质变的过程，隐藏在城市社区和我们身边的微小“疏忽”和“意外”往往是这些量变的源头。使公共危机在发生之前就得到有效解决是最理想的境界。在日常火灾隐患排查、楼栋安全隐患排查、地质灾害风险排查、社会矛盾综合排查等由政府职能下沉到居委会开展的各项检查、巡逻工作过程中，大量的经由蝴蝶效应而产生的、难以预计后果的潜在突发事件隐患，就会被提前发现并得到处置。

（3）从社区服务中心及居委会的组织职能上讲，社区参与公共危机治理是其职责要求。社区服务中心及居委会组织本身虽然没有掌握丰富的政策资源或行政力量，但也是公共服务产品的提供者，我国的社区服务中心及居委会提供的公共产品中包括了卫生、环境、治安等领域的一部分公共服务，而公共危机事件常常就隐藏在这些领域之中，所以社区理所应当需要对其提供的公共服务中可能存在的公共危机负责。

（4）从社区治理的多元主体上来说，社区公共危机治理有其先天优势。政府的功能是有限的，不可能做到全知全能。但活跃在社区中的各种社会组织、志愿者，比政府更贴近普通社会公众，有的甚至掌握应急相关技术，他们在突发事件应对中可以比政府更加灵活迅速。而且越来越多的社区社会组织、团体和个人参与社区应急管理，也有利于反哺社区自治。他们在参与社区应急服务的过程中，对于培养社区意识、增进人与人之间的联系，形成现代化的“守望相助”制度也将起到一定作用[6]。

三、公共危机治理能力是社区治理能力的重要组成部分

现代社会公共危机的爆发频率、波及范围、危害程度比以往任何时候都更为明显，极易造成局部地区乃至全球范围内的动荡不安，人口跨区域流动日益频繁和人口结构日益复杂更加剧了危机治理难度，传统治理模式愈发难以适应现代社会之需求。为此，十九届四中全会提出“构建统一指挥、专常兼备、反应灵敏、上下联动的应急管理体制”的重大命题，作为完善共建共治共享的社会治理制度的重要内容，对形成符合中国国情的公共危机

治理模式意义深远[7]。公共危机治理是与常态治理对应的治理形态，社区作为基层治理的重要主体，自然也要实质性地参与危机应对过程，因此，公共危机治理能力是社区治理能力必不可少的一部分。

社区公共危机治理能力的提升有利于满足居民安全需求。社区公共危机治理的目的是合理利用社区资源，完善社区服务功能，保障社区居民的财产安全，维护社区群众的各项权利，为群众提供全方位的服务。根据马斯洛需求层次理论，安全需求仅次于生理需求，是人类的基本需求之一。随着经济发展及住房、医疗、养老等各种社会保障制度改革的深入，社区与居民联系日益密切，人们开始关注社区发展，对社区公共安全管理提出更高的要求。社区公共安全管理既能满足广大居民的最基本安全需求，又能加强社区居民的归属感与认同感，增强社区功能，促进社区稳定发展，从而保障居民全面健康发展。

社区公共危机治理能力的提升有利于防御公共安全危机，保持社会稳定。公共安全危机是一种导致社会偏离正常轨道的，会对公众生命、国家安全和社会稳定造成重大影响的，需要各级应急管理机构立即做出联合反应的事件或情境。社区是基层组织，是社会安全管理的支持系统，除了依靠政府的各种组织机构，按照危机处理预案，有条不紊地展开危机处置等管理活动外，还需要广泛动员社区内居民参与危机的处理。

社区公共危机治理能力的提升有利于促进经济发展。做好社区公共安全管理可以为各类组织提供稳定的社会环境，这是经济发展的前提条件。一方面，加强社区公共安全管理，预防危害社区安全的事件发生，排除隐患，能够为营利性组织营造安定的工作氛围；另一方面，提高应对违法犯罪行为、居民纠纷、突发事件的能力，可以将危害降到最低，减少经济损失。

【本章重点】

1. 社区实质上是一个区域性社会，是一定地域范围内人们社会生活的共同体。社区包含以下4层基本含义：①社区都有一个相对稳定、相对独立的地理空间；②社区都有以特定社会关系为纽带而形成的一定数量的人口；③生活于该地域的人们具有一种地缘上的归属感和心理文化上的认同感；④社区的核心内容是社区中人们的各种社会活动及其互动关系。

2. 社区的功能包括：政治功能、文化功能、维系功能、服务功能。

3. 公共危机事件的类型包括：自然灾害、事故灾难、公共卫生事件、社会安全事件。

4. 公共危机事件的特征包括：公共威胁性、不确定性、紧急性、跨界性、政治化、媒体化。

5. 社区公共危机治理的重要性在于：①社区是公共危机爆发的前沿阵地；②社区是公共危机治理的重要场域；③公共危机治理能力是社区治理能力的重要组成部分。

【课后习题】

1. 新中国成立之后，我国社区制度的发展经历了哪几个阶段？
2. 公共危机的动态更新制度是如何形成的？
3. 为什么说“社区是公共危机治理的重要场域”？结合实例谈谈你的看法。

第二章
中国社区公共危机治理的历史沿革

本章从时间视角切入，追溯了中国社区公共危机治理从古代到现代的实践探索。本章力求展示中国社区公共危机治理的传统实践与现代做法之间的异同，并提醒大家在中国公共危机治理呈现新特征，面临新形势、新挑战的当下，能够结合传统智慧，思考我们需要建设怎样的中国社区公共危机治理体系，以及怎样建设中国社区公共危机治理体系。

第一节 中国古代社会的公共危机治理

我国历史悠久，自古以来就是一个多灾之国，在应对各种频繁发生的公共危机事件中，积累了丰富的治理经验和智慧。尽管我国古代并没有“社区”的概念，但公共危机治理政策的执行也依赖当时的社会单位，如乡、里、村落等。本节将通过梳理我国古代社会公共危机治理的思想、做法和特点，试图识别我国传统公共危机治理的“文化基因”，为我国现代社区公共危机治理体系的建设提供借鉴。

一、中国古代社会公共危机治理的主要内容

我国古代社会公共危机治理实践广泛、内容丰富，以下将从防灾救灾、防疫控疫以及基层治安 3 个方面分别进行梳理和阐述[8]。

（一）防灾救灾

中国古代社会以农立国，频发的自然灾害对农业经济的稳定造成严重威胁，也必然引发社会动荡、政权危机，因此，统治者们历来重视自然灾害的防治。在重农思想和“灾异天谴”观念的制约下，中国古代社会逐渐形成了以救荒为主要内容的救灾治理思想[9][10]。

商周时期产生了最原始的救灾思想，即天命主义禳弭论，并逐渐占据统治地位。当时人们受“万物有灵”的观念影响，崇拜最高主宰上帝，认为一切自然灾害都是上帝对人类的警示，而人们通过“敬天”来得到上帝的宽恕和帮助[11]。到春秋战国时，已经逐渐形成了从灾前到灾后、从君王到民众、从诸侯国内到诸侯国外、各阶层互助救灾的初级模式。一方面，君主们会采用撤乐、减膳、祈天禳灾等方式来昭示诚心，祈求上帝不要降灾于民。同时，人们会试图通过观测天象、天气等自然现象，获取关于灾害和气候变化的讯息，预测未来收成并主动做出准备。如《师旷占》中记载，“正月甲戌日，大风东来折树者，稻熟。甲寅日，大风西北来者贵。庚寅日，风从西、北来者，皆贵。二月甲戌日，风

从南来者，稻熟。四月四日雨，稻熟”，明显体现了重农思想和主动防灾减灾的意识。另一方面，在灾害发生后，各国君主也会采取赈济、调粟、蠲缓①、节约、安辑②等政策对灾民施以救助。基层民众也会相互周济，相恤救灾，“五族为党，使之相救。五党为州，使之相赒”[12]。另外，在百家争鸣的春秋战国时期还形成了许多防灾减灾的思想。如《吕氏春秋》《天论》认为尊重自然运行规律、保持人与自然的和谐；《管子》提出通过重视储备物资、制定防火条例、兴修水利工程、植树造林、防治水患等手段来抵御灾害的侵袭[13]。《墨子》中出现了防火技术规范的萌芽。

秦汉时期，人们已经有了比较系统的治灾救荒的应急治理思想[4]。秦汉时期水灾、雪灾、火灾、旱灾、大风、蝗灾与地震等各种灾害频发，房屋倒塌、粮食减产、百姓无法生存。受此影响，秦汉时期的治灾救荒思想不断发展丰富。对于水灾，秦汉时期人民不断发展水灾应急预防措施，逐步完善了农田水利设施，也兴建了一批大型水利工程，取得了明显的防洪治水的减灾效益；对于火灾，明文规定谷仓需加高墙且附近不得住人、关门须灭掉火烛、夜间加强巡查防范等。到了汉朝，官府认识到了民间的力量，逐渐建立起了鼓励民间救济的制度。在这一阶段，宗族组织也发挥了举足轻重的作用，在抵御自然灾害、兴修水利和灾后赈济等方面，与政府互为补充，共同构筑了防灾、减灾、救灾的体系[14]。

隋唐至两宋时期，减灾救荒与积谷备荒、治蝗治害、兴修水利、气象观测等防灾思想进一步发展。首先，更加注重兴修水利来预防灾害。如白居易在《钱塘湖石记》中提到“若岁旱，百姓请水，须令经州陈状，刺史自便押帖……符下县，县帖乡，乡差所由，动经旬日，虽得水，而旱田苗无所及也”，这体现出兴水利预防旱涝灾害的思想；其次，防火技术不断提升，通过选择不易燃的建筑材料、在建筑物上涂抹防火物等方式来预防火灾；最后，在灾后恢复方面，政府通过减免灾民租税徭役、贷以农民农作物种子、协助灾区发展等政策措施帮助灾区恢复经济。南宋董熠根据其履职的州县的救灾实践和经验，编著了《救荒活民书》，提出从君主到州县官员面对灾情都应履职的应急思想，尤其详细论述了州县基层官员的职责，操作性强，为后世救灾提供了重要的参考依据[15]。

明清时期在延续前人抗灾理念的基础上，在应急程序上进行了创新和发展。明代，四川地区地震高发、破坏力罕见，因此政府建立了一套报灾和勘灾的救灾程序。灾害发生后，由当地官员第一时间逐级上报至中央，如实叙述灾情；同时中央在接到报告后派专员勘探核实受灾情况，并据此采取修建倒塌城墙、补修城郭等措施，开展恢复和救助工作[16]。然而，虽然该时期对地震等重大自然灾害的应对已形成一些固定的应急措施，但完整的应急治理体系尚未出现。清朝减灾救荒思想的发展主要体现在技术层面减灾与社会层面救荒的结合上，后洋务运动兴起，助推防灾救灾思想走向科学、成熟、规范，初具现代应急救援预案的雏形。然而，清代的报灾勘灾程序与明代类似，总体上看，灾害救助效

① 蠲（juān）缓，指免征或缓征赋税，见《周礼・大司徒》。

② 安辑，指对流亡的农民采取免征等安抚政策，见《周礼・地方旅师》。

果并不够理想，多是对遭受破坏的小农经济进行一定程度的修复与补救，没有从根本上提高全社会抵御各种自然灾害的意识与能力。

（二）防疫控疫

在我国古代社会，传染病并不少见。据统计，从商殷至民国，共发生261起大规模的传染病灾害。古人们早就认识到了疫病的传染性，在《黄帝内经》中就出现了相关表述[17]。在中国古代社会，传染病一旦流行，会引发民众极大的恐慌，进而造成社会秩序动荡等一系列连锁后果。因此，中国古代社会非常重视医疗卫生工作，在传染病出现以后，会采取一系列防疫、控疫和救助的政策措施。

在古代，隔离、巡行致药、培养医学人才等是防疫控疫的常见手段。早在秦朝时期就有规定，倘若某地出现了疫病，地方典甲要迅速上报，朝廷会派医生进行检查和治疗，同时对病人采取隔离措施，并逐步形成报告制度，如《云梦秦简》所记，“某里典甲诣里人士伍丙，告曰：‘疑疠①。来诣。’讯丙，辞曰：‘以三岁时病疕，眉突，不可知其何病，无它坐。令医丁诊之。’”[18] 到了汉代，人们对传染病已经积累了一定认识，在疫病流行时，朝廷会安排官员巡行致药，也会派使者带领医者前往灾区，医治受灾民众。南北朝时期出现了我国历史上首座官办医科学校，这个时期医学人才培养得到重视[19]。唐时期，官府难以应对大规模传染病带来的疫情防控及治疗压力，社会力量逐步参与到医治救援中来[18]。同时在这一时期，疾病慰问也是治疗救助的重要内容。宋朝时非常注重通过火化等方式处理传染病死者的身体。宋以后疫病隔离机构越来越多，社会疫情防控能力不断加强。如元的广惠司，明各州、府、县的惠民药局、专门隔离麻风病人的“贫子院”“麻风寮”、专门隔离天花病人的“避痘所”等[18]。

（三）基层治安

“基层社区”这一概念在以自给自足的小农经济为主体、生产力尚不发达的中国古代社会中，主要是指农民因居住、生活和生产而形成的聚落、村落、小集镇及少量的城市街坊[20]。我国古代各时期基层治安的主要情况如下：

春秋战国时的齐国，共分五乡，以下有州、里、游、什、伍等组织，“十家为什，五家为伍、什伍皆有长焉”。战国时，各国按照居住地的邑、聚设立基层组织，或称乡、里，或称连、间，分别设置官吏进行管理，来维持基层稳定。

秦汉时期确立了乡亭里制。秦统一后建立了以郡县制为基础的中央集权制，分别在郡下设县，县以下实行乡、亭、里三级制，其中乡、亭不是正式政权，是县的派出机构。乡置三老、啬夫、游缴等乡吏。三老掌教化，啬夫掌诉讼、赋税，游缴管捕盗及治安。汉代在基层普遍设置亭来维护基层治安，遍及全国。

从南朝开始，村落逐渐成为居住地的代名词[21]，乡、亭、里则用来表示户籍，这时村往往具有防御、治安及互助等功能。在南朝，村落修筑有围墙、门间，一旦遇到战乱或

① 疠（lì），中国古代指疫病、瘟疫、麻风、传染病等。

盗贼，会选择举村防御或“举村而逃”。并且官府为了控制村民，更提出了“一人犯吏，则一村废业”的做法[20]。

宋朝时保甲制度的出现意味着基层治安制度的变革。保甲制度通过集中民间力量达到互相监督、共同防卫、消灭“盗贼”的政策效果。元代沿袭了唐宋的乡里制及金代的社制。明朝受到基层治安问题影响，通过发展地方民壮、义勇等警备兵来维持基层的治安秩序。同时还通过选拔、训练壮丁来协助捉拿盗贼，补充保甲、捕役、乡兵的不足。清初为稳定社会颁布保甲法，与连坐制共同发挥作用。

除政府外，宗族组织是维护基层治安不可忽视的重要力量。在我国传统社会，村落往往与宗族组织交织在一起，显著影响了基层社区的政治生活。有学者提出“宗族是由父系血缘关系的各个家庭，在祖先崇拜及宗法观念的规范下组成的社会群体”[22]。宗族组织是我国传统社会中重要的组织形式，在传统社会，它肩负着封建伦理秩序的维护者、国家政治统治的基层末梢、维护基层乡村治安秩序的重要力量等社会角色，在基层治安中发挥着不可替代的作用。例如，在汉唐时期，世家大族控制着他们所在的社区，尤其在乱世，往往以宗族为中心构成相对独立的共同体，来抵御外部的侵扰。陶渊明的《桃花源记》就是对这种独立小社区的理想描述[22]。到了明清，宗法、宗族制度普遍化、庶民化，宗族共同体规模日益扩大，具备了更强的社会整合力。尤其在清代，族权被纳入基层行政体系之中，宗族组织承担起了维护基层社会治安、催办赋役、社会保障等基层政府的行政职能。宗规族约糅合了封建社会的伦理纲常与国家法纪，成为基层乡村治安管理的凭据[23]。在宗族内部，由于宗族成员长期共同居住、生活，存在共同利益，渐渐形成共同的意志和思想并衍化成宗法伦理与宗族文化。同时这些礼法文化通过士绅阶层向乡土社会传播，士绅阶层通过制定族规家法，发挥礼的“正民”“整民”效应，达到约束族人、教化乡民的作用。值得注意的是，这种族内文化与今天的社区文化有些相似，都在社区内部达成一种共识，同时在一定程度上影响社区居民的道德价值取向，通过增强社区凝聚力，达到减少社会安全事件发生、维护社区稳定的效果。

二、中国古代社会公共危机治理的特点

（一）治理主体：依托郡县以下的乡吏

在传统社会里，郡县以上的官员都由朝廷任命，他们享受朝廷俸禄并接受相应的监管。而郡县以下则根据地方编户情况设置亭长、里正、父老等职位，负责管辖各乡治安、生产赋税及其他公共事务。但是实际上，倘若发生了地震或瘟疫等灾荒，朝廷虽然会采取颁发诏令、接济粮食或派遣专业医者等措施进行危机治理，但疫情防控措施无法满足地方需求，因此民间社会力量实际上成了应急治理的另一股主要力量，特别是这些不拿朝廷俸禄的亭长、里正和父老等，他们第一时间开展管控治安、减免赋税以及其他生活救济项目，以减缓危机的扩散与蔓延。例如在西汉初年，庐江桐乡的啬夫朱邑在灾情发生后“存问耆老孤寡”，处理了“轻薄少年恶子，无市籍商贩作务，鲜衣凶服被铠扞持刀兵者”数

百人[①]，有力地维护了辖区的社会稳定。

（二）治理方式：贤人救助和社会互助

在中国古代社会，中央政府对郡县以下的基层社会管辖能力比较有限，公共危机治理在很大程度上依赖基层的民间组织以及家庭和个人的自我防控。在灾害或疫情发生后，虽然地方官员也会向中央朝廷上报，但受限于交通条件及资源集聚能力，政府往往无法在最佳防控和救助时机展开救援。某些地方官员甚至勾结当地豪强与大户，谎报灾情、疫情，鱼肉百姓，造成更大的损失。因此，贤人救助和社会互助是我国古代公共危机治理的重要方式。一方面，一些乡贤会利用自身的资源优势，帮助乡里民众渡过困境；另一方面，乡民间开展互助互济，通过互救来缓解乡里乡亲的困难。例如，东汉初期，会稽发生严重的瘟疫，死者万数人，钟离意“独身自隐亲，经给医药，所部多蒙全济”[②]。东汉末期童恢的父亲童仲玉在“遭世凶荒”时“倾家赈恤”，“九族乡里赖全者以百数”[③④]。

（三）寻求超自然力量

尽管上报灾情、实行贤人救助并开展自救是传统社会公共危机治理的重要手段，但是当灾情或疫情发展日甚严峻甚至难以控制时，超自然的力量自然成为人们的追求。君主会通过下罪己诏、祭天、避正殿乃至改元等方式，求得上天的原谅，从而保佑民众渡过难关，同时此种方式也可以安抚灾民心理、稳定社会秩序。例如，唐高宗因旱灾改元，将“总章三年”改为“咸亨元年”。而普通民众会通过击鼓、挂象来驱鬼辟邪，祭祀神灵及先贤等方式祈求平安。《周礼》中就有通过“索鬼神”等形式祈求神明救助百姓的记录。《春秋繁露》中记载：“县邑若丞合史、啬夫三人以上，祝一人；乡啬夫若吏三人以上，祝一人；里正父老三人以上，祝一人，皆齐三日，各衣时衣。具豚一，黍盐美酒财足，祭社。击鼓三日，而祝先再拜，乃跪陈，陈已，复再拜，乃起。”在宋之后的沿海地区，人们就有了祭拜妈祖的习俗，目的在于保佑其免受灾难。这些例证表明，求助于神灵是传统社会基层社区防控治理的主要手段之一[⑤⑥]。

三、中国古代社会公共危机治理的启示

以史为鉴，可以知兴衰。我国古代社会公共危机的治理和实践为现代公共危机治理提供了宝贵的经验与启示，本书将其总结为重视公共危机治理的制度化、重视应急预防、注重民间互济、一以贯之的民本思想 4 个方面。

（一）重视公共危机治理的制度化

中国古代，人们通过应对公共危机，形成了产粮储粮、报灾减灾、赈济调粟等思想，

---

① 出自《汉书》。

② 出自《后汉书·钟离意传》。意指钟离意独自亲身抚恤灾民，筹划供给医药，所属的百姓多依靠他渡过灾难。

③ 出自《后汉书》。

④ 出自《东观汉纪校注》。

⑤ 出自《春秋繁露》。

⑥ 出自《曹植集校注》。

经过历朝历代的充实完善，到明清时期，已经形成了涵盖报灾、勘灾、审产、赈济、安辑、蠲免等工作在内的完整救荒程序以及荒政。相关书籍对救荒思想的理论化和系统化论述[24]，在当时的公共危机治理中发挥了重要的作用。

（1）仓储制度。仓储制度是成形最早及应用最广泛的应急制度之一。粮食作为供养军队、赈灾备荒、安民固本的必需品，在传统社会和现代社会中都发挥着巨大的作用。原始社会就有了储备粮食的意识，战国时期通过建设各级仓库来贯彻备荒思想，隋唐时已发展成基本国家制度之一。

现代公共危机治理实践应当借鉴、吸收古代仓储制度的理念，做好公共危机应急准备和预防工作。分级设置救灾物资储备，面对灾害时可以在第一时间给予受灾民众保障。

（2）报灾制度。报灾制度在中国古代社会公共危机治理中也发挥了重要作用。其中，基层官员承担着向上级部门报灾、传递民情的工作，高层官员则根据汇报信息制定政策应对各种公共危机。报灾制度在先秦时期初步形成，经历朝历代发展完善，至明清趋于成熟[25]。报灾制度能让灾情传递到中央，有利于高层官员制定正确的决策。该制度的严格执行抑制了谎报和瞒报的行为，在一定程度上保证了救灾的有效性，对我国现代基层报灾体系建设具有重要启示意义。

（3）赈济制度。赈济制度是指在灾害发生后，为受灾民众免费发放粮食、钱款及实物的应急措施。它以三仓制度（中央、州县、乡村的三级粮食储备系统）为核心，以储粮备荒和临灾施赈为基本方式，并辅之以减少政府开支、整肃吏治、鼓励生育、减轻灾民负担等措施。中国古代的赈济主要有社会赈济和政府赈济两种形式。政府赈济种类包括赈谷、赈银、工赈等，十分丰富。其中，工赈指官府通过兴办实业，让灾民参与建设，进而获得银粮。民国后地方慈善团体也多用这种方法。而社会赈济中包含民间互济、寺院赈济等主要形式[26][27]。

（二）重视应急预防

从中国古代的公共危机治理经验中可以发现，古人对应急预防十分重视，体现在备荒制度、天象观测和兴修水利工程等制度措施上。中国传统社会应急预防思想丰富，如“经起秋毫之末，挥之于泰山之本”、《礼记·中庸》中“凡事豫则立，不豫则废”、明代学者徐光启的“预弭为上，有备为中，赈济为下”等等。在传统社会，人们通过重视应急预防、增加和保障粮食储备、节约粮食、治理和改善自然环境等措施来防灾减灾，在救助灾民、维护社会发展方面都取得了显著的效果。

（三）注重民间互济

我国的灾后民间互助救济有着悠久的历史。人们认为，施济就是积德，积德会得善报，善报可以延及子孙。民间互济几乎贯穿了整个传统社会，春秋战国时期，“救灾恤邻”就已经开始成为社会普遍倡导的一种灾害救助行为，体现了扶危济困、合作救灾的精神。随着历史的发展，这种互助参与精神也不断积淀，使“互助救灾”逐步成为我国的美德和文化基因之一。民间互助主要有两种表现形式：宗族救助和邻里救助。宗族救助是传统家本位社会救助的一种十分普遍和有效的形式。自古以来，为维护宗族团体的稳定和繁荣，成员之间就承担着吉庆相贺、危难相济、“生相亲爱、死相哀痛”的责任和义务。尤其在国家救助功能深入不到的广大农村地区就更是如此。邻里关系是传统基层社会尤其是农村地区占主要地位的社会关系，“远亲不如近邻”，街坊邻里间都有“相保”“相受”“相葬”“相救”“相赒”“相宾”的责任与义务。一家有事，四邻相助，团结共济，同恤穷困，共担灾祸，疾病相问。和睦、互助的邻里关系，在我国古代社会中大大发挥了救助危困、分担风险、稳定社会的积极作用[28]，形成了对政府救灾应急的一种有效补充，体现了中国古代社会的应急智慧。

当今，基层社区公共危机治理中的社会力量发挥着越来越重要的作用。充分调动广大民众的积极性，实现救灾的社会动员是公共危机治理的必然趋势。为此需要不断推动民间应急救援队伍与志愿服务力量向组织化、专业化、规模化发展，整体提升基层社区互助救济的意识和能力，与政府应急力量统筹协调，形成相互协作的救援合力。

（四）一以贯之的民本思想

民本思想不仅一直贯穿我国古代社会公共危机治理体系，也是其指导理念和基本主张。早在春秋战国时期，孟子就对邹国国君在灾荒时漠视灾民的做法进行了批评：“凶年饥岁，君之民老弱转乎沟壑，壮者散而之四方者，几千人矣；而君之仓廪实，府库充，有司莫以告，是上慢而残下也。”① 两汉时期，朝廷侧重于重农养民以救灾，通过发展农业生产来安定民心，同时也加强了防灾抗灾能力。唐朝陆贽进一步阐发了“民为邦本，本固邦宁”的民本思想，他主张养民资国，民富而国强，劝谏国君抚恤灾民，“取民以时”，灾年要轻敛薄赋或者减免缓征赋税。宋朝朱熹作为社仓制度的创始人，提出“天下之务莫大于恤民”② 指出政府实施荒政要善始善终，使灾民真正能“筋骸气血庶几可复其旧”。明朝海瑞主张重农务本以防灾备荒，同时推行一系列包括安辑、蠲缓、放贷等灾后重建和休养生息的措施，起到了显著的招抚灾民和恢复生产的作用。清初王夫之以“重民”“爱民”“惠民”“富民”为立足点，将富有批判精神的民本思想融入其救荒思想，主张养民裕国。清末左宗棠认为“为政先求利民”，而“国以农为本，民以食为先”③，因此他十分重视采取建立仓储、发展农业和兴修水利等积极救荒措施。

我国古代社会公共危机治理中的民本思想对当前我国公共危机治理工作具有重要的借鉴意义。一方面，公共危机治理要以人为本，将保护人民生命财产放到首要位置，在公共危机后的恢复与重建中也要把维护人民权益和促进人民发展作为根本要求；另一方面，在公共危机应急救援力量体系的构建中，要把为人民服务作为发挥救援力量最大效能的出发点和落脚点。但同时需要强调，我国传统社会民本思想虽是值得传承的历史财富，但根本是为了维护君主专制，调和阶级矛盾，而现代的民本思想则体现为对人的生命尊严和民主

① 参见《孟子·梁惠王下》。
② 参见《宋史·道学传·朱熹传》。
③ 参见《左宗棠全集·家书诗文·乙未科第三场·第四问》。

权利的尊重[24]。

四、中国古代社会公共危机治理的局限

由于思想认知、制度建设、生产力水平等诸多因素的限制，中国古代社会公共危机治理也存在局限性，主要表现为以下 4 点：

（1）应急思想存在消极性。中国最原始的救灾思想产生于商周时期，当时生产力极其低下，人们对自然界缺乏完整准确的认识，应对自然灾害的能力极为有限，认为自然界神圣不可侵犯，会采取诸如祭祀、巫术等种种方法，希望得到“天帝”的宽恕，消弭灾害。但如果祈祷不成，人们会认为只能被动承受，采取任何措施都无济于事。周朝时甚至还出现面对灾害不防不救的思想。西汉丞相田蚡“江河之决皆天事，未易以人力为强塞，塞之未必应天”的观点就是典型的消极救灾思想[29]。总体来说，在中国古代社会早期应急救灾思想中存在着许多天命主义禳弭思想、巫术礼仪、祈祷制度等非理性因素，虽后来逐渐淡化[24]，但整体上消极的救灾论仍在相当长的一段历史时期内造成了许多严重的后果。

（2）应急救助存在滞后性。古代社会灾荒发生后，由于通信和交通条件落后、信息传递效率相对较低，且灾害发生后政府往往承担着救灾的主要功能，所以救援存在着不可避免的滞后性。且高度集权的行政管理体制和严格的逐级上报、逐级下达（中央—州府—郡县—乡村）的制度，让地方在得到中央诏令前无法第一时间调集充足的人力财力物力来抗灾救灾，难以采取真正及时有效的救援措施，经常延误了救援时机，“州府地远，申奏往复，已至流亡”[24]。此外，由于交通条件落后，运输资源的数量也受到制约，导致了应急救助的滞后[30]。

（3）应急制度的阶级局限性。由于中国封建社会的阶级局限性，统治者们进行灾害救济的目的是巩固封建王朝的统治。李军等学者认为，在中国古代，从统治者的反应看，他们往往是救政先于救灾，对政治安定的考虑始终重于救济灾民，救灾也服务于救政。这种与重农保民思想相悖的行为，显示政权稳固才是统治者考虑的重点[9]。

（4）民间救助力量作用有限。尽管我国传统社会的基层民众有着互助互济的精神，但由于资源匮乏、制度约束等原因，导致古代社会公共危机治理中民间力量作用甚微。

综上所述，中国古代社会公共危机治理既为我们提供了可借鉴的经验，也向我们展示了其存在的局限。首先，自然灾害的发生会破坏原有的社会生产秩序，影响国家赋税征收。同时，大量农户因此流离失所，灾民大量死亡，势必危害社会政治安定。所以，中央集权下的历代王朝十分重视对各种灾情的应对和治理，形成了一种以国家为绝对主导的灾害治理机制，基层组织在重大灾情的救助中主要发挥补充与辅助的作用。其次，古代社会中，中央政府掌握着整个社会的主要资源，民间力量所掌握的资源十分有限，无法承担兴修大型水利工程等大规模的防灾减灾工作。再次，民间救灾呈现零散化、规模小、持续性差等特点。最后，民间力量救灾还面临着制度层面的限制，如有的唐朝统治者甚至认为民

间救济意味着朝廷的不仁，影响朝廷的形象与地位，所以采取政策侧面打击民间的灾荒救济，导致民间慈善救济发展受到阻碍，降低了民间救助的效果[10]。

第二节　现代中国社区公共危机治理

一、现代中国社区公共危机治理发展历程

我国现代社区公共危机治理体系的建构起步较晚，一些特别重大的自然灾害和公共卫生事件对其发展进程起到了倒逼作用。整体来看，我国社区公共危机治理体系的发展大体经历了如下阶段[31]：

（一）萌芽期（2003—2012 年）

第一阶段是我国社区公共危机治理体系发展的萌芽期。

在抗击非典疫情成功后，我国政府把非常态管理提上议事日程，国家提出加快突发公共事件应急机制建设的重大课题，并第一次提出了“一案三制”的应急管理办法[34]。2005 年 7 月，国务院召开第一次全国应急管理工作会议，颁布了《国家突发公共事件总体应急预案》。2007 年，《中华人民共和国突发事件应对法》出台，规定由国务院以及地方各级政府统一负责对各类突发公共事件进行处置和应对，这标志着我国应急管理工作步入常态化、制度化、法制化的轨道。

在上述顶层政策的影响下，一些城市开始了社区风险评估领域的探索实践。上海市在 2009—2011 年开展了社区灾害风险评估，市民政局探索建立上海市社区综合风险评估模型，包括社区风险评估模型的开发以及社区风险地图的绘制两部分。深圳市在 2012 年 10 月启动全市公共安全评估，根据风险发生的可能性，由低到高分为低、中、高、极高 4 个等级[32]。然而，这一阶段的社区应急管理实践只局限于社区风险评估领域，并未拓展到应急救援队伍建设、应急物资准备等其他相关领域[31]。

（二）建立期（2012—2018 年）

第二阶段是我国社区公共危机治理体系发展的建立期。

党的十八大以来，党和国家高度重视基层社会治理，提出“要推动社会治理重心向基层下移，把更多的资源、服务、管理放到社区”。《国家综合防灾减灾规划（2016—2020年）》也进一步指出，要加强社区灾害应急预案编制和演练，以及社区救灾应急物资储备和志愿者队伍建设；深入推进综合减灾示范社区的创建工作，开展全国综合减灾示范县（市、区）创建试点工作。各地进行了建立社区应急管理体系的初步探索，特别是社区应急救援队伍的建设。天津、深圳采用与社会专业力量合作的方式组建应急救援队伍。天津的许多社区与天津蓝天救援队、企业救援队伍等合作，使这些专业力量投身社区联防联控，建立多层次综合性应急队伍。深圳市罗湖社区于 2018 年成立应急管理部，由深圳壹基金公益基金会、罗湖政协委员公益基金共同筹办社区志愿者救援项目，旨在建设一支可

以快速响应风险的辅助型救援队伍。这支救援队伍的成员包括党员公职人员、社区志愿者等，在罗湖区党委的领导下统一行动，参与社区应急救援，成为街道应急救援体系的重要组成部分。

（三）快速迭代期（2018年至今）

第三阶段从2018年开始，这一阶段是我国社区公共危机治理体系发展的快速迭代期。

2018年应急管理部的成立，标志着我国进入“大应急”时代。党的十九届四中全会进一步为新时代社会治安防控体系建设明确了新思路和新路径，即“专群结合、群防群治、问题联治、工作联动、平安联创”。在应对新冠肺炎疫情期间，社区在整个社会的应急救援体系中发挥了重要作用。习近平总书记强调：“把防控力量向社区下沉，加强社区各项防控措施的落实，使所有社区成为疫情防控的坚强堡垒。”社区作为应对突发公共事件的前沿，成了公共危机治理的新趋向。

这一阶段各地开展了广泛的社区应急管理实践，新鲜理念、新鲜做法快速迭代，例如，北京市在新冠肺炎疫情的社区防控中充分发挥了基层社区党组织的作用，实现党员与志愿者身份互嵌，动员基层党员、企事业单位下派干部与社区居民、工作人员一起，组成社区应急管理队伍，带动社会力量参与。北京市在新冠肺炎疫情防控中为60多万名志愿者提供了免费的人身意外保险和志愿者新冠肺炎专属保险。这一举措，免除了志愿者的后顾之忧，极大地激发了社会力量参与的热情[33]。上海市在城市社区风险管理中十分重视信息化工程建设，在多街道开展“社区大脑”工程试点。“社区大脑”作为街道层面的联合指挥中心，融合公安、城管、房管等多元力量，覆盖应急中心、物管中心、网格中心等各职能领域，集中办公，统一指挥、应对社区中出现的各种风险和突发情况[34]。南宁市2018年正式启动了“八桂应急先锋”社区响应队建设与培训项目。2018年5月至7月，南宁市开展试点培训，分27期对来自南宁7个城区和3个开发区的265个社区的近1500名应急志愿者开展培训。从次年3月开始，该项目逐步在广西全省展开，计划在除南宁市外的13个城市的709个社区开展培训，培训规模约3500人[35]。

二、现代中国社区公共危机治理的法规制度

2003年以前，我国应急管理的制度安排分散在各种公共危机处置办法中，尚未出现一部统筹兼顾的应急管理法律。直到2007年《突发事件应对法》的正式实施标志着我国应急管理体系建设取得重大进展。此后，从中央到地方，公共危机治理的法律法规不断出台，法规制度体系不断丰富。其中社区公共危机治理的法规制度体系主要包含以下内容：

（一）宪法

《宪法》中关于社区公共危机治理的内容主要体现为对社区地位合法性的支持。《宪法》第一百一十条明确规定村（居）委会是基层群众性自治组织，而且社区居委会的职责包括办理社区公共事务和公益事业、调解民间纠纷及协助维护社会治安。同时，作为宪

法性法律①的《城市居民委员会组织法》也规定了居委会的任务包括管理公共事务与提供社会优抚救济。这些规定为社区参与应急管理提供了依据和宪法保障[36]。

（二）法律法规

我国社区公共危机治理的法律包括《突发事件应对法》和其他相关法律。《突发事件应对法》不仅构建了我国应急管理体系的总体框架，还是社区参与应急管理的重要法律依据。《突发事件应对法》规定了社区居委会在突发事件应对中的职责：预防与准备阶段中社区居委会应“结合各自的实际情况，开展有关突发事件应急知识的宣传普及活动和必要的应急演练”；监测与预警阶段中社区居委会应“建立专职或者兼职信息报告员制度”，收集公共危机的信息，并将其上报至政府；处置与救援阶段中社区居委会应“按照当地人民政府的决定、命令，进行宣传动员，组织群众开展自救和互救，协助维护社会秩序”。另外，该法还对居民和社区居委会的关系进行了规定：“公民应当服从人民政府、居民委员会、村民委员会或者所属单位的指挥和安排，配合人民政府采取的应急处置措施，积极参加应急救援工作，协助维护社会秩序”。此外，其他的法律法规有《自然灾害救助条例》《传染病防治法》等，它们都对社区在公共危机治理方面的职能进行了规定：《自然灾害救助条例》要求村（居）民委员会依法协助各级人民政府开展灾害救助工作；《传染病防治法》要求村（居）民委员会组织居民、村民参与城乡社区的传染病预防与控制活动。

地方的法规、条例对社区公共危机应对的具体实施进行了规定。目前，全国大部分省、自治区、直辖市出台了与《突发事件应对法》相配套的地方性法规，可操作性很强。总结来看，相关社区公共危机治理的内容概要如下：一是明确了社区在突发应对事件组织体制中的地位；二是要求村（居）民委员会编制各类应急预案；三是明确规定社区在公共危机应对中的职责；四是要求村（居）民委员会应当及时、有效地处置各类社会矛盾纠纷；五是促进公共危机应对信息公开透明化，加强对救灾款物的管理与监督；六是鼓励村（居）委会开展自救互救[36]。

（三）其他规范性文件

除上述法律法规外，还有一些政策等规范性文件对社区公共危机治理的角色定位、具体做法进行了规定和指导。这里仅对其中一些全国性政策进行介绍：

2006 年出台的《国家突发公共事件总体应急预案》提出，要加强以乡镇和社区为单位的公众应急能力建设，发挥其在应对突发公共事件中的重要作用，并将城乡社区纳入应急处置队伍建设，形成统一指挥、反应灵敏、功能齐全、协调有序、运转高效的应急管理机制。

同年实施的《国务院关于全面加强应急管理工作的意见》丰富了对风险隐患普查与监

---

① 宪法性法律有三个特点：首先，它是由国家立法机关制定的法律文件，不同于宪法惯例；其次，它规定的内容是国家根本问题，但不是根本问题的全部，只是某一个或某一方面的根本问题；最后，它的法律效力低于宪法，制定程序与宪法以外的其他法律相同，没有特别要求。

控的规定，要求“社区、乡村、企业、学校等基层单位要经常开展风险隐患的排查，及时解决存在的问题”。这表明应急防范的主体延伸至基层社区及辖区单位组织，范围不断扩大。

2007 年的《国务院办公厅关于加强基层应急管理工作的意见》就基层社区的隐患排查、应急知识宣传教育和培训工作指出：“基层组织和单位是隐患排查监控工作的责任主体，要结合实际，对各类危险源、危险区域和因素以及社会矛盾纠纷等进行全面排查。”同时要求“社区和乡村要充分利用活动室、文化站、文化广场以及宣传栏等场所，通过多种形式广泛开展应急知识普及教育，提高群众公共安全意识和自救互救能力”，这逐步凸显了社区在开展群众应急知识教育培训中的主体性[37]。

《国家综合防灾减灾规划（2011—2015 年）》明确提出建设综合减灾示范社区。《国家综合防灾减灾规划（2016—2020 年）》提出“开展社区灾害风险识别与评估，编制社区灾害风险图，加强社区灾害应急预案编制和演练，加强社区救灾应急物资储备和志愿者队伍建设。深入推进综合减灾示范社区创建工作，开展全国综合减灾示范县（市、区）创建试点工作”。《“十四五”国家综合防灾减灾规划》提出：推动防灾减灾科普宣传教育进社区，大力推进灾害风险的网格化管理，实现社区灾害风险隐患排查治理常态化，推进“六个一”目标下基层社区应急能力建设标准化，鼓励社会应急力量深入社区，探索推进应急物资集装单元化储运能力建设，畅通村（社区）配送的最后一公里。

（四）社区的应急管理预案

社区的应急管理预案也是我国社区公共危机治理法律制度的重要组成部分，它包括社区本级的应急管理预案，也包括社区内驻区企事业单位、社会团体等编制的部门应急管理预案。内容涵盖组织体系、预防与预警机制、响应处置机制、宣传培训机制、平时演练机制、应急管理基础设施建设、应急储备物资配置、应急专业队伍建设和志愿者队伍建设等内容。

三、现代中国社区公共危机的应对流程

社区公共危机治理的应对流程指基层党组织领导基层政府为保障和维护基层群众的生命财产安全、有效应对突发公共危机事件造成的影响所开展的应急治理过程[8]。社区公共危机治理作为整个社区公共危机治理的重要部分，是指在突发公共危机事件发生的前期、中期、后期实施有效预防、监测、信息上报，同时开展自救互救、群防群治的应急工作过程。其工作流程基本遵循事前、事中及事后的线性逻辑，包含预防准备、监测预警、处置救援、恢复重建 4 个部分工作。

（一）预防准备工作

在社区公共危机治理中，有效的预防准备往往能最大限度地降低突发公共危机对社区的冲击破坏。我国社区公共危机治理中预防准备工作包括以下 4 个方面：

（1）明确社区应急管理工作责任人。为建立健全基层应急管理组织体系，一方面，县

级人民政府、街道办事处、乡级人民政府都需要明确应急管理的领导机构和相关责任人员。另一方面，居委会、村委会等基层群众自治组织，要将应急管理作为自治管理的重要内容，落实应急管理工作责任人，做好群众的组织、动员工作。

（2）制定应急预案。社区应急预案通常由社区居委会组织编制，从已成文的社区应急预案来看，内容涵盖了社区的基本情况、社区灾害隐患点、社区救灾指挥机构、预警、人员转移、转移路线、避难安置场所、灾后救助、信息传递、预案演练等内容。其中，社区应根据灾害风险调查评估的结果，绘制社区灾害风险图，明确社区灾害隐患点；社区救灾指挥机构以防灾减灾领导小组为核心，下设办公室、信息组、抢险组、巡逻组、转移组、保障组、监测组等执行小组，负责各项具体救灾工作；避难安置场所应由社区专门建设或划定，同时按容纳人员数量贮藏相应的救灾物资；灾后救助以具体受灾情况为依据①；信息传递包括行政命令的传递与临灾紧急转移安置、具体灾情等信息的传递等内容；预案演练每年应定期组织，通过演练，使所有参与人员熟悉应急预案，知晓转移路线和应急避难场所，并反思预案中存在的问题，及时修正[36]。

（3）开展宣传教育。目前我国城市社区防灾减灾宣传教育的主要形式有：一是利用国家法定宣传活动日，进行防灾减灾宣传。例如汶川大地震后，我国设立了“5·12”全国防灾减灾日。二是借由政府、非营利组织及社区内部企业、事业单位等力量，利用各种手段进行社区宣传教育。

（4）储备应急保障。社区应当针对可能发生的公共危机，准备相应的物资器材，如：消防器、防爆器材、防洪器材等，另需准备好群众疏散路线和应急场所，做好相应标识。同时还需要确定相关责任人员负责这些物资器材的计划、管理等工作。

（二）监测预警工作

监测预警工作包括社区灾害风险调查评估、监控与研判、预警信息发布3个方面。

（1）社区灾害风险调查评估。首先调查以下信息：社区内老、弱、病、残、孕以及流动人口等脆弱群体，社区内老旧住房等脆弱住房，社区内娱乐、餐饮、学校等公共场所的灾害隐患，社区内道路交通安全隐患，建筑物调查等。对上述项目开展调查后，应根据获取的参数绘制社区灾害风险地图[36]，并对可能存在安全隐患的重点目标进行持续性的监测观察与预警，同时及时处理安全隐患。

（2）监控与研判。在日常生活中，社区采用监控设备、治安巡逻、入户走访和建立信息报送队伍等方式监控辖区内可能存在安全隐患的重点目标，并通过发宣传单、张贴标语、架设高音喇叭、举办各种类型的培训班或召开座谈会等简单易行的形式在社区内宣传应急知识与技能，提高居民的危机意识和危机处理能力。

（3）预警信息发布。社区应当充分利用各种通信手段和传播媒介，如广播、电视、报

① 受灾情况包括居民财产损失和人员伤亡两部分。社区需如实统计填写《因灾倒房花名册》《因灾居民财产及住所损失情况统计表》《因灾伤病、死亡花名册》等，并及时上报相关信息。

刊、网络、手机短信、电子显示屏、人员通知等，将预警信息准确、及时地传播给社会公众。对老、弱、病、残、孕等特殊群体以及医院、学校等特殊场所和警报盲区，采取有针对性的公告方式。预警内容包括可能发生突发事件的类别、性质、预警级别、起始时间、发生地点及影响范围、初步原因、现场基本情况（可能造成人员伤亡和财产损失情况、已采取的主要应急措施、现场指挥部及联系人、联系方式）、请求支援事项、事态发展趋势情况、监测预警责任单位及责任人、隐患的动态发展情况等。

（三）处置救援工作

依据相关规定，社区公共危机治理中的处置救援工作应当包括受灾人员的疏散和撤离、组织发动现场群众展开自救和互救、协助上级政府维护社会秩序 3 个方面。

（1）受灾人员的疏散和撤离。具体来看，当公共危机发生后，社区应当立即疏散并撤离受灾范围内的人员，在政府部门的帮助下开放紧急避难所，转移和疏散受灾人员，做好受灾群众的就地安置，保证必需的生活设施和食品供应。

（2）组织发动现场群众展开自救和互救。在公共危机的治理中，社区也需要根据灾害事件的性质、危害程度和范围组织社区内基层单位和人员开展自救和互救。同时政府需要根据灾害等级动员并组织社会力量参与救援。

（3）协助上级政府维护社会秩序。灾后社区要第一时间将本地受灾情况上报。接到上级的指示后，街道办事处和社区应当迅速启动应急预案，组建现场指挥部，联系或组建救援队伍赶赴现场，联系或调配所需应急资源和救灾设备，做好现场紧急医疗救护，维护社会治安和生活秩序，采取切实可行的治理措施坚决防止次生、衍生和耦合灾害事件发生，做好灾害的实时监测、滚动预报并及时上报。

（四）恢复重建工作

社区公共危机治理的恢复重建工作包括灾后总结、调查评估和恢复工作 3 个方面。

（1）灾后总结。在公共危机的处置救援工作结束后，相关负责人和领导小组应认真总结应急工作，回顾反思此次公共危机应对的教训和经验，并向上级提交总结报告，提出改进工作的意见和建议。

（2）调查评估。调查评估工作是指在突发事件结束后，社区联合上级政府、专家、社区居民等主体，对突发事件的起因、性质和造成的损失进行评估，并形成报告递交至上级政府部门。并对在本次公共危机处置工作中做出突出贡献的单位和个人给予表彰和奖励。对因参与应急救援工作致病、致残、死亡的人员，按照国家有关规定给予相应补助和抚恤。同时对社区内谎报或瞒报灾情、拒不履行应急处理职责、阻碍或干涉灾情调查与救援工作的单位与个人，在上级政府部门决议下，依法依规给予责令改正、通报批评、警告等惩罚，若触犯法律，也要追究相关责任单位或人员相应的法律责任[38]。

（3）恢复工作。公共危机应对处置工作结束后，依据调查评估结果，社区应按照上级政府的安排逐步恢复社区秩序，并协助落实善后处理工作，例如：人员安置、补偿，征用物资补偿，救援费用的支付，灾后重建，现场清理，污染物收集与处理等。

四、现代中国社区公共危机治理的参与主体

（一）政府

政府作为公共事务的管理者和公共政策的提供者，手中掌握着大量的公共资源，是国家最为强大的行政力量。在社区公共危机治理的过程中，政府往往发挥着主导作用。同时就维护公共利益的理念来说，政府是社区公共危机治理的首要主体[6]。

相比其他类型的组织，政府在社区公共危机治理过程中的优势十分明显：一方面，政府具有调动应急资源、提供应急公共物品和服务的权力，在社区公共危机应对过程中，政府可以在最短时间内为社区提供尽量多的资金和物资；另一方面，政府具有凝聚人心的作用，可以凭借自身的公信力成为社区应对公共危机的精神支撑。

但是，政府不可能包揽公共危机治理的全部事务，在社区公共危机治理中也存在劣势：一是政府应急管理资源的有限性，面对社区公共危机的无法预测性，政府不可能掌握社区的全部受灾情况，也无法储备完全充足的应急资源；二是政府应急管理能力的有限性，政府在人才队伍、信息技术等应急管理所需的专业能力上也存在有限性；三是政府官员队伍素质依然存在思想素质良莠不齐的情况；四是政府直接介入社区治理时信息不对称等政府失灵问题。

政府在社区公共危机治理中的路径主要体现在两个方面：一是供给公共危机应对所需的公共物品；二是制度供给，明确其他应急管理主体应急的合法性和可行性，通过制定法律规范，为其他主体参与公共危机治理提供制度保障[39]。

（二）非营利组织

非营利组织是不以营利为目的，而且致力于开展社会公益活动的机构和团体[40]，具有正规性、民间性、非营利性、自治性和志愿性等特征。

非营利组织在社区公共危机治理中具有民间性、灵活性、专业性及强大的资源动员能力等优势。首先，非营利组织具有民间性。尤其是社区非营利组织，它们成长于社区，在长久发展中在社区内部搭建了社会资本网络，在公共危机治理时往往能清楚了解社区的受灾情况，并广泛发动社区居民参与，组织居民自救或互救。其次，非营利组织较于庞大的政府，在信息传递、组织机构调整以及资源配置等方面更为灵活。再次，部分非营利组织拥有特定的服务领域和专业的人员，能够发挥自身专业优势，提供各项专业性帮助，高效应对公共危机。最后，非营利性组织可以充分发挥“公益机制”在资源动员上的优势，广泛聚集社会资源、甚至国际资源参与社区公共危机治理。

但是，非营利组织参与社区公共危机治理时也存在劣势。一方面，非营利组织虽有资源动员能力，但自身资源往往有限，部分非营利组织缺乏资金和人才，在社区公共危机治理中往往有心无力；另一方面，并非所有的非营利组织都能被大众所接受，不少非营利性组织面临着社会合法性困境，导致其在参与社区公共危机治理中不被居民接受。

非营利组织参与社区公共危机治理的路径主要有：一是提供专业技术支撑。在社区公

共危机发生时，非营利组织可以提供或动员相关的人力资源，并提供科学专业的公共产品和服务，帮助社区提升公共危机应对处置能力。二是搭建信息沟通平台。部分非营利组织可以依托自身的运行机制搭建政府与公众及公众间的信息平台和合作网络。三是动员、整合社会资源。广泛动员其服务对象和志愿者参与公共危机治理，向社会各界筹集应急物资并统一输送，进而降低配送成本，提高资金的使用效率。四是提供多样化应急服务。非营利组织可以依托其组织灵活、服务领域多元等特点，根据受灾群众的不同需求提供不同类型的救援服务，如应急培训服务、心理疏导、专业救援等。五是参与政策制定与咨询。为政府部门制定与完善公共政策提供帮助[41]，扩宽政府的信息来源渠道，扮演“民间智库”角色等。

（三）企业

在社区应急管理体系建设中，不仅需要物业公司和保险公司这类依托于社区营利的企业积极发挥作用，也需要更多具有社会责任感的企业投身其中，有效发挥自身作用。

在《突发事件应对法》界定的4种突发事件中，一部分事故灾难的发生与企业脱不了干系。因此，在社区公共危机治理特别是社区事故灾难治理中，与之相关的企业必须承担起相应的责任。首先，企业需要对自身生产安全进行监管，制定应急预案，预防事故的发生；其次，在事故发生时，企业需采取应急措施，尽可能减少损失；最后，在社区公共危机应对中，企业可以向社区或者政府提供资金支持，可以利用市场机制提供相关的专业技术和设备，利用内部人力资源参与应急救援和恢复。

企业在社区公共危机治理的优势一方面在于效率极高的执行力，借由自身较为成熟的组织结构，在应急物资的聚集、应急信息的传播等方面效率较高。另一方面，企业能够提供丰富的应急资源，不仅表现在提供急需的应急物资，如2020年新冠肺炎疫情期间五菱、比亚迪等汽车厂通过生产口罩来缓解国内口罩供应的紧张状况，还表现在提供信息渠道等资源，通过员工的信息传播渠道告知社区居民受灾抗灾的最新情况，通过其他的一些信息渠道联系国外援助等。

但是，仍然存在一些企业因单纯追求利益而忽视安全生产和灾害管理，进而导致事故灾害的发生，危及社区和整个社会的安全。同时企业参与社区公共危机应对可能会出现无序参与的现象，需要政府及社区居委会等进行组织协调。

（四）居民

社区公共危机不仅对政府、非营利组织和企业提出了挑战，更对居民的生命财产安全形成了直接的威胁。一方面，社区公共危机中，居民往往是直接受到伤害的主体；另一方面，公民是社区的形成基础，是社区公共危机治理中的重要主体，缺乏了公民的参与，政府在社区公共危机治理中就会孤掌难鸣。

具体来说，公民参与社区公共危机治理的优势和意义在于：一是利于弥补政府在短期内所能提供的公共资源和公共管理能力的局限性，构建应对社区公共危机的共同体，维护社区的安全与稳定；二是降低社区公共危机治理的成本，通过公民参与，及时发现社区公共危机的根源，进行危机预警；三是培养居民承担公共责任的意识，培育社会资本，减轻其对政府的过度依赖，提升其社区公共危机的反应速度。

但是，对于社区公共危机治理来说，公民参与并非解决一切问题的灵丹妙药，其本身也有局限之处，如容易造成参与的无序化，若不加以引导和安排，很容易就造成治理无效化，导致资源的浪费。《突发事件应对法》中就规定“突发事件发生地的公民应当服从人民政府、居民委员会、村民委员会或者所属单位的指挥和安排，配合人民政府采取的应急处置措施，积极参加应急救援工作，协助维护社会秩序”。

事实上，公民在社区公共危机治理中的参与路径体现在：一是参与社区公共危机的预防，传播相关信息。在社区面临公共危机时，居民往往是第一见证者甚至亲历者，他们会通过网络等方式向他人传递危机信息，从而实现信息扩散。在政府做出行动之后，居民也会进行传播，从而减轻危机应对措施落实的难度。二是参与社区公共危机的应对。当公共危机发生后，最先进行救援的往往不是政府，而是居民个体，居民自发组织的自救互救行为可以很大程度上减轻危机造成的损失。三是参与社区公共危机发生后的恢复工作。达成社区公共危机的治理目标，一个重要标准就是恢复受灾群体的正常生活，公民在其中的自救互救，可以实现受灾群体的可持续发展。

【本章重点】

1. 从时间脉络看，中国古代社区公共危机治理实践产生较早，以防灾治灾、防疫治疫、基层治安为主要内容。同时虽其成果丰富，效益显著，但囿于生产力水平等原因，仍然存在以下局限性：思想上的消极性、时间上的滞后性、制度局限以及民间力量有限。

2. 现代社区公共危机治理实践经历了萌芽期、建立期和快速迭代期 3 个阶段。社区公共危机治理的法规制度体系包括宪法、法律法规、其他规范性文件及社区的应急预案 4 个部分。社区公共危机治理应对流程涵盖预防准备、监测预警、处置救援、恢复重建 4 个方面。社区公共危机治理主体涵盖政府、非营利组织、企业及居民。

【课后习题】

1. 请概述现代中国社区公共危机治理实践的发展历程。

2. 请以小组为单位，选择一个熟悉或者感兴趣的社区，通过实地调研、深度访谈、查阅资料等方式了解该社区的公共危机治理主体。

第三章
社区风险评估

第一节 社区风险评估的概念及重要性

一、风险评估及社区风险评估[42]

（一）风险评估

风险与危机之间存在着因果关系，风险是前期形态，危机是后期表现，风险与危机之间是一个“连续统”①[43]，相应地，社会风险与公共危机之间也存在着因果关系，二者之间也是一个连续统[44]。因此，公共危机治理必须从风险管理开始，风险管理也应当以公共危机治理为后续，二者不可偏废。

将风险管理作为公共危机治理的逻辑起点，可以克服传统危机管理“刺激-反应”模式的事后或临时被动型应对方式的缺陷。通过事前风险识别和事中风险监控及全程动态风险评估，及时有效地缩减、缓解与处置各种潜在风险源可能诱发的危机。这一方面奠定了危机发生时可以“转危为安”的基础，另一方面将评估学习作为公共危机治理的能力提升环节，其和风险管理的闭合回路不仅能够降低潜在风险诱发危机的可能性，降低突发事故和紧急事件演化为公共危机的可能性，提高危机应对过程中各个环节的应急能力和处置效率，并能够根据危机治理效果的相关反馈信息不断进行自身行动与决策的调整，从而形成一个贯穿公共危机整个生命周期并适时进行调整的动态性、开放性应对系统[45]。具体来说，风险管理的对象是“风险”，其主要特性是对不确定性和可能性（风险）进行管理[46]，风险管理包括“风险准备、风险识别、风险评估和风险处置”4个核心内容[47]，其中风险识别和风险评估又被称为风险分析[48]。风险识别是在资料收集及现场察看的基础上找出“那些对社会正常运行产生威胁的社会风险，并按照危险程度对其进行排序”[43]，风险评估则是“人们认识风险并进而主动降低风险的重要手段，风险评估的目的和作用主要体现在支持‘平时’的安全规划和确定‘战时’的重点目标”[49]。风险评估可以“识别存在的薄弱环节和可能导致事故发生的条件，找到发生事故的真正原因，并预测事故发生的可能性及后果的严重性”。[50] 因此，风险评估是风险管理过程中的重要环节

① 连续统是一个数学概念，指连续不断的数集。

之一，体现了一种“更主动、更积极、更前沿”的管理手段，强调了公共危机治理工作的“关口前移”[47]。

专业的风险评估最先出现于20世纪30年代的保险行业。产业革命后，工业化进程加快，生产过程中事故不断发生，在此背景下，20世纪60年代人们针对企业、装置和实施的安全评价原理和方法开始了系统而全面的研究。1964年美国道化学公司开创了生产危险量度安全评价的历史。之后MOND公司的火灾、爆炸、毒性指数评价方法、日本的“化学工厂六步骤安全评价法”以及苏联提出的俄罗斯化工过程危险性评价法接连出现。20世纪60年代后，随着航天事业的发展，以概率评价（PKA）为代表的系统安全评价技术得到了研究和发展。我国专业的风险评估出现较晚，1981年我国颁布了“冶金工业危险程度分级方法”，化工、机电、航空以及交通等部门和行业同时开始在企业中开展安全评价试点工作。1994年我国相继发生的几起特大火灾使安全评价受到了政府部门和社会的重视。2002年我国的《安全生产法》颁布实施，提出了安全生产评价和重大危险源管理的要求[51]。

（二）社区风险评估

如上所述，风险评估最早出现在工业生产实践中，伴随着人类生活环境复杂程度的加深，风险评估被引入广阔的公共领域。当今时代背景下，提高公共安全系数、打造安全的生存空间已成为国际趋势，公共安全即保障社会治安、医疗卫生、自然灾害、网络空间等场域的安全，是依法进行社会、经济、文化以及生产经营等活动所必需的良好内部秩序和外部环境的保证。其中，社区作为人类社会的基本单位，其安全是城市、乡村乃至国家和公共安全的基础，风险评估也由此延伸到社区场域。

社区公共危机治理中的风险评估（以下简称社区风险评估）是指社区内一种对于灾害风险的预防行为，其目的在于对无法准确预测的灾害事件进行科学合理的估计，评估事件发生的可能性及危害程度，帮助政府和社区采取措施以规避或减轻灾害[32]。社区风险评估工作通过社区居民的认知，调查有关社区地理位置、气候、居民状况等各方面的数据以及曾经发生在社区内的各类灾害，并咨询相关专家，分析、归纳、整理社区内可能存在的风险类型，对社区各种类型的风险进行定量的评估和分析，预测可能发生的损害性最大或最频繁的灾害的类型、发展趋势、影响范围和程度等，并采取一定的措施降低这些公共危机的发生概率，从而实现对社区公共危机的预防，降低社区公共危机可能带来的损失。

社区风险评估有2个突出的特征，分别是专业性和参与性[52]：

（1）专业性。社区风险评估具有较强的专业性，因为风险是未来可能造成危害的不确定性状态，对于风险的认知和判断一方面是依靠对于过去经验的归纳总结，另一方面则是要依靠评估不同风险的专业知识。

（2）参与性。社区风险评估除了对风险进行有效识别和分析以外，另一个目标则是通过风险评估，提升民众的风险意识以及识别风险、防范风险的能力。民众广泛参与社区风险评估过程是社区风险评估的重要目的之一。

基于此，社区风险评估需要一整套科学有效的评估方法，借助现代化的评估手段，依靠政府的政策保障，调动多方面的资源，动员民众积极参与其中，在不断探索和实践中总结推广有效经验。

二、社区风险评估的重要性[42]

随着经济全球化的发展和互联网时代的到来，人类社会已进入了高风险时期[32]，可谓危机四伏。与此同时，我国的社区公共安全保障基础薄弱，极易受到上述危机的侵扰。近年来，公共卫生和社会安全等危机事件更是层出不穷，如 SARS、禽流感、重大火灾、新冠肺炎疫情等，这些危机事件的发生频率和辐射范围都在不断扩大，而社区始终都是最先感知并受其影响的地方，因此加强社区公共危机治理刻不容缓，它是居民生命财产安全以及社区发展的有效保障。而加强社区公共危机治理的首要前提是对社区可能存在的风险或是危机进行识别与评估[53]，即推进社区风险评估。社区风险评估的重要性有以下 2 点：

（一）社区风险评估是社区公共危机治理的第一道防线

成功且有效的公共危机治理必须是先发式的（proactive），而非反应式的（reactive）。在公共危机治理中，防范危机胜于处理危机[54]。因此，风险评估是公共危机治理的第一道防线。例如，根据 UNDP 的危机筹备框架，公共危机管理主要包含九大块内容：薄弱评估、规划、机构设置、信息系统、资源基础、预警系统、应对机制、教育培训、演习，其中排在第一位的“薄弱评估”就是指公共危机事前风险评估。再例如，经济合作与发展组织在 2003 年发表的《21 世纪面临的新风险：行动议程》中，认为公共危机管理主要涉及 5 个方面内容，而其中第一个和最后一个方面的主要内容都涉及公共危机事前风险评估。由此可见，公共危机事前风险评估在公共危机治理过程中具有十分重要的地位与作用。

如上所述，社区风险评估是有效开展社区公共危机治理的第一步。因此在社区公共危机事前管理阶段，通过建立一套规范、全面的事前社区风险评估系统，即进行公共危机事前风险管理机制设计，通过该机制提前识别社区潜在的危机风险，进行社区危机风险的确认和评估进而排除潜在的危机风险，从而预防社区危机、规避社区危机、阻止社区危机的发生；而对于那些没有排除的社区潜在危机风险，进行风险监测、风险预测和实时跟踪评估，及时发出风险预警信号，从而将社区危机消灭在萌芽状态或者尽量使危机损失减少到最小[55]，使社区风险评估充分发挥第一道防线的作用。

（二）社区风险评估是提升社区危机治理能力的重要途径[32]

社区风险评估制度的建立和完善、评估流程的合理有序推进为国家和社会整体安全提供了长久有效的保障机制。

社区风险评估作为一种管理手段，其目的和价值不仅是发现风险，还在于建立机制与动员群众。机制建立要求社区制定风险管理的决策和措施，有效控制、化解风险。在社区风险评估工作中，通过积极建立社区安全风险评估制度，开展社区灾害预防预警、治安犯罪预防警示和精神救助、心理危机干预等活动，倾听社区群众的意见，接受社区群众的监督，提升了社区群众的参与度，增强了社区群众的风险忧患意识，社区风险评估效能得到较大提升，并在一定程度上有助于增强社区群众对社区的认同感与归属感，从而更好地整合了社区力量，维护社区内的安全与稳定。

近年来，一些地方通过构建社区风险评估制度的逻辑框架，设置有效的社区风险评估指标，并按照合理的社区风险评估程序进行评估工作，使得不同类型的社区在面临不同风险隐患时能够选择科学的社区安全风险评估计量方法，科学规范地做好评估工作，从而提高了保障社区安全的能力，加强了社区风险评估，促进了社区公共危机治理建设，减少了社区内突发事件的发生，维护了社区秩序，保护了社区居民的人身和财产安全，大大提升了社区公共危机治理能力，对国家和社会的长治久安有着重要的意义和深远的影响。

第二节　社区风险评估的内容和步骤[56]

本节依托现阶段在我国具有代表性的社区风险评估模型——基于层次分析法的模糊综合评价模型对社区风险评估的详细内容和步骤进行介绍。

一、社区风险评估的内容

社区风险评估具有较强的专业性，其基本原理是将致灾因子和承灾体脆弱性两大因素在社区风险评估模型中进行整合，如图 3-1 所示。社区存在多种危害，是一个灾害因素相互关联、相互制约的复杂系统。危害指的是具有潜在破坏力的自然事件、现象或人类活动，它们可能造成人员伤亡、财产损害、社会经济混乱或环境退化。在联合国对灾害的

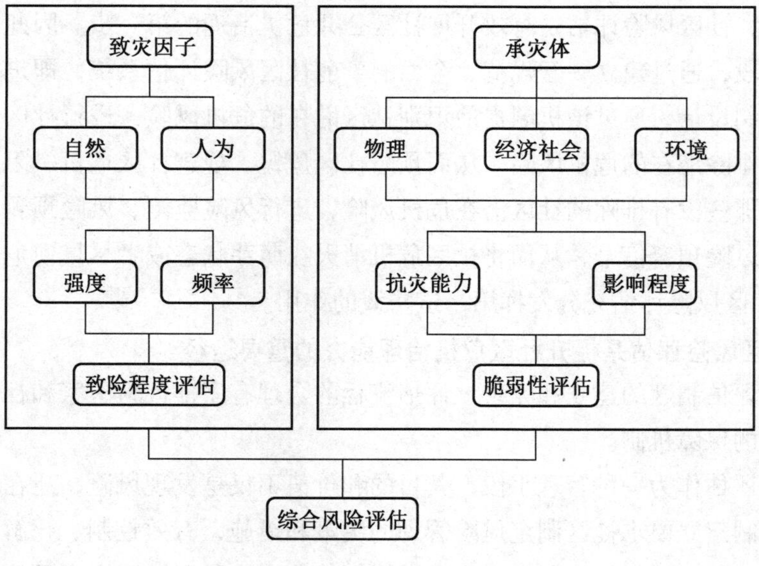

图 3-1　社区风险评估的内容

定义中，特意略去了经常连用的“自然”二字，灾害不仅是自然灾害，而是由自然致灾因子与社会、人类脆弱性相结合导致的结果。

（一）致灾因子

致灾因子指的是对人类生命、财产、生活及其依赖的环境等可能带来潜在威胁和伤害的灾害因素。致灾因子一般可以分成自然因素和人为因素两种。我国的《突发事件应对法》，将突发公共事件分成四大类：自然灾害、事故灾难、公共卫生事件和社会安全事件。该分类方法可以用于对致灾因子的分类，为利用灾害统计数据提供一致性保障。对于每一类，还需要继续分析其具体的致灾因子种类和可能造成的危害，表3-1罗列了对社区可能造成危害的致灾因子。

表3-1 致灾因子

风险因素	致灾因子	
自然灾害	地震	地震
	气象灾害	暴雨、台风、寒潮、雪灾、极端气温、大雾、雾霾
	海洋灾害	咸潮、风暴潮、海浪、赤潮
	地质灾害	地面沉降
事故灾难	生产安全事故、交通事故、公共设施和设备事故、拆迁事故、辐射事故、火灾事故、触电事故、煤气中毒事故、施工事故、环境污染、生态破坏事故、溺水事故、化学品爆炸、有毒气体泄漏、其他事故	
公共卫生事件	传染病疫情、狂犬病、群体性不明原因疾病、食品安全、职业危害、其他卫生事件	
社会安全事件	入室盗窃、偷盗事件、两抢事件①、暴力恐怖事件、个人极端事件、拆迁事件、群体性事件、其他刑事案件	

（二）承灾体脆弱性

致灾因子无论是天灾还是人祸，都可能对社区造成不同类型、不同程度的损害，这是一种外在于社区的力量；而同样的灾害，比如同样烈度的地震，在不同的地方，因其建筑结构、防范措施、人员密度等不同，造成的损失也不一样，这是由社区自身的因素造成的，这就是承灾体脆弱性这一概念提出的原因。

承灾体脆弱性指的是承灾客体受到灾害风险冲击时的易损性程度，它由一系列自然、社会、经济因素及相互作用过程所决定，包括所表现出的物理暴露性、应对外部打击的固有敏感性及与承灾体相伴生的人类抵御风险的能力。具体的社区承灾体脆弱性指标见表3-2。

① 两抢事件指抢夺、抢劫。

表3-2 社区承灾体脆弱性指标

脆弱性评估	指标	具体内容
物理脆弱性	房屋	房屋层数、房屋类型、房屋性质
	悬挂物	空调外机悬挂情况、外墙广告悬挂情况、其他外墙悬挂情况
	基础设施	燃气管道和电线电缆老化情况、下水道排水能力、小区内消防设施、楼道配备消防设备、道路畅通性、紧急避难场所情况
	内部及周边高危设施	周边高危设施、小区内危险情况
经济社会脆弱性	人群	老年人、低学历者、贫困人口、失业人员、残障人员、外来人口占比
	经济	GDP
环境脆弱性	社会环境	医院、消防站、派出所

二、社区风险评估的步骤

合理地开展社区风险评估是社区公共危机治理中至关重要的内容，科学的评估流程和步骤必不可少。社区风险评估主要包括风险识别、风险评价、风险评估建模以及社区风险地图绘制 4 个步骤。

（一）风险识别

社区风险识别包括以下 4 个关键步骤：

（1）风险信息收集。通过灾害事例回顾，收集社区周边环境的历史灾害事故，对其进行分析，找出可能面临的灾害的基本情况，包括灾害发生的源头、原因、强度等情况。

（2）灾害情况识别。如果要找出日常生活中的潜在灾害危险因素，必须进行实地勘察。在对灾害情况进行收集分析后，形成灾害核查表，排除本社区不可能发生的灾害，并注意核查识别重点灾害，明确灾害发生的频率及其强度。可以邀请对该灾害有管理经验或知识的专家来协助，以提升风险识别工作的准确率。

（3）脆弱性识别。承灾体脆弱性是和特定的灾害相联系的，比如说房屋的结构和地震风险相关联，而和集体食物中毒没有关系。通过全面考虑各类可能发生的灾害情况，归纳总结各类灾害相对应的脆弱性，形成脆弱性识别的核查表，对承灾体的脆弱性进行识别。

（4）灾害风险识别情况汇总。最后通过表格，对灾害情况和脆弱性识别的情况进行汇总。

（二）风险评价

风险评价是指根据一定的评判标准，判断风险大小和等级，对致灾因子和脆弱性分别进行评估。

1. 致灾因子评估的基本步骤和方法

1）罗列可能的致灾因子

事实上，致灾因子并不一定对于所有城市社区均构成危害。因此，每个社区在进行致灾因子评估时，需要根据自身的实际，选择对本社区可能造成危害的致灾因子。

要建立一个适用于较大区域（比如一个城市）的致灾因子评估模型，则需要对该地区的各种情况进行初步研究。可以采用的方法主要包括以下 3 个方面：

（1）头脑风暴法。将风险管理专家、政府公共安全管理人员、社区民众集中在一起，罗列本地区可能存在的全部致灾因子，对各致灾因子的发生频率及其对本地区的危害性进行评估，再共同按一定步骤分析讨论。

（2）案例分析法。根据相关政府管理部门、社会组织的统计资料，对需要研究的行政区域内的历史灾害数据进行统计分析，选取对本地区可能造成灾害的致灾因子，并根据其危害程度进行排序。

（3）现场调查法。首先对本地区的社区类型进行初步分类，选取典型社区进行现场考察，分析各个典型社区曾经发生的灾害，总结归纳各个典型社区的灾害，获得该社区的致灾因子列表。

2）应用合适的评价方法

对社区可能造成危害的致灾因子种类繁多，各类致灾因子有各自的测量方法。对灾害致险程度的综合评估主要由灾害的强度和概率决定的。灾害的强度可以受到致灾因子本身的变异程度（如震级、风力大小等）或者承灾客体所能承受的灾害影响程度（如地震烈度、洪水强度等）等指标的影响[57]。致灾因子强度都有其特定的衡量指标，例如地震有震级、台风有风力风速、暴雨有每小时降水量等，这些指标都是较为客观的等级，但都是衡量较大范围下致灾因子强度的统计指标，比如上海市或者某个区的致灾因子情况。而对于社区（居委会层面），并没有敏感度如此高的指标可以使用。其他类致灾因子也都存在同样的问题。特别是对于致灾因子的强度，现有的大多数研究由于评估的范围尺度较大，多用死亡人数或者经济损失作为依据。

比如，联合国开发计划署（UNDP）2004 年研究发布的灾害风险指数，以国家为单位考察地震、台风、洪水和干旱这 4 类灾害造成的死亡人数，以此衡量灾害的风险度。但是此类历史数据在社区层面一方面是没有统计，或数据不可得；另一方面是死亡人数等在社区层面较为少见，不适合作为普遍的测量指标。因此，在社区致灾因子评价中，需要建立一个可以统一测量四大类致灾因子，并且对于不同社区有一定的敏感度、区分度的评价方法：

首先，遵照一般致灾因子评估的方法，分为频率和强度 2 个维度，只是在如何衡量这两个维度上，社区致灾因子评估需要有新的方法，而不是沿用某些既有的测量指标；其次，引入模糊数学作为工具。模糊数学是 L. A. Zadeh 在 20 世纪 60 年代创立的研究和处理模糊性现象的一种数学工具，用精确的数学方法来处理无法用数字描述的模糊事物[58]。在衡量社区层面的致灾因子的频率和强度时，采用模糊语言给出频率和强度的评语，以此来进行模糊综合评价。对于每一个致灾因子，通过频率和强度两组评语，让社区民众给出他们认为该致灾因子对于本社区的影响程度强弱的评价。

频率不仅指已经发生的事件的频率，更重要的是指被调查者主观认为该致灾因子发生的可能性。一共分成5级，具体见表3-3。

表3-3 致灾因子发生频率等级评价标准

频率等级	评价标准
1	几乎不可能发生
2	不太可能发生
3	有可能发生
4	比较可能发生
5	非常可能发生

强度不仅指已经发生的事件的强度，更重要的是指被调查者主观认为该致灾因子发生的强度。一共分成5级，具体见表3-4。

表3-4 灾害致险强度等级评价标准

强度等级	评价标准
1	强度非常低
2	强度比较低
3	强度一般
4	强度较高
5	强度非常高

根据致灾因子的发生频率以及致险强度这两项指标，通过风险矩阵来确定风险的致险程度等级。在风险矩阵中，分别将这两项指标按照从低到高划分成5级，形成立联交叉表，强度指标横向向右逐渐变大，频率指标纵向从上到下逐渐变大。整这个矩阵从左上方到右下方等级逐渐变大。表3-5所提供的风险矩阵是依据Peijun S等的“自然灾害风险水平矩阵图”建立的，用来确定所有致灾因子的灾变致险程度等级。

表3-5 致险程度等级评估矩阵

		强度				
		1	2	3	4	5
频率	1	1	2	2	2	3
	2	2	2	3	3	4
	3	2	3	3	4	4
	4	2	3	4	4	5
	5	3	4	4	5	5

致灾程度等级所代表的含义见表3-6。

表3-6　致灾程度等级评定含义

程度等级	评价标准
1	致险程度非常低
2	致险程度比较低
3	致险程度一般
4	致险程度比较高
5	致险程度非常高

3）借助居民力量评价社区致灾因子的具体方法

致灾因子识别不同于社区脆弱性识别，社区脆弱性识别更多依赖于客观数据，而致灾因子识别需要发动广大社区居民，通过综合他们对于各类致灾因子的主观感受，来全面反映社区致灾因子风险等级。

为保证评价的可靠性，评价人数不能太少，因为只有这样，等级比重才趋于接近隶属度，因此每个社区都至少要选取20位居民。需要考虑评价人的代表性和对社区的熟悉性，以20人为例，对这20位填写人的要求如下：

（1）基本要求：18岁以上成年居民，并且均需在本社区居住达5年。

（2）性别要求：男女人数各半，即男性10位，女性10位。

（3）年龄要求：60岁以上老年人数不高于10位，35岁以下年轻人不低于5位。

在这20位居民对本社区各类致灾因子进行频率和强度的评估之后，对数据进行汇总分析。

4）运用模糊综合评价法评估社区致灾因子

在前述步骤的基础上进一步建立致灾因子模糊综合评价模型[59]，其主要步骤包括：一是建立评价对象因素集；二是建立评语集；三是建立单因素评价模糊矩阵；四是综合评价。本书中，评价对象因素集是社区致灾因子，由自然灾害、事故灾害、公共卫生事件、社会安全事件四类组成，这些因素能够综合反映出社区致灾因子的情况；评语集则是评价对象各种可能结果所组成的集合，本书中根据风险矩阵（表3-5）和风险度分为五级（表3-6），确定具体的评价集为｛非常低，比较低，一般，比较高，非常高｝；单因素评价模糊矩阵的建立是通过每个社区20位居民组成的评审团，借由问卷调查的形式，对四类社区致灾因子的各个元素进行单因素分析得出；最后再综合上述三个步骤得出的结果，运用相关公式计算得到社区致灾因子综合致险度。

2. 脆弱性评估的步骤和方法

1）罗列可能的脆弱性，建立脆弱性评估指标层次评估某个社区的脆弱性的时候，需要特别注意，每个区域不同类型的社区最为脆弱的环节都不尽相同，因此需要分析典型社区类型，并在实地走访、预调研、专家咨询等方法的基础上，罗列汇总不同类型的脆弱性，使不同社区的脆弱性指标既具有科学性、合理性和客观性，又符合社区实际，具有简明性、易懂性，方便广大居民参与，提高其风险安全意识。

脆弱性评价指标的选取应当符合以下 5 个基本原则，使其能够全面、系统地反映社区综合风险特征、使整个评估模型具有科学依据和价值：

（1）科学性原则。科学性原则是指标构建的基本要求，选取的指标要能客观反映社区脆弱性等级，而且评价指标必须有一定的依据，科学可靠。

（2）全面性原则。城市社区综合风险评估指标体系涉及城市社区的物理特征、人口、环境、致灾因子发生情况等诸多领域，因而指标的选取和指标体系的建立需要具有一定的全面性和内在逻辑性。

（3）针对性原则。指标的选取也需要符合城市社区的特征，选择与所要测量的内容联系最为紧密的指标。

（4）可行性原则。指标体系中的每一项都要具有在社区层面的可行性，方便数据收集，也要尽可能和统计数据相一致。社区自我评估可操作性强，可以利用该指标体系识别脆弱性，进一步提高城市社区的灾害防范能力。

（5）定性和定量相结合原则。定量指标易于分级和比较，但对于综合性、关联性反映不足，可采用部分定性指标转化为定量指标以获得更高的可信度。

2）应用合适的评价方法

选取了合适的脆弱性评价指标之后，需要分别评价社区的脆弱性在每个指标中的表现，不同脆弱性指标的测量方法也不同。对于每一个指标测量的内容，指标评价标准需要有一定的科学依据，要客观合理地反映该指标所指向的脆弱性。不同指标可以获得的数据也是各不相同的，根据每个指标的性质、测量内容及资料的可获得性，指标数据主要可以分成以下 2 类：第 1 类是可直接应用的数量指标，比如各种脆弱性人口的数据，或者环境脆弱性中，获得各种安全相关资源所需要的时间、一些基础设施的数目数量等；第 2 类是百分比数据。主要用在物理脆弱性方面，其测量的是社区固有的一些房屋、建筑物、悬挂物、基础设施和危险源的情况，一部分指标可以直接运用房屋管理部门的统计数据，但是统计数据不能直接作为指标的取值，因为单一的数字不具有可比性，因此需要将其转化为百分比数字。比如不同类型的房屋的比例，燃气管道在一定年限内更新的比例等。需要特别注意，临界点的选择要有一定的依据。可以是国家标准、规范，也可以是历史灾害事故数据分析结果。

在确定了每个指标需要什么样的数据以后，下一步就需要考虑每个指标如何评价。致灾因子评估是一个 5 级评价系统，与之相对应的脆弱性指标也是一个五级评价系统，1 为脆弱性最低，5 为脆弱性最高。单个指标的标准化及赋值方法主要有以下 3 种：

（1）标准值法。这种方法主要适用于以统计数据为数据来源的指标，以整个城市的平均值或者承诺值（政府承诺需要在什么时候达到一个什么样的水平）为标准值（3 分）上下浮动，获得单个指标评分。

（2）百分比赋值法。这种方法主要适用于指标内容涵盖了所有分类，所得数据为该分类占所有类型的百分比，且所有分类相加为 100% 的情况。该方法主要是通过将某一指标每一分类的百分比和该分类的脆弱性指数（取值范围为 1~5）相乘，然后将各个分类的脆弱性指数加总，获得该指标的标准化指数。其计算方法为

$$H_{wl} = \sum_{i=1}^{n} \left[\left(\frac{s_i}{S} \right) \cdot VID_i \right] \tag{3-1}$$

式中 H_{wl}——某一指标的标准化指数得分；

s_i——某分类的数量；

S——所有分类加总的数量；

VID_i——i 分类的脆弱性指数，取值为 1，2，3，4，5。1 为低脆弱性，5 为高脆弱性。

$\frac{s_i}{S}$由基层社区组织根据实际情况提供数据，VID_i 一般通过对历史资料统计分析得到，对于既定的灾害类型，统计每一类型的平均损失率。

（3）专家赋值法。上述 2 种方法都有一定的标准值（或者说是对各指标数据进行标准化处理的依据）。对于另一些指标，因为缺少社区层面的灾害统计资料，因此完全由专家进行赋值，划分等级。如空调外机悬挂情况、外墙广告牌悬挂情况、其他外墙悬挂物、附加物情况等。

3）评估脆弱性程度

确定了致灾因子评估的指标体系、每个指标的取值及赋值方法以后，就可以根据建立的评估体系评估社区的脆弱性。评估的主体可以是社区安全治理委员会成员、熟悉情况的居民、灾害信息员，或者具有专业知识的社会组织人员。

在进行单项脆弱性评估时只需要根据实际情况填入相应的数据。但是在进行综合评估时，算术平均可能会掩盖对于社区来说特别脆弱的环节，平均化其脆弱性，不能有效地反映整个社区的全貌。这就需要对每一个指标赋予相应的权重后再进行加权平均。

总之，脆弱性评估的第一步就是要确定社区的范围，这是以后工作的基础。在致灾因子评估中没有特别强调区域范围，因为致灾因子影响范围相对较大，不同的区域，街道或居委会都可能遭受同样的致灾因子的侵袭。而脆弱性评估不同，在不同的区域范围内，可能脆弱的环节是不同的，因此社区脆弱性评估的关键，还在于结合社区的实际情况，筛选出真正脆弱的环节，并根据一定的逻辑归类，划分出不同的层次，建立完整的脆弱性评价指标体系。在这个过程中，对于典型社区的实地调研是必不可少的。

（三）风险评估建模

获取上述致灾因子和承灾体脆弱性等基本的可用信息或数据后，选择适当的模型与分

析方法建立风险评估模型（图 3-2），这是风险评估的关键。

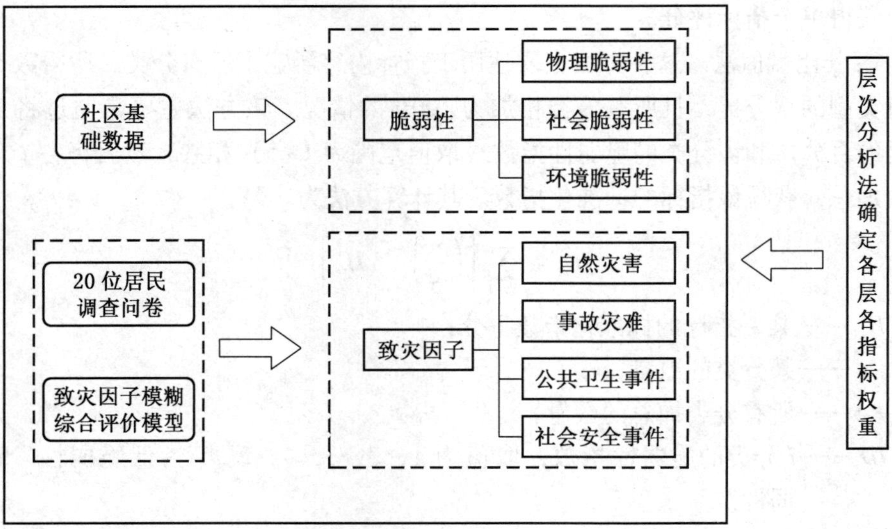

图 3-2　社区风险评估模型

1. 综合评价方法的选择

国际上通行的对于脆弱性和致灾因子的综合评价方法，主要有 2 种。一种是将致险度和脆弱性视为分别对最终的风险度产生一定影响的 2 个因子，通过对其赋予不同的权重，使致险度和脆弱性分别在最终的综合性风险度指标中体现作用。该方法评估的风险度表现为致险度和脆弱性的叠加，简称为相加方法，其概念模型可用式（3-2）表示：

$$风险度(R)=致险度(H)+脆弱性(V) \tag{3-2}$$

另一种是考虑脆弱性的选取和程度的高低，与致灾因子的类别是紧密关联的。首先以致险度（H）和脆弱性（V）相乘的方式获得单个致灾因子的风险度，再通过对各个致灾因子对总风险度的影响给予权重，加总得到总的风险度（R），简称为相乘法。其概念模型可用式（3-3）表示。该种模式要求，对每一个致灾因子应首先选取和该致灾因子相关联的脆弱性指标，并根据不同致灾因子的情况给出相应的脆弱性评价等级体系。

$$风险度(R)=致险度(H)\times脆弱性(V) \tag{3-3}$$

相加方法和相乘方法都可以评价综合风险值，两者的差异体现在概念模型上。相加方法将致灾因子的致险度和承灾体的脆弱性视为独立影响综合风险度的 2 个因子，直接进行加权平均，通过权重调整各部分对最终风险度的贡献；相乘方法则首先考虑不同致灾因子作用于承灾体上可能的脆弱性，通过相乘再对单个致灾因子风险度进行加权平均。

从上文可以得出，对于灾害种类较少、在较大空间尺度下有比较精确的数据时可以选择相乘方法，以此较好地反映致灾因子及其相对应的脆弱性之间的联系；而如果指标体系较为庞大，涉及多个层次、多个方面的指标，那么采用相加方法，通过权重调节各个指标对于综合风险的贡献度，层次相对简单明了。

通过上文对综合风险评价方法的比较分析，结合社区风险评估的特征，相加方法是一个比较合适的方法。主要原因有3点：一是指标体系较为复杂。有多个层次涉及致灾因子和脆弱性的多个方面。根据对几种综合风险评价方法的比较分析，在指标体系层次多的情况下，相加方法较为适宜；二是致灾因子涉及自然灾害、事故灾难、公共卫生事件和社会安全事件时若采用相乘方法，则需要判断单个致灾因子所对应的脆弱性，并分别给予权重，这样将会造成评价体系过于复杂，不具有可操作性，在社区层面缺乏有效数据积累的情况下，过于复杂的评价体系反而难以操作、难以推进；三是社区风险评估直接评价的并不是致灾因子的风险量，而是通过模糊综合评价模型对各个因子进行赋值，以此来评价风险等级。因此基于精准风险量，并且直接将致灾因子和其相对应的脆弱性相联系的相乘方法不适宜。

2. 层次分析确定权重

选取了综合评价方法后，再运用层次分析法确定各级各层指标的权重。层次分析法是一个帮助确定不同层次的指标之间关系的工具，通过专家评判承灾体和脆弱性同级指标互相之间的重要程度，获得指标体系中各层、各项指标的权重，因此层次分析法的关键在于确定层次关系[60]。对于建立社区风险评估模型来说，要确定各层指标的逻辑关系，建立基于理论基础的综合风险指标体系和层次关系。主要包括以下5步：

（1）分析系统中各因素之间的关系，建立系统的递阶层次结构。

（2）对同一层次的各元素关于上一层中某一准则的重要性进行两两比较，构造两两比较的判断矩阵。

（3）由判断矩阵计算被比较元素对于该准则的相对权重。

（4）计算各层元素对系统目标的合成权重，并进行排序。

（5）综合每一层的权重，合成整个指标体系权重，对整个指标体系进行排序。虽然各层次均已经过层次单排序的一致性检验，但综合考察时，各层次的非一致性仍有可能累计起来，引起最终分析结果产生较为严重的非一致性，因此需要再次做一致性检验。

3. 建立社区风险评估模型

运用层次分析法确定好各指标权重后，建立社区风险评估模型。即承灾体脆弱性（V）和致灾因子（H）作为两个单独影响综合风险度的指标，列为一级指标，通过加权平均方式形成综合评价指标体系。以此为基础，通过层次分析法建立一个多级指标体系，对每一级中的每一个指标都赋予权重，通过加权平均的方法获得该社区的综合风险度。用数学公式表达即：

$$R=W_{V}\times V+W_{H}\times H \tag{3-4}$$

式中 R——综合风险度指数；

V——综合脆弱性，通过各类脆弱性加权平而得；

H——综合致险度，通过模糊综合评价法获得；

W_V——综合脆弱性的权重；

W_H——综合致险度的权重，通过层次分析法获得。

因为致灾因子和脆弱性的取值范围都是1～5，所以最后获得的综合风险度 R 是一个1～5的数字，可用于综合比较，将其转化为风险度等级，则能较为清晰地看到风险度的级别以及和其他社区的比较，而风险度等级将来也可应用于一定区域范围内社区风险地图的绘制。其含义见表3-7。

表3-7 风险度等级评定含义

R 值范围	评价标准	风险度等级
$1 \leqslant R<2$	风险度比较低	Ⅳ
$2 \leqslant R<3$	风险度一般	Ⅲ
$3 \leqslant R<3$	风险度比较高	Ⅱ
$4 \leqslant R<5$	风险度非常高	Ⅰ

（四）社区风险地图绘制

最后，在上述步骤的基础上绘制社区风险地图。风险地图是政府、非营利组织或者个人使用的一种展示灾害风险评估结果的方法。社区风险地图则是聚焦社区层面的、展现社区风险及安全场所的地图。

具体说来，社区风险地图是一张社区模型，上面标注了一些重要的建筑，比如学校、医院、道路以及其他可能在一场灾害中受影响的事件。同时，它也展现一些可能造成危害的潜在要素或者地点，比如附近的火山、可能被洪水侵袭的地区，或者容易着火的干草地。它还包括各种可用的资源，比如一些给社区提供应急保护的场所，如消防站、医院等。在有条件的情况下，还可以在地图上增加应对灾害风险的具体措施。由此可见，社区风险地图可以帮助民众更好地理解本社区的灾害和风险，并且鼓励社区里的每一个人针对本社区可能存在的灾害风险采取一些预防性措施，减轻灾害损失。

社区风险地图至少应包括5类内容：危险源、脆弱性区域、安全设施、安全场所以及应对措施。前2类标示的是风险，而后3类标示的则是如何防范风险。对于前2类的危险源和脆弱性区域除了简单标示位置以外，还需要评估其风险程度，也就是要综合考虑风险发生的可能性和造成后果的严重性。可以将每一个需要标示的危险源区分为高、中、低3类，分别用红、橙、黄表示。

根据风险评估的范围，社区风险地图的绘制也可分为2个层面：街道和社区。因其比例尺寸大小不同，涵盖的范围不同，所以需要标示的内容有共同的，也有需要在社区层面详细标示的。街道层面的风险地图因为范围较大，可以较全面地反映一个区域的风险特征；而社区层面的社区风险地图的优势则在于详细，不在本社区范围内，但对本社区有一定影响的危险源，也需要在地图周围空白处标出，并简单注明距离。

总之，社区风险地图的绘制就是将社区风险评估具体化、形象化的一种手段，也是一种很好的强化风险意识、促进民众参与的方法。社区民众根据自己生活的居民小区分组，自行罗列、排序、实地查看、确认社区风险，再一起交流各自的看法，分享各自的经验，形成社区共享的灾害风险及安全减灾经验。

第三节　社区风险评估模型

从前文可知，社区风险评估模型在社区风险评估中发挥着重要的作用。社区风险评估模型决定了社区风险评估的内容和步骤，科学的社区风险评估模型能够确保风险评估结果的准确性、全面性和可信性。因此研究、开发科学合理的社区风险评估模型十分必要，本节将介绍目前国内外较为典型的社区风险评估模型[61]。

一、国外社区风险评估模型[62]

国外关于社区风险的评估模型较多，本文选取了6种发展较成熟、应用较为广泛的综合性灾害风险评估模型（以下简称风险评估模型）进行介绍。

（一）UNDRO 模型

UNDRO 模型由联合国救灾组织提出，并以灾害救助的决策与计划手册形式发布[63]，该模型的评估过程包含6个基本步骤，如图3-3所示。

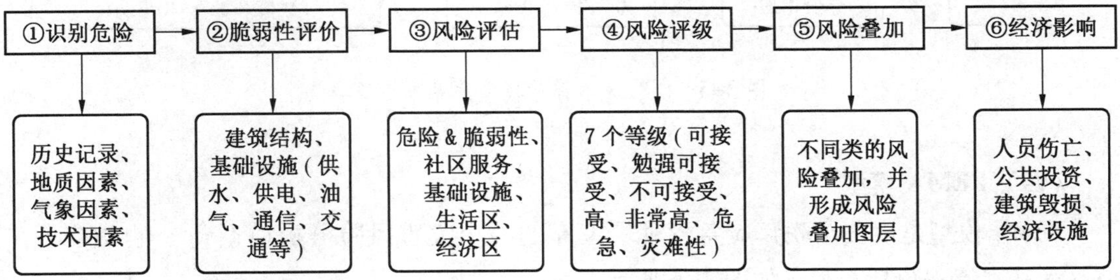

图3-3　UNDRO风险评估模型的基本步骤

（二）NOAA 模型

NOAA 模型由美国国家海洋和大气管理局提出[64]，在美国多个州及地区使用，其风险评估包含8个基本步骤，如图3-4所示。

（三）EPC 模型

EPC 模型于1992年提出，是在加拿大1986年的《危险辨识、脆弱性分析和风险评估应急准备手册》基础上改进而成[65]，共包括7个基本步骤，如图3-5所示。

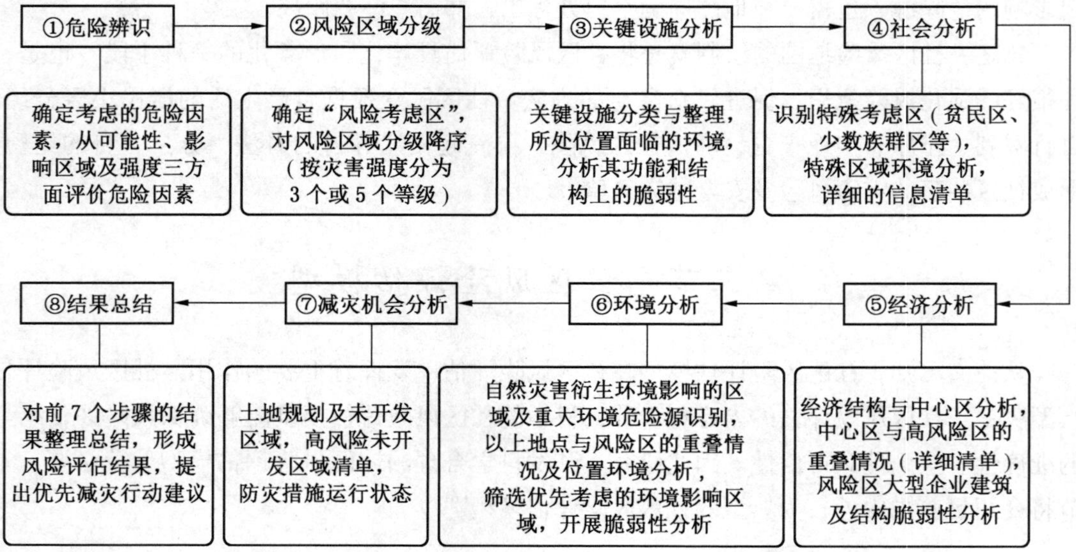

图3-4 NOAA风险评估模型的基本步骤

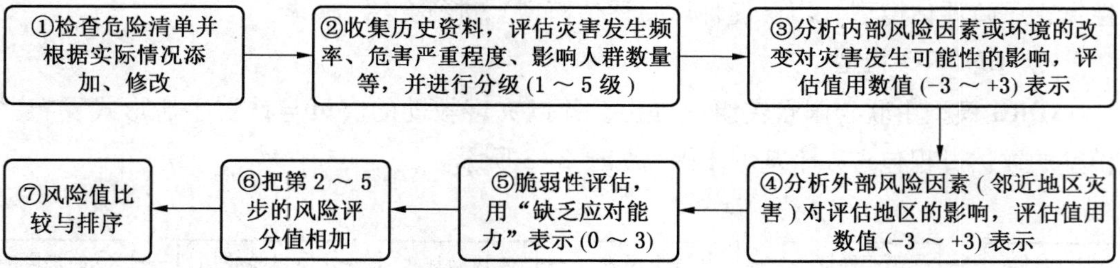

图3-5 EPC风险评估模型的基本步骤

（四）FEMA模型

FEMA模型是由美国联邦应急管理署发布的一个灾害风险分析模型[66]，也被广泛应用，其基本流程包括6步，如图3-6所示。

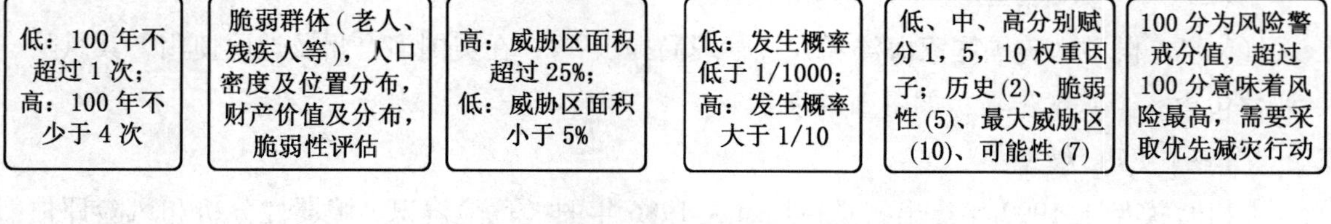

图3-6 FEMA风险评估模型的基本步骤

（五）SMUG 模型

SMUG 模型是在澳大利亚灾害协会的倡导下建立的[67]，从灾害严重程度、管理能力、紧急程度、风险概率、发展态势、综合评分 6 步评估灾害风险，如图 3-7 所示。

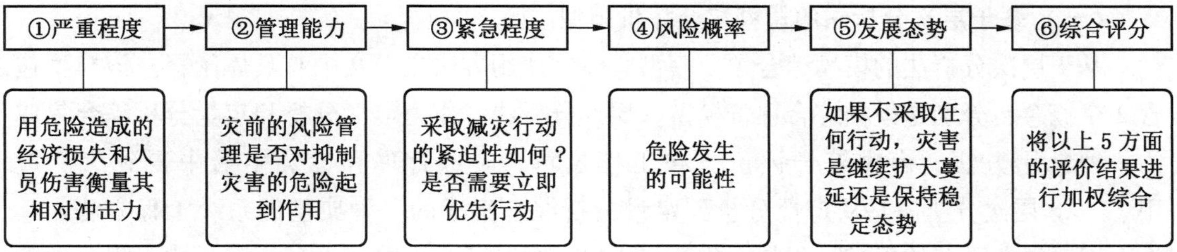

图 3-7 SMUG 风险评估模型的基本步骤

（六）APELL 模型

APELL 模型发布于 1991 年，由联合国环境规划署工业和环境规划中心以 1989 年的《瑞典救援服务局手册》为基础改进而来[68]。它的主要目标是减少技术类事故和提升应急准备能力，其基本步骤如图 3-8 所示。

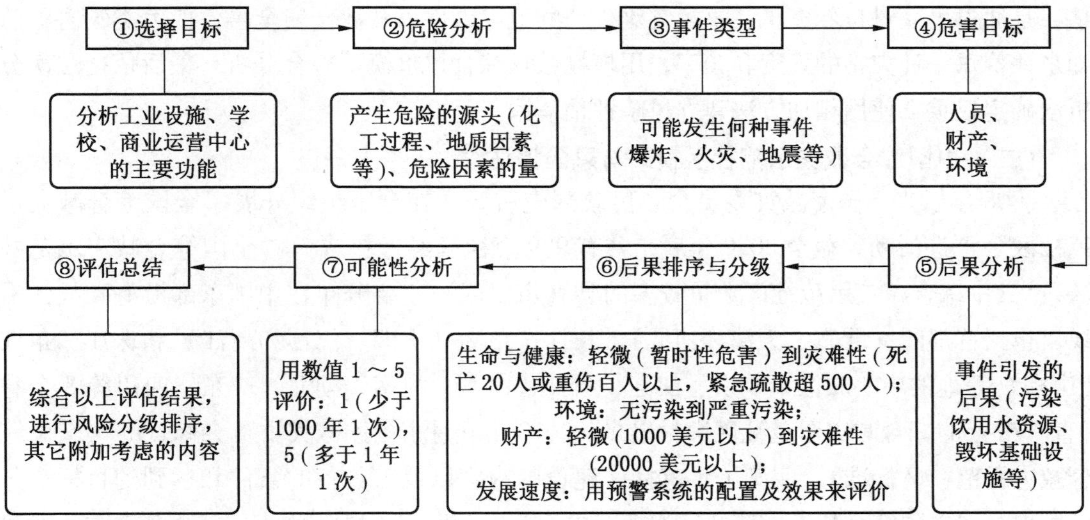

图 3-8 APELL 风险评估模型的基本步骤

以上 6 种风险评估模型具备如下共同之处：①均适用于大到城市、地区，小到社区、工业园区的灾害风险评估；②主要关注可能引发重大灾难的危险因素；③综合考虑了多种危险及灾害；④风险评估结果对风险管理及减灾计划有重要指导价值；⑤风险评估方法建立在分析灾害事件发生的可能性和后果的基础之上。

二、国内社区风险评估模型[69]

目前，基于层次分析法的模糊综合评价模型和中国综合减灾示范社区模式中的风险评估是国内具有一定代表性和适用性的社区灾害风险评估研究方法。

（一）基于层次分析法的模糊综合评价模型

基于层次分析法的模糊综合评价模型具体的使用方法在上文中有具体阐释。该模型包含 2 个概念，分别是模糊综合评价模型和层次分析法。作为定性分析和定量分析综合集成的一种常用方法，模糊综合评价已在工程技术、应急管理和社会生活中得到广泛应用[70-72]。层次分析法是从定性分析到定量分析综合集成的一种典型的系统工程方法，它将人们对复杂系统的思维过程数字化，将人以主观判断为主的定性分析定量化，将各种判断要素之间的差异数值化，帮助人们保持思维过程的一致性，适用于复杂的模糊综合评价系统[73]，是目前被广泛应用的一种确定权重的方法[70]、[74-76]。因此这两种方法所形成的模型可以帮助我们综合多个相关因素，全面科学地评估社区风险。

该套模型建立在风险评估的基本理论与方法的基础上。人们一般通过文献搜索、实地调研、头脑风暴以及专家会议等研究方法，初步确定脆弱性和致灾因子指标。社区脆弱性评估，是对社区承受灾害的能力进行评估分析，它由一系列自然、社会、经济因素及它们的相互作用过程决定，主要包括物理、经济社会以及环境脆弱性三大部分。致灾因子评估，是通过民众对自然灾害、事故灾难、公共卫生事件以及社会安全事件四大类灾害的感知来评价每一种灾害的强度和频率，用模糊数学综合评价模型整合分析，最后依据层次分析法确定权重，使用相加方法建立风险评估体系。

（二）中国综合减灾示范社区模式与风险评估[32]

2008 年以来，国家减灾委员会、民政部先后 5 次在全国组织开展“全国综合减灾示范社区”评选活动，截至 2020 年底，共有 999 个社区经考核成为“全国综合减灾示范社区”。其中综合减灾示范社区数量较多的县（市、区）主要分布在中国东部沿海和长江沿线，包括首都圈（北京、天津和河北）、长江三角洲（上海、江苏和浙江）和珠江三角洲（广东）等地的中心城区，北京、江苏、浙江、山东、河南、湖北、广东、四川等 8 个省（直辖市）的综合减灾示范社区数量较多。2013 年 9 月由国家减灾委员会修订的《全国综合减灾示范社区标准》，明确了示范社区建设的内容以及需具备的条件和达到的目标。分析发现，在中国综合减灾示范社区的模式中，开展社区灾害风险评估是一个非常重要的建设内容和指标。具体内容包括：采用居民参与的方式，开展社区内各种灾害风险的排查工作；明确社区老年人、小孩、孕妇、病患者、伤残人员等弱势群体的分布，针对风险落实对口帮扶救助人员的措施；积极鼓励居民参与编制并知晓社区灾害风险地图[77]。《全国综合减灾示范社区标准》要求社区减灾管理机构和居民从灾害隐患（致灾因子危险性分析）、社区灾害脆弱人员和住房（脆弱性分析）两个方面开展社区风险清查与评估，绘制出社区灾害风险地图。值得一提的是，示范社区灾害风险评估不仅考虑自然灾害风险，而且统筹考虑事故灾难、公共卫生和社区安全事件。中国综合减灾示范社区的社区灾害风险评估主要内容见表 3-8。

表 3-8　中国综合减灾示范社区灾害风险评估主要内容

<table>
<tr><td rowspan="10">社区灾害风险评估</td><td rowspan="4">灾害危险隐患</td><td>自然灾害隐患（地质地震灾害、气象水文灾害、海洋灾害、生物灾害等）</td></tr>
<tr><td>公共卫生隐患</td></tr>
<tr><td>交通、治安、社会安全隐患</td></tr>
<tr><td>生产事故隐患（供电、供水、供气、通信或农业生产等）</td></tr>
<tr><td rowspan="2">脆弱人群</td><td>脆弱人群（社区老年人、小孩、孕妇、病患者、伤残人员等）</td></tr>
<tr><td>特殊人群（外来人口、外出务工人员等）</td></tr>
<tr><td rowspan="2">脆弱住房</td><td>居民危房</td></tr>
<tr><td>公共设施隐患和公共建筑物隐患（道路、广场、医院、学校等）</td></tr>
<tr><td rowspan="2">灾害风险地图</td><td>灾害风险类型、灾害危险点或危险区的空间分布及名称等</td></tr>
<tr><td>灾害危险强度或等级，灾害易发时间、范围等</td></tr>
</table>

中国“综合减灾示范社区”模式对社区风险评估的主体和评估标准进行了初步阐述，为持续增强社区灾害应对能力、更好地适应综合灾害风险奠定了良好的基础。中国“综合减灾示范社区”模式也在重视诸如避难场所、物资储备库等社区减灾硬件建设的基础上，加强了社区居民减灾意识与能力，加大了减灾宣传与培训等“软实力”规划与建设力度，为社区公共危机治理综合能力的提升创造了坚实条件[78]。

【本章重点】

1. 社区风险评估的概念。社区风险评估指的是社区内一种对于灾害风险的预防行为，其目的在于对无法准确预测的灾害事件进行科学合理的估计，评估事件发生的可能性及危害程度，帮助政府和社区采取措施以规避或减轻灾害。

2. 社区风险评估的内容和步骤。社区风险评估的内容主要包括致灾因子和承灾体脆弱性，具体步骤则包括风险识别、风险评价、风险评估建模以及社区风险地图绘制 4 个步骤；

3. 社区风险评估模型。介绍了 6 种具有代表性的国外社区风险评估模型，分别是 UNDRO 模型、NOAA 模型、EPC 模型、FEMA 模型、SMUG 模型、APELL 模型；介绍了 2 种具有代表性的国内社区风险评估模型，分别是基于层次分析法的模糊综合评价模型和中国综合减灾示范社区模式中的风险评估。

【课后习题】

1. 简述社区风险评估的内容与具体步骤。

2. 查询案例资料，对现实中社区风险评估的过程进行实践分析。

第四章
社区公共危机的应对

在上一章节中，我们了解了社区风险评估的概念、意义、内容、步骤和模型，对于社区风险评估是什么、有什么作用、应当如何开展等问题进行了探讨。毫无疑问，社区公共危机风险评估是规避社区风险、保护人民群众生命财产安全的重要一环，但是，并非所有公共危机均可以有效规避。2019 年暴发的新冠肺炎疫情已经表明，社区在公共危机中暴露的最大短板并非对某一领域的风险认知不足，而是对于风险的不确定性缺乏系统的适应性准备和应对。因此，在面对公共危机时，如何开展应对工作就显得尤为重要。本章将探讨社区怎样应对公共危机。

社区公共危机应对的工作内容包括信息报送、先期处置、指挥协调、事发处置、社会动员及信息发布 6 项。需要说明的是，在社区公共危机应对的实践中，本节所列举的 6 项内容并没有严格的先后顺序，因为在社区应对公共危机的实际工作中，许多工作往往是同时进行的。

为了更加清晰、直观地展示社区公共危机的应对，本节结合 2 个典型案例，阐述在公共危机来临时，社区应当采取的具体应对措施。

第一节　信　息　报　送

信息报送是指社区在公共危机应对过程中将有关信息传递给上级及相关职能部门的活动。需要指出的是，信息报送不是只存在于公共危机应对的这一环节中，而是贯穿于危机治理的全过程。

在社区公共危机应对中，社区报送的信息是上级决策者参考的重要资料，会根据工作需要随时调用。社区将公共危机相关情况反馈给上级后，上级决策者会根据这些信息安排、部署和处置工作，可以说，信息报送是连接作为危机应对一线的社区与作为中枢决策层的政府职能部门之间的重要渠道，对决策者做出决定，及时调整工作策略，科学、快速、无误地处置社区公共危机具有重要作用[79]。

一、信息报送的政策规范

在我国的公共危机应对相关法律中，有对社区公共危机信息报送机制的相关规定。如《中华人民共和国突发事件应对法》第 38 条：“县级人民政府应当在居民委员会、村民委员会和有关单位建立专职或者兼职信息报告员制度。获悉突发事件信息的公民、法人或者其他组织，应当立即向所在地人民政府、有关主管部门或者指定的专业机构报告。”再如《地质灾害防治条例》第15条：“地质灾害易发区的县、乡、村应当加强地质灾害的群测群防工作。在地质灾害重点防范期内，乡镇人民政府、基层群众自治组织应当加强地质灾害险情的巡回检查，发现险情及时处理和报告。”此外，该条例第28条规定：“发现地质灾害险情或者灾情的单位和个人，应当立即向当地人民政府或者国土资源主管部门报告。其他部门或者基层群众自治组织接到报告的，应当立即转报当地人民政府。”

另外，在各层级的应急预案中，往往将信息报送作为公共危机应对的首要环节，可见信息报送机制之重要，如《国家突发公共事件总体应急预案》规定：“特别重大或者重大突发公共事件发生后，各地区、各部门要立即报告，最迟不得超过4小时，同时通报有关地区和部门。应急处置过程中，要及时续报有关情况。”再如，北京市海淀区学院路街道于2017年发布的《学院路地区突发事件总体应急预案》中，明确规定：“对于可能发生或已经发生的突发事件，事发地社区和单位要在立即采取措施控制事态的同时，按程序及时向街道党工委、办事处报告，街道接到报告后视情况向区委、区政府做出报告。”可见无论是法律法规，还是应急预案，在发生公共危机时，向上传递信息已经被视为社区公共危机应对的首要程序，信息报送这一机制极其重要。

二、信息报送的工作步骤

进行信息报送，社区至少要完成3个步骤的工作：

1. 信息收集

在危机治理中，社区是收集基础信息的重要渠道，社区工作者应当根据政府的要求，及时、准确、全面地收集信息，以方便危机决策和灾害治理。收集的信息内容应明确收集主体、收集对象、收集方式及信息类型。收集主体一般包括社区危机应急指挥小组、社区工作者、楼组长、志愿者等；收集对象包括一般对象和特定对象，一般对象的信息收集应当注意全面性，特定对象的信息收集应当注重针对性，必要时可以专人对专人[80]。

在信息收集这一步骤中，传统的信息收集方式有填写信息登记表、电话访问、登门拜访等，这些方式往往要依赖社区的工作人员来进行，且收集的信息往往不能及时、精准地反映危机的真实情况，因为这些传统方式的时间和人力成本较高，受限程度大。此外，由于信息的缺乏、分散，不同的机构之间常常缺乏必要的信息沟通与协调机制，导致公共危机信息传播的效率较低。随着移动智能设备的广泛使用，以及社交媒体网站、网络社区的兴起，大众可以通过新的媒介寻求危机事件信息，这些由大众所贡献的危机数据就产生了极其重要的研究价值[81]，例如新冠肺炎疫情期间的健康码即为危机治理中的信息收集提供了高效的渠道。

2. 信息研判

在信息收集完成后，社区应及时汇总研判。实际上，并非所有的风险事件都会演变成为公共危机，比如一个人的小感冒对于社区来说并非危机，但是涉及数千甚至数万人的流感就已经演变成为公共卫生事件了，因此社区工作者会先评估事件是否会演变为公共危机，再对其可能的影响范围、程度等做出判断。

信息研判的主体可以是社区的信息管理专员，也可以是社区的领导人员。社区的信息管理专员负责信息的统一管理，并尽可能按照时序进行信息的汇总。同时，如有可能，社区领导人员可通过绘制危机时序变化曲线图以及危机空间扩散分布图等方式，对社区内的危机灾害的时间性、空间性及其性质进行分析，便于综合研判危机在社区内外的扩散规模以及应对紧急性，进而为社区下一步采取应对措施提供科学依据。

信息研判的内容包括：突发事件的类型和性质、突发事件的危害目标和程度、突发事件的发展途径和趋势、涉及突发事件的利益相关者及其排序、现有处理突发事件的能力和资源等。

常见的信息研判方法包括常规检查法、经验判断法、事实描述法、趋势预测法等。这些方法的共同特征是强调经过研判为处理突发事件的决策者提供可靠的决策信息和备选方案。常规检查法是指通过对常规管理工作程序和管理档案信息的快速查勘和回顾，从而迅速提供处理突发事件信息和方案的方法；经验判断法是指通过第一在场者自身积累的工作经验对突发事件迅速做出预测性判断的方法；事实描述法是指根据突发事件表现出来的若干情况客观地反映突发事件的方法；趋势预测法是通过数字模型的演算对突发事件的发展趋势做出预测的方法。在处理突发事件时，往往很难面面俱到，所以上述方法可以独立使用，也可以混合使用。例如，如果把经验判断法和事实描述法结合起来，就可以弥补只用一种方法带来的缺陷和风险。

3. 信息传递

社区应按照规定向上级政府部门报告，上报的内容应包括公共危机的时间、地点、信息来源、事件性质、危害程度、事件发展趋势、已采取的措施等。上级政府部门接到社区的报告后应当迅速组织力量对相应事件展开调查，核实信息的真实性，并采取必要的针对措施。另外，社区内的专业机构、监测网点和负有信息报告职责的灾害信息员、专职安全员、城市协管员、群测群防员、气象信息员、生态林管护员等人员要结合工作职责，及时向所属部门报告公共危机的信息。

三、实践案例

根据北京市海淀区紫竹院街道应急预案的规定，在将要发生或已经发生火灾事件时，下辖社区应秉持“早发现、早报告、早控制、早解决”的原则，从 3 个方面进行信息报送：

（1）及时向街道应急委及街道相关领导上报事故情况。

（2）立即拨打“119”报火警，准确告知起火地点及相关信息，包括地区、道路（街）、门牌号码、起火部位、火势大小、报警人姓名、报警的电话号码等，并在路口迎候和引导消防车进入火场，如有人员伤亡，立即拨打“120”急救电话。

（3）通知社区负责人立即告知燃气公司的抢险机构，请其迅速派出负责燃气设备安全的维修工或其他人员，切断相应的燃气总阀，防止发生燃气爆炸事故。

第二节 先期处置

先期处置指的是在上一级响应主体没有到达之前，下一级响应主体所开展的应急处置行动。在社区公共危机应对过程中体现为：社区在上报公共危机信息的同时，还需要针对危机的类型、范围等，启动应急预案，及时采取防范和处置措施，以便初步控制事态，并向上一级汇报先期处置的情况和观测数据[80]。

在第一章，我们论述了社区在公共危机治理中的地位，从中我们不难看出，在公共危机发生时，社区可以凭借自己的资源与能力，成为为民众遮风挡雨的保护伞。实际上，公共危机发生初期，由于受灾者众多、通信阻断、道路不畅等各种原因，更高级别的应急力量很难第一时间赶到现场进行救援，难以满足救灾的燃眉之急[82]。这就需要社区根据公共危机的类别和可能产生的后果，采取专业化的措施，及时、专业地处理危机，防止公共危机进一步演化，减轻其对人民群众生命财产安全的威胁程度。例如当发生家庭火灾时，社区可以及时调用处置力量，通过移动消防站或者派遣消防员灭火，以避免家庭火灾转化为大型火灾。

一、先期处置的政策规范

我国《突发事件应对法》的第五十六条对基层单位的先期处置工作做出规定：“受到自然灾害危害或者发生事故灾难、公共卫生事件的单位，应当立即组织本单位应急救援队伍和工作人员营救受害人员，疏散、撤离、安置受到威胁的人员，控制危险源，标明危险区域，封锁危险场所，并采取其他防止危害扩大的必要措施，同时向所在地县级人民政府报告；对因本单位的问题引发的或者主体是本单位人员的社会安全事件，有关单位应当按照规定上报情况，并迅速派出负责人赶赴现场开展劝解、疏导工作。”另外，社区层面的先期处置工作也体现在各层级的应急预案中，如北京市《突发事件总体应急预案（2021年修订）》明确指出：“突发事件发生后，事发单位和相关基层组织、社会组织等应立即开展先期处置。事发单位要立即组织本单位应急队伍和工作人员科学营救受害人员，疏散、撤离、安置受到威胁的人员；采取其他防止危害扩大的必要措施；做好专业应急队伍的引导；向所在地政府及有关部门、单位报告。”

二、先期处置的主要内容

根据公共危机的不同类别，社区先期处置的具体措施也会有所区别，如发生地震时，应当迅速疏散群众，引导人们前往安全地域；收到恐怖威胁时，应当迅速动用安保力量，联系警方进行处突工作，保护群众……毋庸置疑的是，无论是应对哪种公共危机，都应当以保护人民的生命安全作为首要任务。

具体来说，先期处置工作可分为6个方面：

（1）宣传教育方面，即发布预警信息，对居民进行思想动员，并在应对公共危机的过程中做好居民的情绪稳定工作。

（2）应急疏散方面，依据制定好的应急疏散预案，迅速组织居民按照路线疏散，撤离至安全区域，重点安置和引导老、弱、病、残、孕等重点人员。

（3）自救互救方面，即协助专业救助队伍运送紧急救灾物资；发动、引导居民开展自救和互救，迅速组织救治队伍，抢救受灾群众，并组织医护人员对伤病员进行救治。

（4）抢险抢修方面，即组织社区内的电工、修理工、计算机维修人员等对电、气、消防设施等不安全因素进行检查，防止连锁效应的产生，并在应对公共危机的过程中确保重点目标的安全。

（5）精神救助方面，即对受困群众进行有针对性的心理安慰和精神疏导，掌握社区居民的思想动态和不稳定因素，防止因谣传带来恐慌。

（6）安全保卫方面，即进行应急处突，并对社区的交通要道、主要设施等重要区域进行保卫，防止不法分子趁乱进行犯罪活动。

三、实践案例

以北京市海淀区紫竹院街道下辖的社区为例，当发生危房倒塌引发的伤亡事故时，社区的先期处置工作包括：

（1）发生事故后，迅速组织调动社区的应急力量应对公共危机，并有序组织人员疏散。

（2）利用现有的力量迅速控制事态的发展，最大限度地降低事件影响。在事态扩大并可能产生次生或衍生灾害时，所有人员听候现场指挥部的指挥，组织人员立即撤离事故现场，疏散至安全区域。

（3）组织社区应急力量展开抢救工作。按照先救人、后救助的原则处理，最大限度地减少人员伤亡。

第三节 指 挥 协 调

本节中的指挥协调，指的是在公共危机应对的过程中，在社区层面成立决策性工作机构，并针对公共危机开展管理、安排、调动、部署等工作。对社区来说，指挥协调机制通常表现为成立临时性的领导小组或者指挥部，作为公共危机应对的应急指挥机构，负责相关事务。

公共危机的应对是一项系统工程，单纯地依赖某一主体很难兼顾方方面面。从多元共治的本质出发，为了实现分工与合作在实施层面的紧密配合，建立响应灵敏、反馈及时的指挥协调机制，对于作为应急治理前线“战斗堡垒”的社区也不例外[83]。指挥协调机制的作用在于：一是可以统筹参与公共危机应对的政府力量、社会组织、志愿者、公民等主体，采取一致性的相应活动，疏通组织之间的沟通渠道，实现跨区域、跨部门、跨行业的应急联动，提升应对的效率；二是可以调动并有序分配应急资源，整合处理各种危机信息，协调调度各种人、财、物资源，实现资源的共享；三是为公共危机的应对工作提供了责任主体，指挥部或者指挥小组可以发布权威的命令或者信息，在公共危机应对工作中承担“主心骨”的作用。

一、指挥协调的政策规范

我国在法律上并未明确规定在社区层面设立应急指挥领导小组，但明确规定了主要责任主体，《突发事件应对法》第五十七条规定：“突发事件发生地的公民应当服从人民政府、居民委员会、村民委员会或者所属单位的指挥和安排，配合人民政府采取的应急处置措施，积极参加应急救援工作，协助维护社会秩序。”相比于法律，各层级政府部门制定的应急预案对指挥协调机制的规定显得更加明确、具体，对相应层级的牵头部门、组织形式、权力配置、职责责任等都做出了相关规定。相应地，社区层面对于指挥协调机制的规定也同样体现在社区应急预案中。

二、指挥协调的主要内容

要想实现高效的指挥协调，就必须搞清楚3个问题：谁指挥协调、指挥协调什么和如何指挥协调，即指挥协调主体、指挥协调内容和指挥协调方式。

1. 指挥协调主体

在指挥协调主体这一问题上，社区通常依据公共危机的类型，设立不同的公共危机应对领导小组，组长和副组长通常由社区党总支书记担任和居委会主任担任，成员包括居委会委员、物业公司、社区民警、志愿者代表、楼组长代表等。

当公共危机发生后，根据危机的不同类型及其紧急程度，社区可以与政府部门同步响应，并在区政府或街道办事处（乡镇政府）等部门的指导下，迅速构建公共危机应急指挥小组。当然，在面对突发公共危机的时候，社区除了等待上级政府的统一部署外，也完全可以根据自身需要，赶在政府启动应急机制之前构建本社区的应急指挥小组，以便迅速协调各单位主体，统筹好社区内资源，进而实现行动一致和积极应对。

2. 指挥协调内容

在指挥协调内容这一问题上，社区领导小组应维护好事发地区治安秩序，做好交通保障、人员救治与疏散、群众安置等工作，全力防止紧急事态的进一步扩大和次生、衍生灾害的发生；及时掌握事件进展，随时向街道应急委报告；结合现场实际情况，对公共危机进行综合分析、快速评估，尽快研究确定现场处置方案；按处置方案发布命令，全面展开调集应急物资、抢修被损坏的公共设施等工作；向受到危害的人员提供避难场所、生活必需品、医疗救护等各项紧急处置工作。

期间，社区领导小组应随时跟踪事态的进展，一旦发现事态有进一步扩大的趋势，有可能超出自身的控制能力时，应报请上级应急委协调调配其他应急资源参与处置工作，同时及时向危机可能波及的地区通报有关情况，必要时可通过媒体向社会发出预警。如果出现工作人手不足的问题，社区应急领导小组可以迅速启动社区志愿者动员机制，或者通过社区党支部书记迅速请求街道办事处（乡镇政府）及其他相关部门派出工作人员给予协助[80]。

社区领导小组的指挥客体包括参与公共危机应对的各职能小组、志愿者和其他单位，这些单位接受领导小组的统一指挥，在公共危机发生时，到达危机应对现场的各方力量和社会组织，要及时向领导小组报到、受领任务，接受指挥小组的统一指挥调度，按照专项预案分工和事件处置规程要求，相互配合、密切协作，共同开展应急处置和救援工作，并及时报告现场情况和处置工作进展，实现各方信息共享。

3. 指挥协调方式

在指挥协调方式这一问题上，社区领导小组实行总指挥负责制，指挥不同职能的应急小组，各小组组长通常为领导小组成员，方便开展应对工作；另在应急预案中，各小组和单位均设立有联系人和通信方式，领导小组可依据此对相关单位下达命令。

对于基层政府来说，可建立集中统一领导的指挥中心，通过大型屏显、可视化数据分析系统、远程指挥调度系统、远程视频系统等实现功能集中、决策集中，从而提升行政资源的调度配置水平。同时，社区之间应当建立指挥中心的协同接口，重构指挥网络，提升集中连片、统一指挥的效能加成[84]。

三、实践案例

以北京市海淀区马连洼街道下辖的竹园社区为例，当地震灾害发生时，社区按照预案，成立地震应急办公室领导小组，由居委会主任担任组长，下设地震应急避震疏散与安置队、地震应急治安保障队、地震应急人员救护与卫生防疫队、地震应急物资生活必需品保障队、地震应急消防及水电气保障队、地震应急宣传通信联络保障队等 6 支队伍，各队队长为领导小组成员。在地震灾害的应对中，领导小组的主要职责为：

一旦地震突发，迅速启动竹园社区应急指挥机制，负责社区内的快速反应工作；迅速开展社区应急、邻里自救互救、人员密集场所疏导、重要目标岗位应急抢险抢修等工作；迅速向街道报告灾情和紧急救助情况，尽快争取外围的支援；迅速组织志愿者队伍和居民开展救助，防止次生灾害发生；坚持“疏散到户、责任到人”的原则，尽快疏散居民，协助发放救援物品；协助公安部门维护社区秩序；以社区的小组为单位进行疏散，社区划分成 15 个疏散小组，由居民小组长（楼长）负责疏散组织工作，居委会委员每人负责 3 个疏散小组的联络、协调工作；组织紧急疏散，按疏散线路有序疏散，同时保证疏散线路畅通。

第四节　事　发　处　置

本节中的事发处置，指的是在公共危机发生后，从指挥体系建立到应对工作结束这一过程中，社区在上级政府部门或者指挥部的指挥下，开展的应急处置工作。

需要指出的是，在部分政府文件和文献中，将事发处置称为“后期处置”，本节对此进行区分，后期处置指相关部门对突发事件的起因、性质、影响、责任、经验教训和恢复重建等问题进行调查评估，并做出报告的过程[85]，是事发处置的后续阶段。

事发处置是社区公共危机应对中的重要过程，社区通过组织力量处理公共危机，减少可能发生的二次伤害，控制或减缓其造成的危害和负面影响，以降低国家和个人财产损失，尽快恢复正常状态。

一、事发处置的政策规范

在公共危机应对的法律法规中，对于社区层面的事发处置工作做出了简要规定，如《突发事件应对法》第五十六条：“突发事件发生地的其他单位应当服从人民政府发布的决定、命令，配合人民政府采取的应急处置措施，做好本单位的应急救援工作，并积极组织人员参加所在地的应急救援和处置工作。”再如《传染病防治法》第七条：“城市社区和农村基层医疗机构在疾病预防控制机构的指导下，承担城市社区、农村基层相应的传染病防治工作。”

二、事发处置的主要内容

就事发处置的内容来说，依据公共危机的类型，具体的处置措施有所区别，大致来说包括以下 7 个方面：

（1）开展应急救援。在确保应急救援人员安全的前提下，组织营救和救治受害人员，疏散、撤离并妥善安置受到威胁的人员，拆除、迁移妨碍应急处置和救援的设施、设备或其他障碍物等，以及采取其他措施。

（2）控制危险源。标明危险区域，封锁危险场所，划定警戒区，实行交通管制以及其他控制措施，交通、公安等有关部门要保证紧急情况下抢险救援车辆的优先安排、优先调度、优先放行，确保抢险救灾物资和人员能够及时、安全送达。如发生社会安全事件，还需对使用器械相互对抗或以暴力行为参与冲突的当事人实行强制隔离，妥善解决现场纠纷和争端，控制事态发展。

（3）抢修基础设施。立即抢修被损坏的交通、通信、供水、排水、供电、供气、供热等公共设施，短时难以恢复的，要实施临时过渡方案，保障社会生产生活基本正常。

（4）人员和场所管控。禁止或限制使用有关设备、设施，关闭或限制使用有关场所，中止人员密集的活动或可能导致危害扩大的生产经营活动，以及采取其他保护措施，有关人员进入相关场所需进行检查和封存物品。

（5）调动、发放救援物资。启用储备的应急救援物资，必要时调用其他急需物资、设备、设施、工具，向受到危害的人员提供避难场所和食品、饮用水、燃料等生活必需品。

（6）维护社会秩序。从严惩处哄抢财物、干扰破坏应急处置工作等扰乱社会秩序的行为，维护社会治安，加强对易受冲击的核心机关和单位的警卫力量，在党政机关、军事机关、广播电台、电视台、涉外机构等单位附近设置临时警戒线，加强对重点敏感人员、场所、部位和标志性建筑的安全保护。

（7）采取防止发生次生、衍生事件的必要措施，以及有关法律、法规、规章规定或必要的其他应急处置措施。

三、实践案例

同样以竹园社区为例，当地震灾害发生时，社区会迅速启动应急预案，其事发处置措施有：

（1）指导、组织群众开展自救逃生。

（2）有序疏散群众，引导群众前往疏散场地。

（3）组织群众开展邻里互救。

（4）服从上级指挥。

（5）破除谣言。

（6）保卫家园，保障社会治安，维护交通和社会秩序，防止混乱时不法分子趁火打劫。

第五节　社　会　动　员

本节中的社会动员，指的是在公共危机应对过程中，社区通过宣传、教育等方式，对辖区内的群众、非营利组织、企业等主体的思想、行为的发动过程。其目的是在社区层面的主导下，充分发挥社区各应急组织力量和广大居民的积极性，团结一致、同心协力，共同解决危机状况，最大限度地降低居民的生命财产损失，确保居民的社会生活和谐有序[86]。

一、社会动员的意义

建立公共危机应对的社会动员机制，其意义在于：

（1）可以弥补社区资源的有限性。面对类型繁杂、难以预测的公共危机，社区很难做到仅凭一己之力就保全自身，且公共危机的发生往往会涉及多个主体的利益，因此，对于社区来说，进行社会动员、撬动社会资源就成了应对公共危机的有效手段。具体来说，社会动员在资源动员方面的作用主要表现在：首先，通过社会动员，可以组织大量志愿者参与危机应对，为社区战胜公共危机提供各种志愿服务。其次，通过社会动员，社会各方力量在各自领域开展各种资源捐赠活动。实践显示，在公共危机面前，各种民间力量十分活跃，广泛开展捐赠活动，调集物品、资金等各方面必备的资源以战胜公共危机。最后，民间力量对于一些社区无法有效承担的工作给予及时有效的补充。

（2）有利于建立完善的危机管理沟通机制。在社区公共危机应对阶段，有效的信息沟通与社会动员是相互作用的。首先，没有合适的信息沟通机制，不可能有高效的动员。对于社区来说，一方面应该使公众广泛知晓危机的情况、政府的意图等宏观或微观的有效信息，以全面、可靠的信息武装民众，避免流言的滋生与扩散。另一方面也要把民众的关注、担忧、要求、建议等传递出来，使危机管理者准确把握民情，掌握有关公共危机应对的各方面信息。正如一些学者强调的，“在危机管理中，沟通是最重要的工具”“危机管理依赖于信息交换能力和依据收集的信息制定有效行动方针的能力”。其次，社区公共危机应对中的社会动员可以确立有效的沟通机制。以社会组织为主要代表的社会力量更加贴近民众，关注社会公益事业，以边缘性群体为服务对象。因此，他们往往能先于政府发现公众的需求信息，及时发现危机动态，弥补政府的不足，降低政府收集信息的成本，快速有序地动员群众。政府只有与其建立良好的沟通互动机制，互相了解双方所需，互为补充，才能行之有效地动员起广大民众共同投入到危机应对之中，并展开自救、他救工作。

（3）有利于缓解民众恐慌情绪。社会力量的参与，一方面可以使公众了解真相、消除恐惧，缓解危机在公众中产生的副作用；另一方面可以降低政府救治的成本投入。首先，公共危机事件造成的后果不仅是物质上的损害，更重要的是在普通民众中引起的心理上的恐慌、不安全感和无助感。这种心理上的打击与创伤如果得不到有效疏导或医治，必然会导致危机在心理层面上更大程度和范围的扩散。作为社会动员主体的非政府组织等民间力量能够将政府应对危机的有关决策、危机的有关知识等传递到基层及个体，使民众可以及时了解危机的性质、现状等情况，从而对危机有正确的认识，避免信息不畅引起恐慌情绪，减少公共危机中的非理性行为。另外，有效的社会动员可以激发民众战胜危机的强大精神动力。成功的动员往往是一个道德情操和民族精神的唤醒过程，可以激发民众临危不惧、万众一心、团结协作战胜危机的强大精神动力[87]。

二、社会动员的政策规范

我国在法律法规上对社区层面的社会动员做出了规定，如我国《突发事件应对法》第五十五条、五十七条规定：“突发事件发生地的居民委员会、村民委员会和其他组织应当按照当地人民政府的决定、命令，进行宣传动员，组织群众开展自救和互救，协助维护社会秩序。”“突发事件发生地的公民应当服从人民政府、居民委员会、村民委员会或者所属单位的指挥和安排，配合人民政府采取的应急处置措施，积极参加应急救援工作，协助维护社会秩序。”再如《传染病防治法》第九条规定：“居民委员会、村民委员会应当组织居民、村民参与社区、农村的传染病预防与控制活动。”从以上内容我们不难看出，现有的法律法规对于社区层面上的社会动员，主要体现在群众发动上，这与社区的管辖区域、应急资源等因素有关。在应急预案中，社区的社会动员范围更加广泛，涉及辖区内的居民、非营利组织、企业等多个主体。

三、社会动员的主要内容

社会动员的内容包括两个方面：

（1）对群众的动员。社区群众对社区具有一定的归属感，当公共危机来临时，社区群众扮演的角色就是最初的应急响应者。一旦社区将群众动员起来，便能获得极其强大的社会基础，就可以在最广范围内调动群众的主动性、积极性和创造性。正如习近平总书记在北京调研指导新型冠状病毒肺炎疫情防控工作时所强调的，"在接下来的疫情战斗中，社区管理防控是一个基础，如果这方面搞得井井有条，那么这一次早日夺取胜利是有把握的"。具体来看，对于群众的动员需很大程度上依赖社区建立起的社会凝聚力和社会组织网络。我国的农村社区大体是传统的"熟人社会"，"一人发话，全村响应"的社会动员效果容易实现。我国的城市大部分社区异质性强，是典型的"生人社会"，社会动员难度大；但城市社区公众的社会交往极为广泛，社会联系多种多样，也为应急状态下大量获取资源提供了可能[88]。

（2）对非营利组织、企业等其他社会力量的动员。社区并非仅是居民的集合体，其内部也包含了非营利组织、企业等多种主体，一旦公共危机爆发，社区进入应急状态，便可以发动这些主体参与公共危机应对，打造社区应急"共同体"。社会力量与社区行政力量的协同能够弥补社区基本公共服务供给的不足，完成对基层公共服务的有效补充；能够在应急状态下引导积极的社会舆情、营造乐观的社区治理氛围；也能够帮助公民树立广泛参与应急事务、共治共享的正确价值观[89]。因此，面对公共危机，我们需明晰社区内可调动的非营利组织、企业等资源，完成多元主体之间的对接，制定社会动员方案。在社区应急预案中也应将非营利组织、企业等主体的功能和角色囊括在内，打造清晰的社会动员运行机制与运作模式。

四、实践案例

以北京市海淀区马连洼街道下辖的竹园社区为例，当发生地震灾害时，社区需"迅速开展社区应急、邻里自救互救等工作""迅速组织志愿者队伍和居民开展救助，防止次生灾害发生"。

第六节 信 息 发 布

本节中的信息发布，指的是在公共危机应对中，社区采用公告、电话等宣传方式，公布有关危机的信息，让居民了解危机的实时动态信息的过程。不同于信息报送，本节所指的信息发布更侧重于横向的信息沟通，社区通过平台将信息发布给公民、企业、社会组织等主体，起到安抚民心、提升应对效率等作用。

一、信息发布的作用

面对公共危机，社区层面的应急指挥小组应在组织和协调社区各组织和居民迅速投入危机应对工作的同时，安排专员（如社区发言人）负责相关信息的及时发布，做好危机发生后与公众的沟通工作，这是妥善处理危机的关键之一，具体来说，信息发布的作用在于：

（1）协调各应对主体，提升危机应对效率。公共危机事件发生后，政府、非营利组织、军队、医疗组织、消防、个体志愿者等主体都需要依赖可靠信息方能进行快速的响应，如果各响应组织之间不能进行有效的沟通与协调，就会导致危机管理效率低下。例如，在5·12汶川大地震中，大量个体志愿者无序涌向灾区，给当地救灾工作带来了负担。各社会组织之间缺乏协调，也会导致各种救灾物资的重复调配与发放。在危机事件中，各响应组织或个体之间的协同工作质量极大地影响着公民生命和财产的保护[81]。

（2）安抚公众情绪，有效引导舆论。危机发生后，由于不明真相，一般民众很容易产生恐慌和焦虑心理。因此，社区要在最佳的时机以恰当的方式，把居民欲知、应知和须知的危机信息准确地告诉他们，使社区居民及时了解危机的性质、范围、损失程度及发展趋势。这既是对居民知情权的尊重，也是澄清事实、终止谣言、保证社会稳定的明智做法。否则，社区内可能会谣言四起，加剧恐慌，甚至引发种种非理性行为。

二、信息发布的政策规范

在现有的公共危机治理法律法规中，往往将信息发布的主体明确至各级人民政府，有关于社区层面上的规定则多体现在舆论传播上，如《突发事件应对法》第五十四条规定：“任何单位和个人不得编造、传播有关突发事件事态发展或者应急处置工作的虚假信息。”

相比于法律法规，应急预案在信息发布上的规定显得更加明确，如《国家突发公共事件总体应急预案》对于公共危机的信息发布要求和方式做出了规定：“突发公共事件的信息发布应当及时、准确、客观、全面。事件发生的第一时间要向社会发布简要信息。信息发布形式主要包括授权发布、散发新闻稿、组织报道、接受记者采访、举行新闻发布会等。”另外，应急预案也会明确公共危机应对的信息发布主体，政府通常是由同级宣传部门会同主责部门进行管理和协调，社区层面往往不涉及正式的新闻发布，但也需及时向居民发布有关信息，通常是由应急办公室下属的宣传通信队伍进行相应工作。

三、信息发布的主要内容

社区公共危机管理过程中的信息发布可分为面向媒体的信息发布以及面向居民的信息发布。

（1）面向媒体的信息发布。鉴于危机信息在媒体发布后所产生的社会影响，社区应指定专员担任宣传负责人接受媒体采访。当然，在中国目前的政治与行政体制下，根据相关法规政策，社区几乎没有权限或者没有需求就社区内的公共危机信息进行媒体发布。即使确实需要社区回应媒体的采访需求，一般也需要政府的授权许可。如果出现这种情况，为了避免舆情混乱，社区宣传负责人之外的工作人员未经允许，不可接受媒体采访。

（2）面向居民的信息发布。社区需收集和整理网络、居民热线等舆情社情信息，予以积极回应和正面引导，及时核实、解决公众反映的真实问题，对于不实和负面信息，及时澄清并发布准确信息。在公共危机发生后，为了防止危机灾害的扩大化以及避免居民出现恐慌乃至被污名化的现象，社区应及时准确地向居民发布包括危机受灾情况、危机应对举措以及个人防护事项等信息。此外，社区需要通过公告栏、宣传单、电话、自媒体（微信公众号和居民微信群）等一切可利用的媒介，积极地向社区居民提供真实准确的危机信息。换言之，面向居民的危机信息发布应包括两个方面，即“面向居民个体的咨询需求回应”与“传统或新型媒介的信息发布”[80]。

四、实践案例

以北京市海淀区马连洼街道下辖的竹园社区为例，当地震灾害发生时，根据应急预案，社区地震应急工作领导小组下设地震应急宣传通信联络保障队，负责信息发布和舆论引导工作，成员主要是物业公司的电力通信人员。地震发生后，其主要职责为：临震时及时了解震情和灾情，破除地震谣传或误传，安定民心；保障地震应急指挥部及其办公室通信联络，同时保障与上级政府之间的通信联络；鼓励、动员社区居民战胜地震灾害、重建家园。

【本章重点】

社区公共危机的应对包括6项内容，分别是信息报送、先期处置、指挥协调、事发处置、社会动员和信息发布，这6项内容没有严格的先后顺序，在实践中有可能同时进行。

【课后习题】

请以小组为单位，选择一个熟悉或者感兴趣的社区，列举该社区在应对某一场公共危机中采取的具体措施，并结合课本知识进行分析。

第五章
社区公共危机的善后与评估

在实践中，公共危机的善后与评估开始于危机应对阶段，并跨越整个公共危机应对阶段，在公共危机应对结束后还需要继续处理公共危机遗留的问题，直到社区恢复正常生活状态。因此，对于公共危机的善后与评估工作，应当有正确的心理预期，因为它可能需要持续很长一段时间。

社区公共危机的善后与评估具有紧迫性和复杂性。若不及时开展行动可能会使社区遭受更大范围和更持久的破坏，或对社区居民造成更加严重的心理创伤。社区在此阶段面临的工作十分复杂，不仅包括人员的救援安置、房屋水电的恢复重建，还包括对居民的心理安抚、社会秩序与治理体系的完善等工作，本章将其归纳为三大部分：公共危机后的调查评估、公共危机后的救助工作以及公共危机后的恢复与重建工作。

第一节　公共危机后的调查评估

一、调查评估的主要内容

公共危机后调查评估的主要工作为损失评估和管理评估。所谓损失评估，即明确危机破坏的范围和程度，对危机事件的危害后果进行统计和评价；所谓管理评估，即对危机管理基础、过程和结果的有效性进行评估。损失评估和管理评估是危机恢复与重建阶段的重要任务。

（一）损失评估及其主要内容

社区公共危机后的恢复行动，在很大程度上取决于危机造成的损失和影响，因此，危机恢复与重建阶段的首要任务是进行损失评估。所谓损失评估，即明确危机破坏的范围和程度，对危机事件的危害后果进行统计和评价，包括对个人的影响和对整个社区造成的损失。危机后的损失评估是社区公共危机恢复与重建的前提，评估的结果很大程度上决定了救助、恢复与重建工作的力度。

事实上，公共危机后的损失评估，主要功能是帮助社区了解恢复和重建成本，更重要的是在此基础上制定危机救助和恢复计划，将其精准地转化为社区治理者的具体行动方案。可以说，如果没有可信任、可依赖的公共危机损失评估，那么危机后的物质救助、对受害群众的补偿、对精神受到伤害群众的心理干预、进行危机总结、吸取经验教训等相关工作都无法开展。

公共危机后的损失评估主要包括如下 6 方面内容：

（1）列明参与损失评估的相关负责人员及其具体职责，制定损失评估的详细流程。

（2）制定实施损失评估应遵循的操作原则和执行规则。

（3）评估危机中死亡和受伤的人数、需要救援和安置的人数，并对遇难者的安葬工作、受伤人员的救治工作以及受灾人员的安置工作等进行必要的分析和评估。

（4）评估危机发生后各类设施、设备的损失情况，如道路的破坏情况，水、电、气等设施的破坏情况，以及广播电视、通信设备的破坏情况等。

（5）评估公私财物的损失情况，包括直接损失和间接损失，也包括在危机处理阶段，为保护更大的利益而牺牲较小的利益，造成对部分公民财产的侵害。危机后应对这些侵害对象进行合理的补偿或赔偿。

（6）对损失评估的结果进行复盘和总结，检查是否有所遗漏，并为将来的管理评估提供借鉴。

（二）管理评估及其主要内容

社区公共危机后的管理评估，是对危机管理本身的有效性进行的评估，管理评估是危机恢复与重建阶段的重要任务。所谓管理评估，即对危机管理基础、过程和结果的有效性进行评估，包括社区应对公共危机事件的相关制度和机制，社区居委会、业委会、物业公司、群众团体、志愿组织等在危机管理过程中的实际能力与配合情况，社区组织与基层地方政府及其职能部门的沟通情况以及对社区及相关组织在危机管理实施后实际效果的评估。

社区公共危机后的管理评估主要包括如下 6 方面内容：

（1）列明参与管理评估的相关负责人员及其具体职责，制定管理评估的详细流程。

（2）制定实施管理评估应遵循的操作原则和执行规则。

（3）评估危机管理基础工作。主要考察社区应对公共危机事件的相关制度和机制是否健全，包括是否有相对健全的公共危机预警机制、各项预案是否完备、是否有一定的知识和经验储备、信息发布系统是否健全、危机后组织内外部的沟通渠道是否顺畅、应对危机的机构组织是否健全等。

（4）评估危机管理过程。社区居委会、业委会、物业公司、群众团体、志愿组织在危机管理过程中实际能力如何，是否得到有效发挥？各组织机构之间的配合是否到位、关系是否理顺？社区组织与基层地方政府及其职能部门的沟通是否顺畅等。

（5）评估危机管理结果。主要对社区及相关组织在危机管理实施后的实际效果进行评估。对结果的评估可以从经济性和社会性 2 个指标进行。经济性指标包括各种资金投入使用的会计记录及审计结果、人力资源投入及成本效益分析、征用其他社会资源所产生的外部影响等。社会性指标包括各相关利益主体对危机管理效果的满意度调查和分析、居民群众在危机管理过程中获取的相关知识和经验、本次危机管理对未来应对危机事件所产生的各种影响等。

（6）对管理评估的结果进行复盘和总结，检查是否有所遗漏，并为将来的损失评估提供借鉴。

二、调查评估的操作原则

（1）评估以深入调查为基础。公共危机发生后，社区层面要及时成立评估工作组，由居委会、业委会、物业公司及其他相关社区组织成员共同参与，利用社区人员深入一线、熟悉社区、了解情况的优势开展或协助开展深入调查。详细而深入的调查是保证损失评估和管理评估可靠、精准、有效的前提和基础。

（2）组织第三方机构进行评估。社区公共危机后的损失评估可能会出现虚报瞒报等现象，如果获得的数据失真，就没有办法准确指导救援和恢复工作；管理评估则存在谁监督谁的问题，管理者本身也不应该评价自己工作的好坏。为保证评估的客观公正，无论是损失评估还是管理评估，理想的情况都是由权威的第三方独立机构来承担，并将结果公之于众，同时接受社会的监督。

（3）坚持居民群众的广泛参与。居民群众是获取突发事件和处置过程相关事实的重要信息来源。因此，在社区公共危机后的损失评估和管理评估阶段，必须尽最大可能、采取多种措施推动居民群众参与社区损失评估和管理评估工作。当然，为保证评估本身的客观性、科学性，杜绝主观臆想、缺乏证据的判断，评估过程还需要引入专家参与机制，采用科学的评估方法，获取准确信息，并且在客观事实、证据和结论之间给出符合逻辑的论证。

（4）评估分层次、分类别进行。评估工作应分层次、分类别进行，多次评估与多角度评估相结合。从工作细致全面程度方面，评估工作可以划分为快速评估、全面评估、技术评估；从工作覆盖范围方面，评估工作可以划分为单项评估和综合评估[90]。不同层次、类别的评估具有各自的优势和劣势，应该互相补充使用。例如快速评估实效性强，能够及时为下一步工作开展提供基本依据，但评估相对粗略，结果可能与实际情况出入较大。

（5）关注处置环节及部门的连续。社区公共危机的应急处理是一个连续动态的过程，而评估的流程是分步骤的。因此，危机后的评估工作需要关注不同的公共危机处置环节、处置部门的连续性。例如，高强度的地震首先会造成社区住宅坍塌、居民群众人身财产损失等，然后可能会暴发疫情，出现心理危机、人员骚动等问题，公共危机的这一特点要求评估工作必须是一个连续和统一的过程。

（6）评估与救助恢复同时开展。公共危机后的调查评估是一项长期的连续性工作，实践操作中的危机评估与危机恢复重建工作往往界限模糊，彼此之间相互交错、交叉进行。这是因为，危机过后，百废待兴，要恢复正常的社会秩序，时间往往非常紧迫，在评估工作开展的同时，恢复与重建工作必须相应跟上。在这种情况下，评估报告准确、细致的要求，必须与分秒必争的要求相协调，快速评估、单项评估可以经常、反复地使用。

（7）兼顾物质评估与精神评估。公共危机造成的社区公共财物、公共设施、公共部位的损失要根据情况进行仔细核查、程度评估，物业公司尤其要配合相关的评估工作，提供各种物质损失的数据支持。评估还要针对损失程度提出修复意见，对修复的成本进行核准。社区居民的心理创伤难以评估，需要专业的机构使用专业的方法加以完成，这类问题需要予以长期关注，并且注意从党群工作方面入手解决，还可以寻求社区非营利组织的帮助，针对社区公共危机的具体情况，为社区提供专业的服务。

第二节 公共危机后的救助工作

一、物质救助措施

（1）分类分级进行物质救助。在扎实做好公共危机后的损失评估基础上，社区层面的物质救助工作需要分类分级开展。分类是对社区居民的不同需求进行归类，根据相应个人、家庭的情况进行针对性的救助。分级主要根据居民个人或家庭损失的严重程度，采取红、黄、蓝、绿等标签区别对待，按照一定程序和居民群众需求的急需程度依次进行救助。例如，直接受害者的需求需要单独考虑，红色级别的需求、生活必需品的需求要优先应答等。

（2）通过正式规则开展援助。通过分类分级进行的社区物质援助虽然能够提高效率、增加实效，也能够体现公平，但必须提供一定的分类分级标准和依据，通过正式的规则和制度确定下来，才能避免区别对待、产生争议，并且方便社区救助工作的开展。正式的危机援助制度除了规定援助等级和类别之外，还要确立整体援助工作推进的时间节点，明确每个阶段的重点工作，集中力量，抓住时机尽早弥补危机造成的损失，将危机带来的社会动荡以最快的速度削减到最低限度，尽快恢复社会秩序。

（3）工作任务与资源相匹配。公共危机后的救助工作通常与危机处置一样刻不容缓，尽量减少公共危机留下后遗症的可能性。要抓住时机、集中力量，把最紧迫、最重要的问题解决好，就必须实现工作任务与救助资源的精准匹配。这不仅包括配备足够的人员执行救助任务，还包括把救助物资合理分发到需要的人手中，尤其是生活必需品、急需药物等，这关系到危机受害者的生死存亡，也关系到社区、社会的稳定。

二、精神救助及其措施

同物质救助一样，精神救助也需要建立、健全相关制度，但这样的救助制度因为较少涉及物质利益，所以主要作用不在于避免争议，而在于尽快对危机中遭受心理创伤的民众进行救助，防止民众心理状态的低落和反弹。要减少公共危机造成的心理震荡，增强民众对危机的免疫力，需要引导他们正确对待危机造成的伤害。这需要社工、志愿者或者社区社会组织的专业人员通过各种措施稳定民众心理，这同时也是人性的内在要求，是家庭幸福和安全的需要。精神救助措施主要有以下 3 点：

（1）跟踪心理健康状况。危机事件往往会造成巨大的财产损失、人员伤亡，这些问题都会给人们的日常生活带来巨大的震荡，导致人的心灵受到严重创伤。这些心理创伤可能比建筑物和人的身体所受的损害更为严重和持久，也比物质的损失更难弥补，不可能在短时期内得到解决。在这种情况下，社区需要发挥生活场域的作用，不但要进行短期的精神救助，及时对受害群众进行心理辅导，还应建立心理档案，对遭受公共危机心理创伤的社区居民进行持续性的跟进调查，掌握他们的整个心理变化历程。

（2）形成心理健康储备。公共危机后的精神救助是一项复杂的、操作性很强的工作，只有在科学的理论指导下才能顺利进行。面对这样的问题，社区需要对不同类型的公共危机心理救助进行专门研究，积累数据资料、案例资料，进行理论准备，为心理干预工作实践提供理论指导。事实上，由于公共危机波及范围十分广泛，社区精神救助不仅限于危机的受害者，还应该包括危机的救助者、照顾者、目击者和受害者的家属与亲友等其他危机见证人。同时，通过相关知识的储备，居民群众也可以实现心理互助，互相帮助、排忧解难、疏导情绪。

（3）开展积极正面引导。一些特殊的公共危机，例如社会、政治问题引发的社会动乱、民族骚乱、恐怖袭击等，不但可能需要出动国家武装力量、治安警卫系统，还可能使国家进入紧急状态，实行军警巡逻、宵禁等。在这种非常时期，政治宣传、舆论引导至关重要。社区作为居民群众的日常生活空间，应该发挥积极正面的引导作用，做好宣传工作，通过多种方式对居民进行正向引导，使居民在面对各类公共危机时保持良好的心理状态。

三、救助工作的基本原则

（1）善后救助必须面向公众且透明公开。社区公共危机善后救助应面向居民群众，透明公开，这既是促进民众参与、建立社区信任体系、形成共治共建局面的基础，也是基层地方政府和社区取信于民、维护形象、引导舆论的明智做法。社区管理者除了保护公共危机的直接受害人、向间接受害人或其家属披露信息外，还应对所有潜在的受害人加以保护并向其披露公共危机事务信息，通过得力的防范措施避免新的危害发生。

（2）组织和支持居民自救、互助与合作。社区要对居民群众、企业组织的自救行为提供及时有效的帮助和指导。居民群众的正常生活直接关系到社会的稳定，社区应该尽力弥补其在危机中的损失，或提供损害救助的有效渠道；配合上级部门为人们及时提供日常和急需物品，使其尽快恢复日常生活。企业组织是推动社会秩序重建的动力源泉，为危机善后工作的进一步开展提供保障，社区需要提供必要的供销渠道，帮助企业组织尽快实现正常的生产和经营秩序。

（3）充分调动各种资源并争取广泛支持。面对恶劣的公共危机事件，任何单一群体、组织，单一区域、领域都无法独立应付。社区作为社会构成的基本单元，细枝末梢更不可能有足够的能力独自实现公共危机后的救援和恢复。在这种情况下，社区党组织要发挥引领功能，不但要及时向上级反映情况、通报信息，获得相关指导和支持；还要动用各种方式联系地区性经济社会组织，寻求政治系统外部的及时救助；更要处理好与物业公司、业委会的关系，齐心合力面对困难。

第三节 公共危机后的恢复与重建工作

一、有形对象的恢复与重建

（一）社区基础设施

公共危机特别是自然灾害会给社会基础设施带来大规模损坏，这些基础设施与人们的日常工作生活息息相关，一旦遭到破坏，就会产生重大影响。因此，在危机恢复与重建阶段，社区应当制定科学的基础设施恢复与重建计划，设置具体目标、任务、时间节点和实施期限。按照不同问题处理主体，及时联系相关公共事业部门或者组织动员社会力量，第一时间恢复与重建房屋、水电、交通等基础设施。

社区基础设施的恢复与重建要分清轻重缓急，有计划、有步骤地开展工作，保障居民群众的基本生活。例如，必要时供水优先于供电，而水电供给则优先于恢复交通（针对居民出行而言，物资供给的交通与社区治理的相关性要低一些）。在基础设施没有恢复之前，社区党组织要发挥动员和指导作用，号召广大居民群众自力更生、克服困难，同时尽力组织、协调有关部门优先修复社区生命线工程。

（二）危机预防设施

危机预防设施本身是防止或减少公共危机损害的重要形式，一旦遭到破坏，要尽快恢复。具体来说，被破坏的危机预防设施，包括各种防灾设施，如消防栓、灭火器、地震检测设备、防空洞等，需要以最快的速度修复，防止新的危机（尤其是地震、洪涝等自然灾害）突然再次发生。社区管理者不但要联系相关部门进行抢修，必要时也要发动居民群众协助，将整个社区团结起来抢险抢修，做到出动及时、处置得当、迅速有效地控制险情。

加强建筑抗灾能力。从过往的经验来看，地震等灾害的破坏大多是由建筑物倒塌造成的，由于有些建筑物年限较长，早已不符合抗震标准。所以，为了从源头上进行改善，必须严格规划建筑物的位置，留出充分的空间进行避难。另外，还需要建筑施工企业严格参照建筑标准施工，提升建筑物的抗震、防火、防雷能力。还要做好庇护场所、人防设施的规划和建设，让居民知晓逃生路线，提高社区的抗灾能力。

推进社区防灾紧急避险场所的建设。当前，一般社区都有一定面积的广场、绿地，这些宽阔的地带可以成为应急避难场所。为了缩减开支，可以在现有的基础上，设置必要的生活设施，储备一定的应急物资。另外，社区应该设置应急避难指示牌，并且标注避难路线及指引，在突发事件到来时，帮助居民做到有效的紧急避险。

二、无形对象的恢复与重建

（一）恢复社区公共秩序

公共危机发生时期是整个社会政治、经济体系最脆弱的时期，是最容易遭受攻击、出现问题的时期。例如一些不法之徒可能利用危机造成的混乱，有的实施抢劫、谋杀、强奸、盗窃、毁坏公共财物、哄抢救灾物资等犯罪行为；有的用手机短信、网络平台从事诈骗敛财活动；还有的利用现代网络通信、自媒体等形式制造、散布谣言和虚假信息，形成不良舆论和社会风气。

社区作为人际关系最为紧密、交往最为频繁的场所之一，针对这些危害公共安全、破坏法律秩序的行为，一方面要加强与公安、司法等部门的沟通合作，寻求相关知识指导和专业执法帮助；另一方面要加强社区内部的治安管理和安全保卫工作，及时向居民通报各类防范信息，引起居民关注和重视，并尽可能发动居民群众，使他们自身形成防范意识，尽快恢复社会信任体系。具有公共精神和团结意识的社区是维护社会安全的一个个坚固堡垒，对于社会秩序的恢复和稳定具有特别重要的意义。

（二）恢复普通生活秩序

公共危机往往会打乱人们的正常生活，例如，在有的情况下，大量受危机影响的群众会被紧急疏散，住在临时的救援场所，不但生活十分不便，与外界缺少必要的联系，健康和生存环境也受到一定威胁。危机过后，如果不能尽早安排这些受危机影响的群众返回社区，恢复居民的正常生活秩序，可能会引起长时间的混乱，甚至还会引起新的派生型危机，使危机管理本身成为危机的来源。

同时，各个社区还要配合基层地方政府尽快恢复流通秩序，这是恢复社区基本功能的重要方面。与传统社会、农村生活不同，城市居民的日常生活与生产、流通秩序密切相关，无法满足工作就业就没有基本收入来源，没有流通和商业活动就无法满足日常生活所需。如果社区周边各种商店、公司长期停滞营业，不但市容市貌一片混乱，而且群众的普通生活也无法得到保障。这些社会流通秩序一旦运转不畅，就会引发进一步的政治、经济、社会问题[80]。

（三）完善社区公共危机治理体系

建立多元参与的社区公共危机治理体系。从美国、加拿大的社区公共危机治理参与主体来看，除了政府外，还有企业、居民、社会组织等主体参与公共危机治理工作。我国当前的社区公共危机治理的核心主体为政府，其他主体所发挥的作用依然有限，需要动员及引导。社区应当成立以社区书记为领导的公共危机治理委员会，由社区主任管理公共危机指挥中心，下设风险评估组、宣传教育组、物资保障组、监测预警组、处置救援组、恢复重建组。参与主体有居民、社区物业公司、志愿者组织、企事业单位（企业、学校、医院等）、政府各部门（城管科、综合维稳及信访办、综合治理办等）、技术专家等。通过多元化、全方位的主体来进行管理和沟通，能够更好地开展社区应急管理工作。

（四）推进社区应急演练常态化

当前，尽管大多社区都会开展应急演练，但一般由社区牵头组织、物业公司或者单位配合，大家大多抱着完成任务的心态，被动地开展和参与应急演练，收效甚微。因此，社区应改变当前的应急演练模式，创新应急演练的形式，将更多的主体纳入应急演练过程，提升居民参与应急演练的积极性和主动性。同时，为了提升应急演练的实用性，可以通过联合演练等模式，各社区单位密切配合应急演练，来提升应急演练的成效。还可以成立民间组织，提升居民的防灾减灾意识，让居民自觉参与到应急演练中，学习防灾减灾的知识和技能，提升自救互救的能力，从而推进社区应急演练的常态化。

三、恢复与重建工作的基本原则

无论何种类型的公共危机，总是会对社会、政治、经济的各个方面造成冲击，区别只在于它们对各个方面造成破坏的程度。从宏观层面讲，社会总体会因为局部冲击形成的失衡和混乱而影响到全面发展的趋势，或者造成某方面的巨大困扰。从微观层面讲，社区居民是公共危机直接的冲击对象，也是最终的承担者，他们的日常生活环境短时期内会出现较大的转变，进而陷入高度的不稳定状态。因此，危机后的恢复与重建工作需要注意以下6个原则：

（1）防止危机管理成为危机来源。公共危机已经让我们失去了很多，危机后不能让我们失去更多。从这个意义上说，公共危机后的恢复与重建工作甚至比危机处置更为重要。在共同面对危机时，社区治理组织能够更有效地建立与居民的联系，居民也更容易建立与组织的信任关系；组织之间可以打破平日形成的坚冰，在共同一致的目标上团结起来，形成广泛的交流与合作。所以，如果公共危机时期社区居委会、业委会、物业公司之间都不能有效配合，各组织不能赢得居民信任，那么在非危机时期就更不可能有突破和进展。各社区治理组织在公共危机恢复与重建中不断成长，不仅要强化危机时期的管理能力，还要不断反思学习，将危机中形成的经验运用于日常管理，提高一般性工作的组织管理水平。公共危机后救助与恢复工作的绩效评估成果应该得到充分运用，不但要利用它找到管理中的弱点、短处，还要发现优点和长处；不但要在危机过后及时调整做法，完善现有的制度体系、工作机制，还要总结成功做法，形成可复制、可推广的经验。

（2）从目标出发安排恢复与重建工作。社区是公共危机后恢复与重建工作具体落地的地方，但不能因为开展具体工作而失去了整体视野。一般来说，公共危机后的恢复与重建工作的首要目标是重建社区的基础设施和基本的社会秩序，修复因灾害造成的设施设备破坏，迅速恢复水、电、天然气、交通、通信等与社会公众生活密切相关的系统。最终目标是确保社区居民的生活质量恢复到灾前的正常状态。社区恢复与重建工作应当在首要目标和最终目标的指导下开展，不仅要“低头做事”，还要“抬头看路”。

（3）危机管理与正常管理有效结合。在现代社会，风险无处不在，而且风险和不确定性随时都在增加，这就要求组织管理机构的日常工作不能与危机管理脱节，不是“两驾马车”，而是“两条腿走路”。这就要求社区治理的每一个操作环节，都要考虑危机出现的可能性及影响因素，并制定危机出现后的应对机制，考虑危机后尽快实施救助、尽快开展有效的恢复与重建工作。例如，一旦出现突发性危机事件，社区应该如何应对？一旦预测到某种风险的可能，社区应该怎样预防和避免危机发生，或者使危险不至于转化为危机？同样，社区在制定正常的管理规范、制度条例时，也应该考虑危机与风险的存在，分析可能的危机与存在的风险，然后制定相应的预案，以便在危机和风险真正来临的时候，供社区管理者根据实际情况更快、更准确地做出及时有效的判断和反应。这些制度性的规定具有持久性、连续性，甚至普遍性，不是方便某一届管理组织，也不是方便某一位管理者，而是能够传递到以后的每一届委员会及委员会成员，让那些没有经历过公共危机的管理者同样可以利用既有的预案，及时有效地处理公共危机造成的问题。

（4）恢复与重建工作要有预案保障。一般来说，公共危机后的恢复与重建在危机处置阶段就已经开始了，如伤员的救治、设备的抢修等；但是，全面的恢复与重建工作只有在危机基本得到控制之后才能进行。不过，这并不意味着恢复与重建计划只有在危机出现后才开始制定落实，成为日常工作的一部分。事实上，提前制定善后工作的预案，将危机管理、危机后的恢复与重建融入日常工作，既有助于预判短期与长期问题，也有助于确定工作关注点、着力点，明确任务划分，避免临时引发的诸多麻烦。

在社区层面，公共危机后的恢复与重建预案更具有针对性，比一般的原则性规定更有力量，更容易转化为成功的实践。社区恢复与重建预案应当制定公共危机发生后的具体行动策略，包括短期恢复、长远发展与因地制宜的措施。预案要将损失评估作为基础依据，综合考虑本地区的经济、社会、地理、人文各个方面的特点和实际情况。在条件允许的情况下，要制定重建标准，对公共危机后的家园建设有基本的心理预期，并构建阶段性和长远性的发展目标。

（5）短期措施与长期措施相结合。公共危机后的恢复与重建工作有短期和长期之别，二者具有不同特点，需要结合起来共同发挥作用。短期恢复与重建措施包括社区安全与秩序的维护、基本生活需要的满足等。自然灾害等公共危机还涉及废墟管理，包括及时整理废墟现场、将可再生的和不可再生的材料分类处置等工作。长期恢复与重建措施包括本社区风险源控制、公共卫生监督、实施工程建设、进行环境补救等。短期措施要为长期措施做准备，长期措施不但要与短期措施相协调，还要纠正和弥补短期恢复与重建措施的问题和不足。

（6）机构恢复保持连续的同时注意更新。社区虽小，但五脏俱全，党的基层组织、居委会、业委会、物业公司，还有业主大会、居民代表会议、代议机构、决策机构、执行机构样样都有，经济组织、政治组织、自治组织一个不缺。正是这些健全的社区组织承担了公共危机后的救助和恢复工作。因此，如果这些机构处于瘫痪状态，或者支离破碎，无法有效发挥作用，就需要及时重建。但重建工作不是简单复制，而是要综合分析，检讨以往工作中的不足，按照改进意见和措施进行组织更新，使其更具效力。

【本章重点】

1. 调查评估的操作原则。调查评估的操作原则主要有：评估以深入调查为基础，组织第三方机构进行评估，坚持居民群众的广泛参与，评估分层次、分类别进行，关注处置环节及部门的连续，评估与救助恢复同时开展，兼顾物质评估与精神评估。

2. 物质、精神救助及其措施。社区公共危机后的救助工作主要分为物质救助和精神救助。其中，物质救助主要包括：分类分级进行物质救助、通过正式规则开展援助、工作任务与资源相匹配；精神救助主要包括：直接干预心理问题、跟踪心理健康状况、形成心理健康储备、开展积极正面引导。

3. 有形、无形对象的恢复与重建。社区公共危机后的恢复与重建工作主要分为有形和无形对象两个方面。其中，对有形对象的恢复与重建主要包括：恢复与重建社区基础设施和危机预防设施；对无形对象的恢复与重建主要包括：恢复社区公共秩序、恢复普通生活秩序、完善社区公共危机治理体系和推进社区应急演练常态化。

【课后习题】

请查询资料，以某一公共危机事件为例，选择其中一个相关社区，分析该社区是如何开展公共危机后的恢复与重建工作的。

第六章
社区韧性建构

社区公共危机治理能力指的是社区在突发性的灾难事件的事前预防、事中应对和事后恢复的管理过程中[91] 所具备的能力。社区韧性与社区公共危机治理能力高度相关。社区韧性得到提升意味着社区整体包括社区居民、社区工作团队、社区社会组织、社区内外部资源等全要素水平在灾害危机到来时得到提升，能够更好地应对公共危机并从中恢复。本章将对社区韧性的概念、社区韧性的评估、社区韧性的建构等相关内容进行阐述。

第一节　韧性与社区韧性的概念与内涵

一、韧性

“韧性”（resilience）一词来源于拉丁语“resilio”，是物理工程领域的专有名词，主要是用来描述材料的稳定性及其在外力作用下恢复形变的能力[92]，除被翻译为“韧性”外，它还被国内大多数英汉词典翻译为恢复力、弹性、顺应力、复原力等。随着该概念被扩展运用于更多领域，在相关词义辨析的研究中，学者认为“韧性”最接近其学术概念内涵的主流认识[93]，因此本书也将沿用“韧性”这一概念。

加拿大生态学家克劳福德·斯坦利·霍林于20世纪70年代将韧性概念引入生态系统领域。霍林认为，工程学韧性侧重于测量受扰动后的系统能够快速恢复到正常运行状态，关注的重点为简单系统的恒定性、可预测性和恢复到正常状态的效率。而在生态学中，韧性用来形容系统在灾害中吸收、适应变化的能力，强调系统有可能会经历重大的波动，但依然能够在波动中存续，其对系统韧性的关注重点为非线性、持久性、变化性和不可预测性等特征。20世纪90年代，霍林将生态学中的韧性概念的运用进一步拓展到了社会生态系统。以社会生态学为基础的适应能力说将韧性定义为系统持续吸收伤害、适应伤害的能力，同时认为系统具有学习、创新的能力。

综上所述，学界对于韧性的研究经历了工程学、生态学和社会生态学的范式演进，也历经了“系统说”“恢复能力说”“扰动能力说”和“适应能力说”等各类观点。在这一历程中，学界对“韧性”认知的深度不断提升。最终“韧性”被认为是一个系统性的理论[94]，是恢复力、抗扰力（维持力）和适应能力的集合。在高风险社会的背景下，“韧性”理论成为破解社区危机、促进社区可持续发展的有效指南，“社区韧性”等相关概念开始出现。

二、社区韧性的概念和内涵[95]

随着风险治理理念逐渐由被动抗灾走向积极减灾，倡导主动灾害防治理念，思考如何减少灾害影响和快速恢复的韧性理论也成为用于分析社区风险防范和灾害治理的主要理论，韧性社区建设更是备受国内外治理领域学者的关注。

大部分学者把社区韧性总结为某种或某几种能力或过程，另有一些学者将之看作能力获得或成功适应的结果，即社区韧性是一系列能力的集合，同时也是社区能力提高及灾害适应的过程，并可作为社区发展的目标[96-101]。其中，能力主要划分为稳定能力、恢复能力和适应能力3类。在过程方面，威尔逊（Wilson）把社区韧性看作社区适应能力提升的过程[102-104]，另有一些学者虽未直接把社区韧性定义为过程，但均提出社区通过具体举措或自身资源的发展来应对未来灾害，如诺里斯（Norris）等、马斯廷（Masten）等都把社区韧性看作系统适应灾害的过程[97]、[99]。在目标方面，威尔逊将社区韧性和适应能力相联系，把社区适应能力提高视为结果，马斯廷等把社区韧性定义为社区成功适应灾害结果[96]、[99]。不同学者或机构对社区韧性的概念解释见表6-1。

表6-1 社区韧性的概念

概念		释义	代表人物及机构
能力	稳定能力	社区系统抵抗、吸收灾害，防止状态发生改变的能力（resist，withstand，absorb）	蒂默曼（Timmerman，1981），米勒提（Mileti，1999），阿杰（Adger，2000），布鲁诺等（Bruneau et al.，2003），卡多纳（Cardona，2003），艾伦比和芬克（Allenby & Fink，2005），阿杰等（Adger et al.，2005），朗多和韦弗（Landau & Weaver，2006），福布斯等（Forbes et al.，2009），联邦应急管理局（FEMA，2011），美国白宫（2011），国家灾害韧性委员会（Committee on Increasing National Resilience to Hazards and Disasters，2012），欧盟委员会（European Commission，2012）
	恢复能力	遭遇灾害后，社区系统从功能紊乱到恢复正常运行的能力（bounce back，recover）	蒂默曼（Timmerman，1981），佩顿、史密斯和维奥兰蒂（Paton，Smith & Violanti，2000），佩顿和约翰斯顿（Paton & Johnston，2001），肯德拉和瓦赫滕多夫（Kendra & Wachtendorf，2003），卡多纳（Cardona，2003），戈德沙尔克（Godschalk，2003），佩林（Pelling，2003），科尔斯和巴克尔（Coles & Buckle，2004），菲弗白姆等（Pfefferbaum et al.，2007），巴特勒、莫兰和利欣（Butler，Morland & Leskin，2007），福布斯等（Forbes et al.，2009），威尔班克斯（Wilbanks，2009），卡特、伯顿和埃姆里克（Cutter，Burton & Emrich，2010），联邦应急管理局（FEMA，2011），美国白宫（2011），提升国家灾害韧性委员会（2012），欧盟委员会（2012）

表 6-1（续）

概念		释义	代表人物及机构
能力	适应能力	社区系统应对灾害适应新环境的能力（respond，adapt）	马斯廷（Masten），贝斯特和加梅齐（Best & Garmezy，1990），康福特（Comfort，1999），佩林（Pelling，2003），菲弗白姆等（Phefferbaum，et al.，2007），联合国国际减灾战略（United Nations International Strategy for Disaster Reduction，2005），巴特勒等（Butler，Morland & Leskin，2007），爱德华（Edwards，2009），威尔班克斯（Wilbanks，2009），英国内阁办公室（Cabinet Office，2011），美国白宫（2011），威尔逊（Wilson，2012），提升国家灾害韧性委员会（2012），欧盟委员会（2012），迈耶（Meyer，2013）
过程	适应过程	遭遇灾害后，社区系统在能力帮助下正常运行并成功适应灾害的过程（process）	马斯廷、贝斯特和加梅齐（Masten，Best & Garmezy，1990），诺里斯等（Norris et al.，2008）
	提升适应能力的过程	为了减少灾害影响，社区系统有目的地发展自身资源，提高适应能力的过程（development）	布鲁诺等（Bruneau et al.，2003），艾哈迈德（Ahmed，2004），马吉斯（Magis，2007），威尔逊（Wilson，2012）
目标	目标（预期结果）	社区系统适应能力提高或成功适应灾害（improved adaptive capacity，successful adaptation）	马斯廷、贝斯特和加梅齐（Masten，Best & Garmezy，1990），威尔逊（Wilson，2012）皮科克（Peacock，2010），联合国国际减灾战略（United Nations International Strategy for Disaster Reduction，2005）

（一）作为能力集合的社区韧性

社区韧性作为韧性理论在社区空间微观尺度的投射，大部分研究对社区韧性的定义比系统韧性更为具体，尤其是将社区韧性视为一系列能力的集合，包括稳定能力、恢复能力、适应能力。前 2 种能力是被动的，而适应能力是主动的[105]（图 6-1）。随着当前风险治理理念的转型，越来越多的研究者认为社区经历灾害扰动后难以恢复到初始形态，而是经过自适应、主动学习和创新，成长为更具灵活性和适应性的可持续发展的系统，因此一些学者聚焦适应能力，探讨社区主动适应灾害、提升社区韧性的路径。例如，诺里斯等将适应能力视为社区系统内部可调动资源的稳健性、冗余性和迅速调动性的结合体，且可以具体划分为灾害发生时的经济发展能力、社会资本可调动能力、信息共享和通信能力以及社区竞争能力等的合集[97]。

（二）作为成长过程的社区韧性

以社区系统遭受干扰后产生迅速的调整与恢复、缓慢的调整与恢复以及不足的调整与恢复 3 种不同结果为基础，不少学者倾向于认为，社区系统经历干扰后不可能恢复到最初的状态，也不可能达到稳定的状态，而是成长为一个可以适应各种变化并保持发展的系统，即具有学习能力、自组织能力、灵活性的社区主体，可以化被动为主动，在防灾减灾、准备、应对、恢复和重建等各个阶段有目的地提升能力，甚至设定社区理想状态[106-108]。这种观点在某种程度上把灾害作为了社区系统发展的契机。进而可以把韧性看

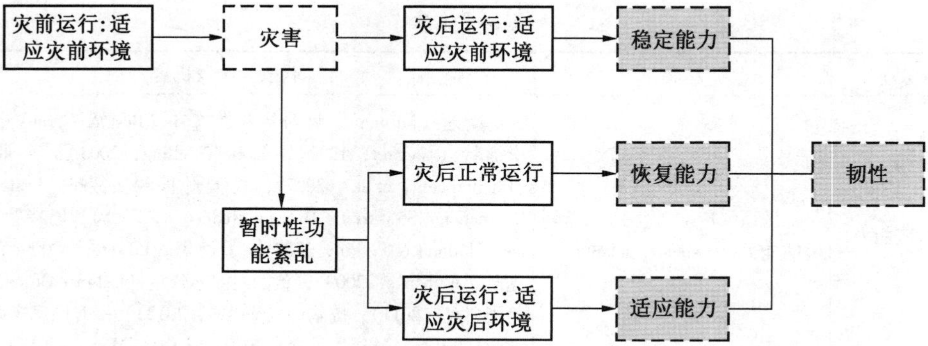

图 6-1　作为能力集合的社区韧性

作社区系统提升适应能力并最终适应灾害的整个过程。这一方面指社区系统适应某一次灾害的具体过程，另一方面指社区系统适应能力提升的循环过程（图 6-2），通过管理和体制、意识培育和教育、社会发展、自然环境、建成环境和经济发展等增强社区应对未来灾害的能力[109]，强调能力获得的过程。

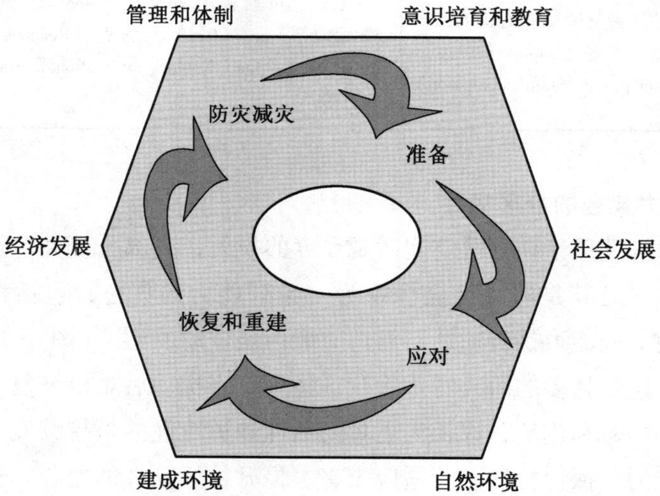

图 6-2　作为适应过程的社区韧性

（三）作为发展目标的社区韧性

韧性是社区的防灾减灾策略，无论把韧性看作能力还是过程，最终目的均是帮助社区应对灾害，因此，韧性可以作为检测社区各种应灾能力是否获得以及过程是否经历的度量标准。目标的实现依赖社区、政府、社会组织的共同协作，经历“过程”，培养“能力”，最终实现“目标”（图 6-3）。

上述对社区韧性概念的界定主要来自于国外，国内社区韧性概念的相关文献较少，仅部分学者从资源、能力、内在条件等要素的完备性出发对其进行界定。譬如，朱华桂将社区韧性定义为：“社区有效利用各种资源成功适应和应对社会风险，迅速恢复功能，达到

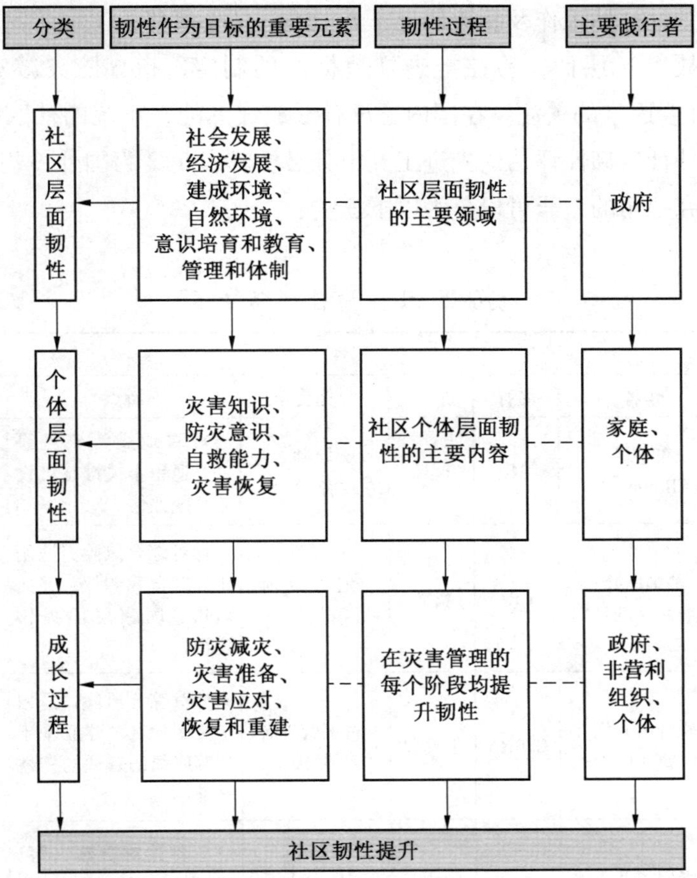

图 6-3 作为发展目标的社区韧性

过往水平的能力"[110]；胡曼将其定义为在面对各类突发事件时，社区调动内外部资源，并运用于灾害预防、应对、抵抗和灾后恢复的整个过程之中，使整个社区能够快速恢复的能力[111]。尽管国内外学者对"社区韧性"的定义各有不同，但大体也达成了共识：①社区韧性是在灾难、危机等冲击下维持社区基本功能的能力，也是社区灾前准备、灾中适应、灾后恢复的过程；②社区韧性需要物理、物质等各种资源的支撑，也需要利用这些资源的社会条件和制度；③社区韧性强调自组织、自适应和自我恢复，而不是依赖外界的援助[112]。

第二节 社区韧性的评估[113]

一、基于三个视角的社区韧性评估工具

识别和衡量社区韧性的构成要素并对社区韧性进行评估，是当前社区韧性研究的重点

内容。国内社区韧性评估工作及相关研究开始较晚，主要聚焦于工程防灾减灾（地震、火灾、安全生产事故等）层面，旨在推进规范标准的制定，指导防灾减灾的物质环境建设[114]，缺乏对社会因素的关注。在国内还没有形成成熟的、系统的社区韧性评估工具的背景下，借鉴国外社区韧性评估的先进工具十分必要。表6-2为国外一些具有代表性的评估工具。基于研究视角的差异可以分为以下三类：

表6-2 社区韧性评估工具

	属性					
类别	作者	名称	形式	目标受众	特点	应用
基于系统的视角	布鲁诺（Bruneau）	4R	框架	规划师、地方政府	针对地震等灾害事件，适用于关键基础设施系统评估	无
基于社区的资源与能力视角	美国联邦应急署（FEMA）	CRI	指数	地方政府、社区管理者	针对综合风险；适用于社区自我测评，并向城市、国家层面提供反馈	日本神户县，美国路易斯安那州西南部；华盛顿西部，洛杉矶市
	联合国开发计划署（UNDP）	CoBRA	工具包	社区管理者、非营利组织	针对综合风险；适用于贫困地区，建立基于生存底线的普适的韧性标准	美国的若干县
基于参与主体的关系与行动视角	帕顿等（Paton，et al.）	CRNH	打分卡	社区管理者、社区组织	主要针对自然灾害；适用于过程性评估，指导社区关系网络建设	新西兰奥克兰市
	特威格等（Twigg，et al.）	CDRC	工具包	地方政府、非营利组织	主要针对灾害风险；适用于过程性评估，指导社区共同行动	孟加拉国、巴基斯坦、马拉维、菲律宾等国的若干社区

第一，基于系统的视角。布鲁诺（Bruneau）等用工程学中的鲁棒性（robustness）①、速度（rapidity）、冗余度（redundancy）、资源丰富度（resourcefulness）四类指标来测度社区系统的韧性，形成4R的社区韧性评估工具[102]。第二，基于社区资源与能力的视角。美国联邦应急管理署的社区韧性指标（CRI）将社区韧性划分为三个部分的能力：社区的基本能力、风险管理与缓解行动的能力、事后恢复与再发展的能力，这些能力以具有动态属性的各类社区资源为基础[115]。联合国开发计划署（UNDP）的社区韧性分析（Community Based Resilience Analysis，CoBRA）则从资本和能力两个角度构建评价体系[116]。这类模型涵盖了社区既有的资源、获得外界资源支持的能力、发展与转变的潜力等不同层面的

① 鲁棒是Robust的音译，也就是健壮和强壮的意思。它指的是系统在异常和危险情况下生存的能力。

要素。第三，基于参与主体关系与行动的视角。帕顿（Paton）等从个人、公共机构与社区三个层面入手，识别每个层面的韧性要素，并建构了三个层面之间的交互关系[117]。特威格（Twigg）从应对灾害的行动出发，识别出社区韧性的五个核心领域：治理（如规划、社区参与等）、风险评估、知识与教育、风险管理与降低脆弱性、灾害准备与响应[118]。

二、社区韧性分析工具 CoBRA[116]

为了提升读者对上述韧性评估工具的认识，考虑到国内社区面对的社会风险以及自然风险诱发的社会-生态复合型风险，本教材从上述社区韧性评估工具中选择联合国开发计划署（UNDP）的社区韧性分析工具（CoBRA）进行详细介绍。

CoBRA 方法旨在分析和评估社区和家庭层面的韧性，其评估指标的制定依托可持续生计框架（Sustainable Livelihoods Framework，SLF）。在 SLF 框架中，人类生计所依赖的五种核心资本为：物质资本、人力资本、金融资本、自然资本和社会资本，以五类核心资本为基础，CoBRA 制定出评估社区韧性的具体指标，见表 6-3。

表 6-3 CoBRA 社区韧性评估指标

维度	具体内容	实例
物质资本	支撑人类生产的基础设施，包括供水设施、公路、铁路、电信设施等。	• 基础设施——道路、水、电力电信 • 获得新技术/新设备的可能性 • 土地安全/所有权
人力资本	技能、知识、劳动能力和健康的总和，它们决定了人们能够采取的生计类型。	• 家庭成员的教育和技能水平 • 家庭粮食安全 • 家庭成员的健康和营养状况
金融资本	现金、储蓄、定期收入（如退休金）以及有助于金融资本扩大的工具设备等。	• 收入的可靠性和增长潜力 • 就业机会和贸易机会 • 市场中各类物品价格和收入的变化 • 风险融资/保险 • 拥有的资产——牲畜、作物、股票 • 获得金融服务的机会
自然资本	自然资源，如土地、森林、水源；以自然资源为基础的相关活动，如农业、渔业、风暴保护、侵蚀保护等。	• 自然资源的质量 • 自然资源的可持续管理和控制 • 自然资源的承载能力——人类和动物的数量等
社会资本	支撑人们进入并参与社会网络的正式和非正式机制；社会和平与安全；公共治理和政治体制。	• 地方亲属支持网络 • 社区组织/治理结构和自助团体的数量、规模和功能 • 是否已经加入上述团体 • 社区规划、调动资源的能力。如减少冲突、改进社区服务、自然资源管理等 • 公平且透明地获取资源的机制 • 妇女的领导作用

除开发出一套用于评估社区韧性的指标，CoBRA 还给出了进行社区韧性评估的具体步骤，如图 6-4 所示。

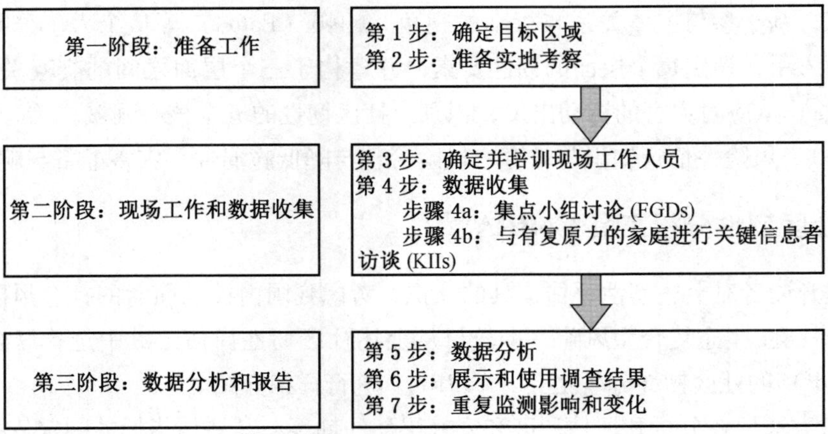

图 6-4　CoBRA 社区韧性评估的阶段和步骤

CoBRA 方法将社区韧性评估分为三个阶段，分别是第一阶段的准备工作、第二阶段的现场工作和数据收集、第三阶段的数据分析和报告。

（一）第一阶段：准备工作

1. 第 1 步：确定目标区域

准备阶段的第一个步骤是确定目标区域，主要是确定评估的目标社区人群和负责进行评估的牵头和支持机构。

目标社区人群指的是符合某些特定评估指标的社区人群。一个社区被选中进行 CoBRA 评估，很大程度上是因为该社区极易受到灾害的影响或者社区处于非韧性的状态，需要考虑的是该社区被认为非韧性的依据是什么，包括社区居民中接受人道主义援助的人口比例、食用的粮食不安全或营养不良的人口比例等，可通过这些指标来判断社区的韧性高低。

CoBRA 评估需要在整体和多层面描绘该地区所面临的问题，这些问题是单独一个组织、计划或部门都无法解决的。因此需要组建联合评估小组以防止评估偏差，且在评估小组中要确定两个牵头机构，其中一个牵头机构应来自政府部门，在当地有一定的影响力，这将确保评估具有高度的合法性，并能够得到政府职能部门和其他当地利益相关者的支持。

2. 第 2 步：为实地工作做准备

在确定了实施伙伴、组建完成评估小组后，牵头机构要为实地工作的开展制定一个 CoBRA 评估实施计划。实施计划应规定从实地培训到最终生成报告这一整个流程的评估方式。伴随着评估小组中不同合作伙伴角色和责任的变化，实施计划可以被不断更新，实施计划也可以作为一个提案文件，用于获得额外的资源和支持。

（二）第二阶段：现场工作和数据收集

1. 第3步：确定并培训现场工作人员

收集到的韧性评估数据的质量在很大程度上取决于被选中进行实地工作的团队的技能和经验。因此为了收集到高质量的数据，需要确定并培训评估小组的成员。一个 CoBRA 评估小组通常由组长、评估监督员和主持人组成。组长需由一位资深技术专家担任，评估监督员和主持人应来自当地的参与机构，确定好工作人员后再集中对他们进行全面的韧性评估工作培训。

2. 第4步：数据收集

培训结束后，评估小组正式进入社区开展全面的实地数据收集工作，主要的工作方法包括焦点小组讨论（FGD）和关键信息者访谈（KIIs）。

（三）第三阶段：数据分析和报告

1. 第5步：数据分析

评估者将从 KIIs 和 FGDs 收集到的全部数据都输入标准的 Excel 电子表格中，以便进行汇总和分析。然后，将实地数据分析的定量结果与定性描述和解释一起进行分析，以完成最终报告。

2. 第6步：展示和使用调查结果

在上述数据得到分析并有了初步结果之后，应向当地社区和其他利益相关者介绍、讨论和验证这些结果。这要求评估者在评估地区召开一次会议或一系列会议。理想情况下，与会者应包括来自每个调查地点的社区代表、CoBRA 现场小组成员以及当地政府和其他伙伴组织的代表。将参与者分成若干小组，评估小组组长应将反馈意见纳入 CoBRA 的最终评估报告中。CoBRA 报告同时可以成为利益相关者在评估地区的政策、战略和方案/项目规划时一个有用的决策支持工具。

3. 第7步：重复监测影响和变化

监测社区韧性水平的变化是一项长期投入，CoBRA 评估的实施成员可以根据他们的具体目标、资源和时间框架决定最合适的重复监测期。

第三节 社区韧性的构建维度[119]

根据社区的属性、社区韧性的内涵和突发公共危机事件的特征，本书将社区韧性的构建维度分为物理空间、组织架构、文化环境、信息沟通4个部分，分别对应物理韧性、组织韧性、文化韧性和信息韧性。

一、物理空间

社区的物理空间是社区的主要构成要素之一。社区在逐年演进中形成了独特的住宅分布、交通路网结构和防灾资源投入，这些因素都将直接影响社区的韧性，并间接作用于社区的公共危机治理。

在住宅分布方面，社区的封闭性程度、密集程度以及物理空间大小直接影响社区的物理韧性基础。如在2020年新冠肺炎疫情的冲击下，非封闭小区由于缺少必要的防疫封锁设施，必然面临着更高的防控难度，外来人员任意进出增加了流行病学调查的工作量，也更容易使得防控人员和社区居民产生冲突。此外，一些住宅分布密集、楼间距狭窄、楼栋住户多的社区更易引发住户间的传染病大流行。居民对公共空间的侵占不仅挤压了防疫空间，还可能造成空气循环受阻。当病毒携带者经过时，整个廊道被污染，形成疫情防控的风险盲点。

在交通路网结构方面，社区路网和周边交通干线是社区内外部的连接路径，社区交通通达度影响着社区在公共危机治理中的难易程度。如2020年的新冠肺炎疫情集中暴发于春运期间，社区居民出现大规模人口迁徙，外来人口增多，社区又有多个进出通道，这无疑加大了社区疫情防控、应对危机的难度。

在防灾资源投入方面，多数社区的应急基础设施依然薄弱，社区工作者应对突发事件的能力和权威不足，呈现缺资金、缺物、缺专业人才的资源“三缺”状态[120]，可见社区存在防灾减灾的资源投入不足现象。

总而言之，社区住宅分布、公共空间利用、交通路网和基础设施、防灾资源配置等要素共同刻画了社区物理空间。上述社区空间构成要素是社区韧性的物理基础，即社区的物理韧性。

二、组织架构

社区是国家-社会关系在微观尺度的交织，街道及其他层级的政府职能部门、居委会、物业公司、非营利组织、社区公民等公私组织在社区公共危机治理中扮演着不同角色。基于社区在国家政治体制中的角色定位，社区居委会承担着贯彻街道与上级政府政策的政治功能，这就要求居委会开展广泛的宣传动员工作，将国家法律法规和政府政策落实到每一位社区居民身上。

在社区中，物业公司与社区居委会形成合作关系，逐渐成为居委会的功能外延和补充，承担了部分公共服务职能。在社区治理的实践中，物业公司的业主服务职能和社区居委会的公共服务职能相互交织。因此在社区的公共危机治理中，往往能看到物业公司与居委会形成非正式的政社互动关系，共同应对、处置危机。

社区居民在社区公共危机治理中也扮演着十分重要的角色，社区作为社会空间和地理空间的统一，地域上的统一激发了地域内部人们彼此的交往和互动，进而产生社区归属感。基于对集体成员身份的认同，社区居民的自我管理、自我服务和自我约束应运而生，有效地促进了社区公共参与。如在新冠肺炎疫情防控中，社区居民遵守政策，主动实行居家隔离，减少外出和聚集，并组织志愿者队伍参与防控工作，这正是社区自治属性的体现。

在社区公共危机治理中，上述各主体充分参与、共同合作，保障社区公共安全，并且遵循相应的制度，拓宽了社区公共事务参与路径，形成了重要的社区组织韧性基础。

三、文化环境

社区是聚集在一定地域内人群的生活共同体，人口是社区极为重要的构成要件，人口特征如居民的年龄结构、身体素质、教育水平以及人口迁徙等则影响着社区在面对公共危机时的稳定力、适应力和恢复力。比如老旧小区往往拥有一定占比的老年居民，老年人既缺乏必要的公共安全知识，难以在公共危机发生时自救和互救，又因为自身身体素质较差，是疾病感染的高风险人群，这对社区风险防范和社区公共危机治理提出了更高的要求。同理居民的教育水平决定着他们的知识基础和后续接受宣传培训的能力，社区居民的教育水平偏低使得社区不仅要加强安全应急知识培训，更要创新培训方式，使得宣传内容更能被居民理解和吸收。而社区地域特点、社区居民所处的经济社会环境和上述人口特征共同形成了社区自身的文化基因，造就了社区独特的文化环境，社区文化环境涵盖了社区居民的行为方式、生活习惯和价值观念等方面，社区的文化韧性则构筑在社区的文化环境之上。

但是，文化环境良好的社区在某些特殊情景下如果缺乏文化韧性，反而更容易造成公共危机的发生，比如武汉百步亭社区为共建和谐社区关系，在疫情期间依然举行“万家宴”等传统活动，参与宴会的四万多家庭摆出了13986道菜品，摆满了党群活动中心和其他9个分会场，大规模人员聚集成了疫情传播扩散的节点。防疫避险意识和风险敏感度的匮乏使得守望相助的社区文化反而加快了突发公共卫生危机的进程。风险防控意识的缺乏一方面表明社区居民对基本的公共卫生知识掌握不足，另一方面也表明社区缺乏常态化的卫生知识宣传教育。对于社区公共危机治理而言，有韧性的社区在文化环境上主要表现为两个方面，一是社区居民在平时有未雨绸缪的生活习惯和价值观念，二是居民在战时具备应对突发事件的知识水平和技能。

四、信息沟通

及时准确的信息沟通是发挥社区治理效能的关键一环，公共危机事件的突发性、扩散性更是对社区与上级政府的信息交换以及社区居民信息传达的水平提出了极高的要求。从信息的纵向交换来说，社区居委会将本社区公共危机状况及时上报街道是高层级政府部门统筹协调、制定应急管理方案的前提，纵向信息传递的通达度一定程度上决定了上级政府的决策速度和响应时间。从社区内部的信息交换来说，社区居民如实报告危机发生的相关信息，有利于社区居委会掌握危机事件的真实状况，及时对危机情况进行监测和观察，发现风险和危机的变异趋势。

同时，良好的信息沟通不仅能向居民有效传达上级政府的危机治理政策，也能及时打消居民的恐慌心态，防止负面舆情在全社区甚至更大范围内产生、发酵和传播。为此，社区需要具备快速有效获取信息的能力和途径，具备发布和传播危机治理政策和公共安全知识的渠道。随着智慧社区、数字社区等概念的风起云涌，运用互联网、大数据等信息技术手段实现数字赋能，提高公共危机事件中的信息沟通效率已经成为社区公共危机治理创新的新趋势，信息技术的日新月异为社区信息沟通韧性提供了新的增长支撑点。

第四节　社区韧性的建构策略

各种自然灾害频发以及危机的出现对城市、乡村乃至社区的应对能力都提出了挑战，新冠肺炎疫情中更是暴露出社区各维度韧性的不足，作为基层治理关口的社区在国家治理体系中具有越来越重要的地位，如何提升社区在应对公共危机治理中的韧性也成为学者、政府所关注的问题。

我国传统的社区建设普遍忽视对社区韧性的建构，比如社区中缺乏应急避难场所的设置；逃生线路以及消防通道形同虚设，没有发挥其应有的作用；社区在相关急救以及卫生常识方面宣传不足；没有专门的应急救援队伍等等。总的来说，我国社区目前还没有建立起一套基层的应急体制机制，社区公共危机治理能力不足，以至于在危机事件发生的情况下，缺乏应对的经验和技能，存在硬件和软件层面的双重韧性不足问题。社区作为城市乡村的基本组成单元，社区韧性缺乏也必然会在很大程度上影响城市和乡村的整体韧性。韧性的缺失使得社区在面对灾害危机事件时具有极大的脆弱性，居民的日常生活也无法得到保障，从而缺乏安全感，社区韧性的提升具有现实性和紧迫性。

一、中国社区韧性现存问题

（一）应急设施建设落后，妨害物理韧性构筑

韧性社区建设对于社区公共危机治理的重要影响首先在于提升社区供给的基础设施的适应力水平，具有适应能力的基础设施是社区充分发挥应急治理效能的前提条件，以社区建筑、服务为代表的基础设施的冗余性（redundancy）①、可持续性对应对突发公共危机具有重要作用。但是长期以来，许多社区面临着财政拨付短缺、应急管理物资匮乏、人手不足的困境。老旧小区基础设施老化，特别是社区公共空间狭小、交通路网建设混乱，无围墙、无物业公司、无单元门禁的“三无”社区给社区公共危机治理的开展增加了难度，一旦发生灾害，其所承受的损失将更为严重。

2020 年的新冠肺炎疫情直接暴露出了社区基层物资储备不足的问题，一线防疫人员缺乏必备的防疫物资，导致疫情防控工作迟迟无法开展。我国当前的公共危机资源配置机制是以“急需急用”为原则，由政府统筹规划，自上而下地层层分配，无法保证资源配置的公平性，在新冠肺炎疫情中体现为防疫资源配置滞后于防疫任务下沉，资源短缺加剧了社区的混乱无措。强政府主导的资源调配协同机制与社区应急资源需求存在错位，应急物品无法迅速整合调度。加之一些社区工作人员缺乏专业的应急知识、经验和能力，一定范围

① 从冗余度而来，字面意思为“多于必需”，就是从安全角度考虑多余的一个量，这个量就是为了保障仪器、设备或某项工作在非正常情况下也能正常运转。本书中指的是保障社区系统在非正常情况下的运转。

内又造成了资源浪费，社区应对突发公共危机事件的措施难以取得理想效果。

增强社区的基础设施建设和维护，促使应急资源配置向社区基层倾斜是提升社区物理空间韧性的先决条件。在2020年的新冠肺炎疫情防控工作中，社区为最大程度弥补物理空间韧性的不足实行了封闭管理，对出入小区的居民进行测温登记，禁止无信息存档的外来车辆进入。强制化的空间管控措施在战时状态是弥补薄弱的社区物理韧性的有效途径，但特殊化的强制政策在常态化防治新冠肺炎疫情时代缺乏可持续能力，社区物理韧性未得到根本性提升。

（二）主体参与渠道不足，阻碍组织韧性建设

当前人类已经迈入风险社会，风险日趋复杂多元，仅靠政府力量难以总揽全局、化解风险危机，因此必须整合各类资源，引导街道、社区、非营利组织、市场力量和社区居民广泛参与社区的公共危机治理，这是提升社区组织韧性的必由之路，但在实践过程中多元主体参与共治的程度仍显不足，具体而言，有以下3点不足：

（1）社区风险应对模式仍是以行政力量为主导。社区居委会实行强势的科层治理，往往需等待上级指令才会做出行动，缺乏自主反应能力，危机应对速度不足。社区作为风险防范和危机治理的微观单位，承担着大量的基础性工作，如果上级指令过于密集，社区将疲于应付，工作过载。

（2）社区居民参与社区公共事务的积极性有待挖掘。社区是生活在特定地域范围内的治理共同体，社区居民基于强烈的社区归属感和认同感参与社区公共事务治理，是社区治理的价值取向和重要目标。目前来看，社区对公众的社会动员能力依然不足，许多社区缺乏常态化的社区志愿服务队伍。此外，社区业主委员会（简称业委会）作为居民选举产生的、具有合法性和民意基础的社区自治组织，在危机冲击下与居委会的协同对于建构社区韧性至关重要。但在实践中，业委会功能和居委会存在重叠，且并未起到组织社区的领导力作用。

（3）市场、非营利组织等公私部门缺乏参与社区危机治理的渠道。企业和非营利组织在与社区居委会的互动中处于被动地位，行政部门出于实际需要，邀请公私部门承担一部分社区公共事务治理的职责，但这种互动往往是单向的。

（4）与医疗机构横向对接存在空白。社区-医疗机构全覆盖式协调机制尚未形成。

（三）常态教育机制缺失，桎梏文化韧性培育

社区公共危机治理能力的提升既需要物理空间、应急资源等“硬性韧性”的建设，也需要文化环境韧性等“软性韧性”的支撑，社区居民的安全知识、应急意识和生活秩序影响着社区文化韧性的构建。比如在新冠肺炎疫情初期，社区居民对该病毒缺乏正确认知，一方面预防意识和责任意识淡漠，导致未能采取及时有效的自我防护手段或继续参加大规模聚集性活动，扩大了病毒的潜在传播链条，增加了社区疫情防控的风险源；另一方面将新冠病毒妖魔化，对确诊病例、疑似病例、密切接触者和发热留观患者产生歧视，破坏社区和谐的睦邻关系，甚至讳疾忌医进而隐瞒健康状况。社区居民在疫情初期缺乏灾害自救能力，从本质上反映了社区公共安全常态化教育机制的缺失。

在加快推进学习型社会构建的大环境下，学校不是教育的全部，社区作为城市的基层单元必须承担起社会教育功能，因为社区公共安全知识常态化教育机制的不完善会减缓社区居民在风险冲击伊始的响应速度，具体而言体现在以下 3 个方面：第一，社区对基本安全防护知识的宣传重形式、轻反馈，对社区居民知识掌握情况未进行系统性评估，教育效果缺少进一步巩固手段。第二，社区教育重操作方法、轻风尚塑造，社区居民素质提高和风气转变是教化的根本目标，但在实际工作中社区工作者对社会风气和社会秩序的良性引导的关注度较弱。第三，社区教育重法治、轻德治，伦理准则和道德规范的教育被法制宣传替代，法制宣传成为社区教育中的主要核心内容。上述问题严重桎梏了社区文化环境韧性的培育，社区居民在面对公共危机冲击时表现出的被动和滞后状态削弱了社区的稳定及灾害适应能力。

（四）信息资源利用薄弱，影响信息韧性提升

信息韧性是完善社区应急治理体制、提升社区公共危机治理能力的关键要素。社区信息韧性就是运用互联网、云计算、人工智能等信息技术提升社区应急治理的智能化、精准化水平。

近年来，随着信息技术的日新月异，智慧社区、数字社区等概念风起云涌，正以前所未有的速度推动社区治理的变革，如何运用信息技术增强社区的公共危机治理能力，提升社区的信息韧性，已经成为我国社区发展的新趋势。但受限于自身的人力、技术、资源等条件，我国的大部分社区目前依然遵循灾后补救的习惯性思维，未能对社区易发的灾害类型、影响范围等进行前期的技术研判和预测，更鲜有社区具有覆盖本社区的应急信息平台、灾害处理等智能化的综合防灾减灾系统。同时，由于快速的城镇化扩张，社区的流动性、异质性不断增加，客观上也导致社区难以做到实时动态的跟踪。即便及时发现风险和危机具有变异趋势，但由于在风险防范中，数据的“部门墙”和“行业墙”广泛存在[121]，社区缺乏风险的信息分享和预警平台，共享数据受制于一个个“信息孤岛”，社区信息韧性不足进一步导致社区应对突发公共危机事件的治理能力薄弱，严重降低了社区应急防控的效率[120]。

二、中国社区韧性的建构策略

（一）完善危机治理机制，培育物理韧性

社区韧性不仅蕴含在遭受风险冲击时社区的及时反应能力，还有赖于常态化的稳定能力，灾害初期的缓冲和吸收能力。即使是韧性基础较好的社区，如果缺乏常态化的公共危机治理机制，社区危机应对体系也会在灾害初期遭受高强度的冲击，社区适应力滞后于灾害破坏力，社区系统难以自行恢复，只有依靠外部治理力量来达成新的平衡。因此完善“平战结合”的公共危机治理机制，增强社区基层的应急弹性，加强对社区基础设施和物理空间的建设和规划，对于培育社区共同体的物理韧性十分必要。

在公共危机治理机制中注重社区应急基础设施建设，主要是增强社区应急设施的冗余性。物理韧性是完善社区危机治理体制的物质基础，社区基础设施的冗余性、稳定性和可持续性是开展社区风险治理的先决条件。一方面合理规划社区物理空间，为应急设施建设预留空间，重视老旧社区应急基础设施的改造和升级。另一方面，重视人力资源的冗余性和专业化队伍建设。建设一支拥有专业知识的社区应急队伍，对社区应急队伍进行专业化、精细化的应急知识能力培训，将应急培训纳入制度化轨道。

在上述前提下，社区应因地制宜地制定具有地方特色的公共危机应对预案，保证应急资源冗余，推动符合本社区在灾害扰动初期迅速做出即时反应，将灾害冲击降至社区可承载的范围内。

（二）搭建多元合作平台，充实组织韧性

基层社区是应对公共危机的关键阵地和最后防线，社区工作者承担着维持社会秩序和其他基础性任务。在未来长时期处于常态化疫情防控与经济社会发展并行的阶段，社区基层的危机治理压力只增不减，仅依靠社区工作者难以有效应对，因此在社区层面构筑主体间多元合作的疫情治理新常态，有助于塑造具有韧性的社区共同体，具体策略如下：

（1）充分发挥党建引领作用，推动街道干部力量向社区下沉，落实街道下沉力量的监督指导主体责任，构筑街居治理共同体。

（2）加强社区自组织能力建设，社区居民采取以灾害自救为目标的集体行动，将有效缓解公共危机初期对社区的冲击。具备合法性和决策能力的社区业主委员会是社区自组织响应的制度载体，通过广泛的社会动员，使社区居民参与业委会的集体决策，有利于提升业主委员会的响应能力，社会资本也在此过程中逐渐积累。风险防范常态化背景下，挖掘社区业主委员会的自组织功能、加强社区两委的协作，对于增强社区危机治理韧性具有重要意义。

（3）引入企业和非营利组织等公私部门力量参与社区公共服务供给，为社区基层运转赋能。市场和功能性社会组织较之行政力量和居民个体具有较强的技术专业性和资源多样性，企业和社会组织参与社区公共危机治理和灾后恢复工作，为社区协同共治奠定坚实的社会基础。在新冠肺炎疫情防控中，行政力量和公私部门进行制度性分权，街道社区可以通过政府购买服务的方式，将资金筹措、物资调配、灾后心理重建、志愿服务等社区公共服务授权给企业和非营利组织。社区居委会、业委会以及公私部门协同合作对于构筑联防联控-群防群控机制而言意义重大。

（三）平战结合宣传教育，补足文化韧性

社区居民在面临灾害扰动时的自救能力和自救意识是社区文化韧性的重要构成要素，居民基础安全应急知识体系构建依赖于战时宣传和常态化教育机制互嵌。社区居委会紧密关注危机实时进展，联合广大党员和志愿者队伍以线上、线下相结合的手段即时普及安全知识，保证居民应知应会、尽知尽会，关注居民责任意识培养。在公共安全常态化教育协同机制构建过程中，加强与周边社区和社会力量的联动，邀请专家学者走入社区，举办安全知识科普讲堂。为培育居民的危机意识和风险敏感性，社区应开展安全教育活动和应急演练，将突发公共危机事件治理融入社区常态化工作安排中，营造全社区防范风险扰动、抵御灾害冲击的文化环境氛围。

社区居民的行为规范、道德准则、价值观念和风俗习惯共同构成了社区的文化属性，培育提升“平战结合”的社区教化功能必须从规范社会秩序入手，通过自治和共治相结合构建公序良俗。因此，社区应加强道德教育，通过树立模范典型，引导社区居民自觉配合社区工作人员的有关工作，提升居民对社区的认同感和凝聚力，号召居民积极参与社区自治，倡导邻里互帮互助，培育社区社会资本。社区文化体系具有鲜明的基础性、群众性和草根性，雅俗共赏的教育形式是培育社区文化的关键因素。因此道德教化的常态化机制要充分创新表现形式，使雅文化与俗文化交融，让思想道德教育深入百姓生活。同时充分发挥社区业委会和社区居民领袖的引领作用，制定居民公约细则，以政策规范落实社会良俗。

（四）技术赋能数据开发，提升信息韧性

信息资源是社区建设的关键环节，依靠信息化、数字技术的信息资源协同机制成为提升社区信息韧性的关键制度基础。突发公共危机事件的演进瞬息万变，隐匿多元的风险源头和错综复杂的传播链条要求社区依托大数据实现对突发公共危机事件的数据存储分析和全方位的风险感知。信息化管理与社区网格化管理体制互嵌，借助信息化管理平台，实现对社区的有效管控。一方面，社区网格员将疫情排查和人员测温工作采集的防疫数据上传至社区数字化平台，运用信息技术优化了社区工作者的信息采集和上报方式，减轻了社区基层的工作量；社区网格员对辖区内的情况跟踪追查，对潜在的突发公共危机风险及时上报，提升了社区对公共危机事件的预警能力。另一方面，信息技术的应用可以对收集的信息资源进行分析比对，主动预测社区潜在的风险，社区信息资源协同的功能外延得到有效拓展。

数据分析结果也将改变资源协同配置方式，运用信息技术对社区内的应急资源进行合理分配，为社区应急治理提供更为准确、高效的支持。传统的社区应急资源协同配置依赖于上级政府部门基于危机判断做出的决策，在短时间内统计应急资源总量和社区应急资源需求，将二者相匹配以满足现实防控需要，这对政府部门的决策能力提出了较高要求。信息技术为应急资源配置提供了精准的数据支撑，将从根本上改变社区资源配置协同机制，进而改变社区信息韧性能力格局。

【本章重点】

1. 社区韧性是一系列能力的集合，同时也是社区能力提高及灾害适应的过程，并可作为社区发展的目标。其中，能力主要分为稳定能力、恢复能力和适应能力 3 类。

2. 当前社区韧性研究中的一大重点内容为社区韧性的评估，社区韧性评估对于社区韧性的增进具有重要作用，本文将一些具有代表性的评估工具进行了整理，不同的评估工具大致可分为3类：基于系统视角的评估工具、基于社区的资源与能力视角的评估工具以及基于参与主体的关系与行动视角的评估工具。

3. 社区韧性的建构维度为物理空间、组织架构、文化环境、信息沟通4个部分，即物理韧性、组织韧性、文化韧性和信息韧性，它们是社区韧性的构成要素。

4. 将社区韧性的建构置于公共危机治理能力提升的视角下，可以发现妨碍社区韧性建构和提升的众多问题，包括：应急设施建设落后，妨害物理韧性构筑；主体参与渠道不足，阻碍组织韧性建设；常态教育机制缺失，桎梏文化韧性培育；信息资源利用薄弱，影响信息韧性提升。对应的改进策略有：完善危机治理机制，培育物理韧性；搭建多元合作平台，充实组织韧性；平战结合宣传教育，补足文化韧性；技术赋能数据开发，提升信息韧性。

【课后习题】

请结合所在社区现状，思考一下你所在社区的韧性如何？可以采取哪些措施来提升社区韧性？

第七章
社区公共危机治理的国际实践

他山之石，可以攻玉。国外社区公共危机治理发展早，实践经验丰富。学习其他国家社区公共危机治理实践的先进经验有助于提升本国的社区公共危机治理水平。本章将以美国、日本、德国为典型，分别介绍其社区公共危机治理的实践模式[122-124]。在学习过程中，可以注意对比国内外社区公共危机治理实践的异同，并尝试对我国社区公共危机治理建设提出建议。

第一节　美国全社区模式的社区公共危机治理

作为受灾最为严重的发达国家之一，美国的公共危机治理体系建设工作虽然起步不早，却在一次又一次重大公共危机的血泪教训中不断反思问题、积累经验、寻求突破，其公共危机治理模式改革逐渐由基于政府的公共危机治理模式转为基于社区的公共危机治理模式。为了有效应对各种灾害，减轻灾害给公众带来的生命财产损失，1997 年美国开始建设减灾型社区（Disaster-Resistant Community）。2011 年应急管理全社区模式（Whole Community Approach to Emergency Management）开始实施。直至今日，美国已经成为社区公共危机治理体系最完备的国家之一，有一些非常值得我们借鉴的经验。

一、法律基础与组织架构

（一）法律基础

美国公共危机治理的法律包括联邦和州及州以下两大层面。联邦法律位于最高层级，但各州法律在内容上会更加严格，是联邦法律的有力补充。下面将从联邦、州及以下、社区三大层面简要介绍。

联邦层面，美国宪法是美国法律的基础，明确规定了应急授权的原则，即当紧急情况发生时，联邦政府可调遣各州民兵力量，可在打破人身保护令制衡情况下开展救援活动，应急人员具备免除重罪起诉的豁免权，各州可立即进入作战或紧急状态等。联邦层面专门的公共危机治理法律最早可追溯到 1803 年颁布的与灾难救助相关的《国会法（1803）》。具体来讲，在机构的建立与权责分配上，《国防生产法（1950）》《赈灾法（1950）》《联邦民防法（1950）》等法律赋予联邦政府介入州应急事务的权限，规定州政府负应急管理的主要责任，由总统进行应急救援的全面综合指挥，规定联邦紧急状态的发布、终止、时长及总统权力等。其中，《行政令 12127 号》规定组建了联邦应急管理署（FEMA），实现了联邦层面应急管理协调的首次统一。2002 年《国土安全法》规定了紧急情况下 FEMA 等联邦部门间的协调援助。1988 年颁布的《罗伯特·斯坦福灾害救济与应急支持法（1988）》① 整合了联邦政府、州政府和相关机构的现有应急资源，是美国灾害应急方面最重要的法律。为落实该法，FEMA 又颁布了《联邦响应计划（1992）》（Federal Response Plan），进一步明确了联邦政府各部门、州和地方政府在应急管理工作方面的职责，并不断适时调整、修订，2004 年更新为《国家响应计划（2004）》（National Response Plan），建立了全国统一的国家响应计划。2008 年调整为《全国计划框架（2008）》（National Planning Framework），后由国土安全局进行了细化（2012）与调整（2016）。在具体灾害应对与救援上，《国家洪水保险（1968）》将保险引入了救灾领域，《地震危害减灾法（1977）》《国家干旱政策法（1998）》《国家干旱预防法（2002）》等法律在地震应对、干旱预防与应对等方面为联邦政府提供了依据。在灾害反思上，在吸取卡特里娜飓风与桑迪飓风灾害教训的基础上颁布的《后“卡特里娜”应急管理改革法（2006）》《“桑迪”恢复改进法（2013）》在机构调整、战略与预案制定、灾害援助等方面提高了联邦政府的应急管理水平。另外，《社会保障法》《公共卫生服务法》等法律中的部分条款，建筑安全标准等应急管理的相关标准也可纳入广义的公共危机治理法律体系中。

美国各州具备完整的应急管理的法律与制度，但由于各州实际情况不同，法律体系也存在差异，因而会出现在某一州合法而另一州违法的情况。以路易斯安那州为例，主要的应急管理工作由州应急管理办负责。主要的应急管理法律为《路易斯安那国土安全、紧急援助和灾难法》，规定了州及以下地方政府、非营利组织和其他相关团体的角色及权力，还涵盖避难所、紧急撤离、宵禁、融资、援助识别、州际和州内合作、应急救援人员责任和豁免等内容。也有相关的应急管理法律对其他政府部门和行业领域的应急工作规定做出补充，这与联邦政府的公共危机治理的法律体系类似。[125]

在社区层面，FEMA 制订了社区版的“可持续减灾计划”（Sustainable Hazards Mitigation Plan）。具体内容包括：①土地利用规划。了解社区所在位置的潜在自然灾害（如山崩、洪水、泥石流、海岸冲蚀）及科技灾害的状况；检查居民房屋建筑选址的安全性；确认绿地是否预留作避难场地等。②示警系统设置。保证灾害预警、示警及在一般电讯中断后的紧急通报。③建筑管理与监督。各社区成员都有权要求地方政府确实执行建筑管理，并进行监督检验。④紧急救助及医疗系统。各社区都应备有急难救助设备并制订人力动员计划；应进行日常定期防灾演习，确认任务分组及相关物资与设备的完备性。⑤危机管理指挥系统。以社区或村为单位，从各级地方政府、地方驻军到中央各危机管理机构，都应赋予不同的危机管理指挥员职责，并进行经常性的演练[126]。

（二）组织架构

美国作为一个联邦制国家，在长期实践中逐步建立了统一指挥、分级管理、相互支援

① FEMA 官网上该法的最新修订版为 2021 年 5 月修订的版本。

的公共危机治理体系。应急管理组织机构分为联邦、州、地方政府、社区 4 个层级。联邦层面上有联邦政府决策机构的总统、国家安全委员会以及作为综合协调机构的联邦紧急事务管理署（FEMA）。其中，FEMA 隶属于美国国土安全部，是美国在重大突发事件中进行协调指挥的联邦领导机构。州政府设立州应急管理办公室，横向设行政管理部、事故应对和培训部、灾害救援部、计划和技术支持部等；纵向联结行政管理区和互助区，每个区内部有相应的机构设置和支持功能。地方政府（主要是县、市一级）应急管理部门在灾害应急方面承担救援、消防、医疗方面的一线责任。社区层面的公共危机治理主要依赖各社区的社区自治组织和服务机构，比较著名的社区组织有社区睦邻组织运动、邻里守望组织、社区危机反应团队、街区守护者、辅助警察等。在具体的救灾过程中，上述应急机构的启动呈现出自下而上的特征[127]。联邦一般不干预具体的救灾行动，只在必要时应邀提供支援。州政府是处理紧急状态的决策枢纽，根据灾情规模逐步介入救灾组织。而地方社区则是最主要的实际执行者。

具体到社区层面，自 2011 年推行应急管理全社区模式（Whole Community Approach to Emergency Management）以来，在社区公众"领导"应急行动而非被动响应的理念指导下，社区力图将社区范围内所有的利益相关者都纳入公共危机治理的主体范围，建立和维持多元伙伴关系（表 7-1）。

表 7-1 美国全社区应急管理主要合作伙伴

类型	合作伙伴
公众	社区居民、社区领袖、社区议事代表、特殊群体（如老年人、少数民族等）
公共部门	社区委员会、志愿者组织（如地方减灾志愿组织等）、宗教组织、残疾服务组织、学校董事会、教育机构、当地合作推广系统办公室、动物控制机构、动物福利组织、家政服务中心、医疗机构、基层政府机构、地方规划委员会（公民团体委员会，当地应急规划委员会等）、非营利组织、宣传组织、媒体、车站、机场、公共运输系统、使馆、商会
私人部门	商场、五金商店、廉价商店、零售商、供应方（生产商、经销商、供应商）、物流商、公用事业供应商、其他

注：表格引自周永根的《社区应急管理模式的国际比较》，于 2017 年发表于《求索》第 9 期。

应急管理全社区模式还在社区层面建立了一些必要的运行机制：

（1）沟通机制。包括应急管理部门、社区内部私营组织、非营利组织、社区公众等沟通机制。

（2）合作机制。应急管理部门需要通过寻求社区公共危机治理利益相关者之间的共同利益，并采取有效途径建立和维持多元合作伙伴关系。

（3）资源共享机制。在加强社区资源拓展的同时要充分将社区中已有的社会、经济和政治资源运用于公共危机治理活动中。

（4）信息共享机制。建立双向信息交流机制，及时分享、沟通灾害风险消息。

（5）公众参与机制。促进公众参与应急管理的途径主要包括：与公民委员会（Citizen Corps Council）合作提升公众的危机意识；让社区各类组织在社区应急中扮演正式角色；雇用具有代表性的员工，组成多元化应急队伍；使用社区各阶层理解和接受的交流方式，保持与社会各阶层的良好沟通；充分考虑老、弱、病、残等弱势群体的需求，加强对弱势群体的应急管理教育；促进公众与社区组织的对话，激发公众防灾兴趣；应急管理部门主办市民会议或参与社区常规工作会议，应急执行中心（Emergency Operations Center, EOC）对外开放部分职能并邀请社区公众实地考察；促使公众和社区组织机构参与应急规划过程；通过把握公众参与兴趣点促进社区公众参与社区韧性提升的讨论等[128]。

二、经验与特色

（一）全社区模式的公共危机治理体系

2018 年初，FEMA 出台了公共危机治理的新五年战略规划。规划中明确指出要把美国建设成为“一个应急完备且易恢复的国家”。这份新规划的主要关键词是“社区”和“共责”。

（1）关键在“社区”。美国的公共危机治理基本战略是全国准备工作，尽可能扩展合作伙伴，把“社区”范围内所有的利益相关团体和个人纳入公共危机治理体系；保证社区居民在面对突发事件时不是被动等待响应，而是起到领导作用；应对突发事件过程中要充分利用社区资源来弥补政府的不足。

（2）核心在“共责”。“共责”强调了从政府机构、非营利组织、私营部门到家庭和个人的每个主体应共同担起应急管理责任。美国在 40 多年的应急管理工作中摸索出一条深刻的经验：没有任何一个主体是万能的，最有效的策略是联邦政府支持、各州自主管理、各属地自主运行。因此需要凝聚全体民众共识，营造应急文化氛围，同时提高全社会的应急能力[129]。

（二）全国范围内的社区应急响应队（CERT）

在美国，灾害发生以后，政府发挥公共危机响应的主导作用，社区自治组织负责风险评估、制定预案、消除隐患、演练培训等管理工作，而支撑起了整个应急体系的正是这些社区应急响应队（Community Emergency Response Team，CERT）。实际上，社区应急响应队的成员并非专业的应急工作人员，他们大多都有自己的本职工作，在加入应急响应队前需要在政府主持的超过 20 h 的专业培训中获得合格证书，这些培训涵盖灾害预防、医疗救援、救灾演习、灾后现场搜救等方面。一旦面临突发的公共危机，社区应急响应队将快速抵达现场并进行事故处理，调动经验不足的其他公民，收集相关灾害信息，同时为专业救援队的工作提供帮助。灾后也肩负起疏导灾民恐惧心理的责任。在美国社区公共危机治理过程中，社区应急响应队提高了全社区的应急响应水平，起到了极大的作用[129]。

（三）不断提高的应急预警能力

一笔预防公共危机的较小投资，往往能避免危机带来的巨大损失。充分重视危机的预防、积极干预危机生命周期的每一个环节，是美国公共危机治理值得借鉴的成功经验之一。美国十分重视对危机的预防预警。首先，政府部门重视对公民进行公共危机治理的宣传、培训，普通民众、社区、企业都对灾害风险有一定的了解，突发事件萌生于不正确的生产生活方式这一观念深入人心，实现了通过增强公共危机防范意识来预防危机发生的效果。其次，美国安检工作十分严格，在市政厅、机场、博物馆、图书馆等人流量大的公共场所入口几乎都设有安检处，通过严格执行安检程序来预防公共危机事件的发生。再次，突发事件应急预案建设十分细致，在具体类型和细节上几乎实现了全覆盖，达到了对突发事件中的每一个环节都可以控制和干预的效果。其中，预案中有一套有效的预警系统，能够极大降低突发公共危机带来的冲击。预警系统将突发事件分为红、橙、黄、蓝、绿5个等级（表7-2）。在危机高发地区安装了预警装置，危机发生后，在预警装置和各种媒体平台上，公众都能第一时间了解状况[129]。预警发布的渠道包括广播、电视、报纸、网络等大众传媒工具，同时灾害频发地区大都安装了警报装置，确保受灾地区居民都能听到[123]。最后，社区公共危机的预防离不开强大的信息中心。例如，旧金山、纽约市等应急指挥调度中心与所在州的指挥中心之间实现了联网，而州指挥中心与相关科研机构和航天中心、国家气象中心联网，指挥中心与政府各部门实现了信息交换，可以随时通过相关机构的卫星获得各种信息。

表7-2　美国国家安全预警系统

颜色	危险程度	采取的行动
红	严重	动员紧急救护队，部署应急人员和相应措施
橙	很高	地方、州和联邦机构开展协调工作，加强在公众实践中的安全工作
黄	较高	加强对重要地方的监视和对威胁的评估工作
蓝	警戒	保持安全培训和准备状态
绿	低	—

（四）重视全民危机教育培训

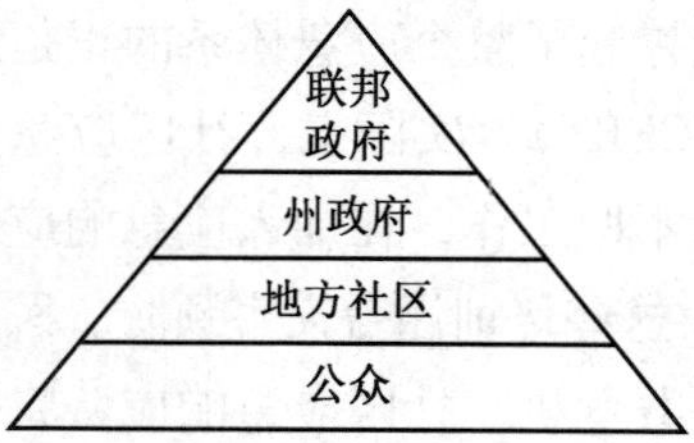

图7-1　美国公共危机治理金字塔

“9·11”事件后，2002年3月，FEMA在官方网站公布了一篇题为《你准备好了吗？市民灾害准备工作》的详细指南，它针对个人、家庭、社区的灾害准备工作提供了最全面的指导。在指南篇，FEMA就以图示的形式表明了社区公众参与防灾减灾在国家应急管理体系中的重要性（图7-1）。每一位公民都是应急管理系统中不可或缺的组成部分，其重要性在预防阶段尤为明显。如果把国家应急管理系统视为金字塔，那么基座就是公众。每个人都有责任在灾害期间保护自己和家人，并且清楚地知道在灾前、灾中、灾后应如何去做。公众正确的自救与互救能够在灾难初期最大限度地减少损失。应急管理金字塔清晰明了地说明了作为基座的公众和社区的防灾能力在应急管理系统中的重要性，突出了公众和社区防灾的基础地位。除指南外，应急管理政府部门会为市民提供相应的知识和培训，比如教育公众如何面对危机以及如何在危机发生时帮助弱势群体；为身体不便的人士提供危机应急知识培训；为青少年举办多种教育培训项目，提高他们对于危机的预防意识与应对能力。

第二节 日本基于社区的公共危机治理

日本是一个灾害频发的国家，自然灾害尤甚，多年来频遭暴雨、台风、洪水、地震、火山等灾害袭击。单拿地震为例，从 1994 年到 2003 年期间，全世界有记录的 6 级以上地震共 960 次，发生在日本的就有 220 次，占 22.6%[130]。在饱受灾难折磨的过程中，日本政府和各地方社区汲取以往经验教训，建立了基于社区的多主体、多中心的灾害风险治理模式，在法律机制建设、应急文化培育、防灾信息系统建设、广泛的公民参与动员等方面对我国建立以社区为基础的公共危机治理体系具有极强的借鉴意义。

一、法律基础与组织架构

（一）法律基础

日本坚持“立法先行”，到 2017 年时已制定应急管理相关法律法规 227 部，建立了完善的应急管理法律体系。

就全国性法律来看，1961 年《灾害对策基本法》出台，该法对防灾理念、目的、防灾组织体系、防灾规划、灾害预防、灾害应急对策、灾后修复、财政金融措施、灾害紧急事态等事项作了明确规定，是日本的防灾抗灾的根本大法，有“抗灾宪法”之称。在 2012 年的修订中，该法对应急管理中社区（市、町、村）领导、居民的地位及职责等做了全面详细的规定，政府主要职责功能是全面组织防灾减灾，日本社区基层单位主要职责功能是开展业务防灾减灾，而社区居民的职责是进行自救互救[128]。在 2020 年的修订中，该法规定统一疏散建议和疏散警告、强制性努力制定个人疏散计划等。根据《灾害对策基本法》，日本还颁布了《河川法》《海岸法》《防沙法》等法律。

就地方性法规和政策性文件来看，各都、道、府、县都制定了《防灾对策基本条例》等地方性法规，同时就实际情况形成了切实可行、丰富全备的法律性文件。以东京都为例，在全国性法律的背景下，为保证灾害发生时民间团体、兄弟省市、志愿者组织的相关救援与协作，东京都采取了灾前合同制形式，形成了一系列纲要和协定。《东京都防灾志愿者纲要》规定设立防灾志愿者登记制度，根据下级地方政府的请求派遣防灾志愿者，并规定下级地方政府负担差旅费等。另外，东京都与新闻媒介签订《关于东京都请求报社媒体报道灾害信息的协定》。此外，东京都还与当地公益防灾机构和民间团体签订协议，在灾害发生时委托这些组织进行协调和救援，并明确了征用物资的程序、费用和保险责任，这些组织有日本红十字会东京都支部、社团法人东京都医师会（牙科医师会）、日本广播协会、各民间电视台机构、东京都卡车协会、东京都厅运输事业协会、财团法人东京汽车协会、日本通运东京分店、东京建筑协会、阀门制造公司、防水建设公司、东京药品批发协会等。这些协议形成了一个部门齐全的防灾应急网络，有效地保证了在市场经济条件下应急资源的整合。同时在这些纲要协定外，东京都政府还会发放政府部门的防灾和危机管理指南、手册，并设立危机管理财政预算和重点项目。

（二）组织架构

自1956年伊势湾台风后，日本就开始着手构建本国的应急管理组织体系[129]。在很长一段时间内，日本实行分灾种、分部门的传统灾害应急管理组织体系。然而，面对频繁突发的、跨地域的公共危机事件，尤其是自然灾害，这种组织体系所隐藏的部门权责模糊、应急资源浪费等问题也逐渐暴露。鉴于此，日本各级政府纷纷开始了对公共危机治理组织体系的改革，并在长期的应急实践中建立起了跨部门、直属社区的综合应急管理体制，这里以东京都应急管理组织机构图为例（图7-2）。相比以往分部门、分灾种的传统灾害管理体制，这种通过设置统一指挥的跨部门综合灾害管理体制显然在减少应急成本、提高应急效率等方面有了长足的进步[124]。

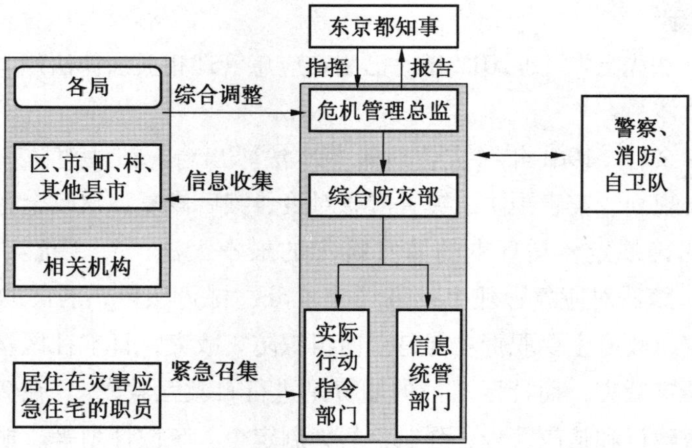

注：资料来源于《关于东京都的危机管理对策》《21世纪亚洲大都市网络第一次亚洲危机管理会议的报告书》，作者中村正彦

图7-2　东京都应急管理组织机构图

20世纪90年代末以来，日本当局认为要防止灾害的发生和减少灾害损失，必须建立抗御灾害能力强的社会和社区[122][131]。日本提出“自助、共助、公助”的减灾理念，认为只有公民的自助、公共部门的互助和政府的公助有机结合，才能极大地提高灾害风险应对能力[132]。基于社区的灾害风险管理模式（CBDRM）取代了自上而下的基于政府的灾害风险管理模式，成为日本社区公共危机治理的主要模式。基于社区的灾害风险管理模式（CBDRM）主张为了更好地发挥社区公众防灾减灾的主动性，必须动员最广大的社区公众

积极主动参与到灾害风险应对活动中来，同时要充分利用社区各种资源，提高公众的自救、互救意识与能力，最终提升社区防灾减灾能力。

社区主要通过以下途径在公共危机治理中发挥作用：普及宣传防灾救灾知识，组织各种救助、救援训练；在灾害发生初期进行灭火、救援、救助、避难等；准备好各种应急救助的食品和器材；掌握社区内危险地区分布情况并让附近居民了解；调查和掌握社区在危机时需要救助的居民，制定支援方案；商量本地区内政府、企业、社会组织等应急合作事项[133]。就组织架构来说，日本基于社区的灾害风险治理模式是一个多主体、多中心的灾害风险治理模式。公共危机治理主体包括各级政府部门和社区公众，包括中央政府、地方政府的役所或役场①、基层政府的役所（场）、非营利组织、CBOs②、志愿者、居民委员会和居民。其中，政府与社区公众各主体间形成直接或间接的有机的社会网络，其中，町内会、自治会是防灾减灾社会关系网络的核心，在社区组织和专业组织的协助下，扮演着政府和社区公众间重要桥梁的角色。2012 年修订的《灾害对策基本法》中更深层次强调了社区公众参与、社区公众与地方政府之间沟通的重要性，对社区（市、町、村）领导、居民的参与途径等作了全面详细的规定，各主体间既合理分工、各负其责，又密切配合、协调一致。

二、经验与特色

（一）完善成熟的法律基础

日本高度重视通过编纂、修订应急管理的法律法规明确各级政府的应急责任和指挥关系，以便应对公共危机时能够有条不紊地开展防灾减灾工作。日本在 20 世纪中期便出台了有“抗灾宪法”之称的《灾害对策基本法》，后又将应急管理模式的重心由政府主导型转变为“建设有能力的社区”，并在《灾害对策基本法》中明确了各级政府、社会中的团体组织和个人在应急处置过程中的义务和分工。比如其中明确规定了地方公共团体除了需要具备应对灾害来临的能力和手段外，还需要积极、主动投身抢险救灾等活动。迄今为止，日本在应急方面已经出台了 227 部法律法规。同时，日本政府也善于及时总结过往经验，经历屡次惨痛的灾害之后，对防灾减灾工作不断细化，对现有应急管理法律体系不断修订，使之不断成熟完备，并符合现有应急管理工作的需要。如在经历二战后 50 年来所遭遇的最大一场灾难——阪神大地震后，日本政府深刻总结了处置过程中的经验和教训，对《灾害对策基本法》进行了修编，使得公民在学法、用法的过程当中更加方便，法律可操作性更强。迄今对《灾害对策基本法》的修订完善已达 23 次之多[129]。

（二）基于现代情报技术建立防灾信息系统

面对重大突发事件，及时有效地传达信息可以有效减少灾害造成的损失，尤其对于日

① 役场（所），指区（乡、村）公所，办事处。如市役所，即市政府；村役场，即村公所；镇役场，即镇办事处等。

② CBO，Community-Based Organization，即以社区为基础的组织。

本这样自然灾害多发的国家来说更为必要。1983 年日本海中部的地震，同时伴随着长崎地区的暴雨，正是由于信息传达不及时，导致灾害伤亡数量没能得到控制。而同年的日本东北地区的山火，久慈市通过对有线广播技术的灵活运用，不断向受灾群众通报具体信息，安抚了群众情绪，也使得避难活动井然有序。这反映出，正确信息的及时传递在应对突发事件时有重要作用[134]。

经过多年发展，日本搭建了较为完善和先进的防灾信息系统，包含突发事件前的预警和突发事件后的信息传递两部分。就灾前预警系统来看，日本的突发事件预警尤其是自然灾害预警十分发达，对于地震等自然灾害能够实时跟踪和监测，信息系统通过及时分析其发生时间、地点和程度等因素预测险情，并将预测结果及时反馈给民众。其中值得注意的是，日本选择建设直递式的预警、报警系统，这意味着，中央政府及各相关部门可以越过行政层级设置，通过电视、广播、互联网等渠道直接将信息传递给民众。

（三）全民高度认同的应急文化

日本政府将“自己的生命自己保护”“自己的城市和社区自己保护”作为防灾的基本理念，促进相关政府部门、企业、社区、志愿者团体及其他社会力量等建立携手合作和共同支援的网络。在这个防灾救灾的网络中，多元主体通过各种渠道和机制宣传危机应急知识、提高应急自救互救能力，在这一过程中，居民的危机意识和危机应对能力不断提高，也在整个社会中塑造了发达的应急文化。

就应急宣传教育来看，日本将每年的 9 月 1 日设为“灾害管理日”，从 8 月 30 日到 9 月 5 日的一周定为“灾害管理周”。在这段时间，日本全国范围内举办各种灾害应急相关的展览、研讨会、宣传海报设计比赛等，提醒公众关注灾害管理。同时为提高灾害管理的公众参与度，日本把每年的 1 月 17 日设立为“灾害管理志愿者日”，把 1 月 15 日至 21 日设为“灾害管理志愿者周”。除此之外，还有每年 1 月 9 日和 3 月 1 日的“全国火灾预防运动”、五月或六月举办的“水防月”、六月第二周的“险品安全周”、12 月 1 日至 7 日的“雪崩防灾周”等等。日本政府和社会团体会充分利用这些宣传时机，借助各种公共设施和宣传媒体，通过展览、媒体宣传、标语、讲演会、模拟体验等多样的活动形式进行科普宣传，内容十分丰富，时空分布极为广泛，实际的宣传效果也比较理想[122][135]。

就应急演习来看，在东京都，应急演习主要分为都综合防灾训练、区市町村（相当于我国县一级）防灾训练和其他防灾训练 3 种。首先，都综合防灾训练包括：①综合防灾训练，演习情景设定为出现强度 6 级以上的大地震，演习参与方包括东京都各部局、区市町村、指定的地方行政机构、自卫队和居民，演习项目有紧急召集、信息联络演习、总指挥部运作演习、现场指挥演习，时间设定在 8 月 30 日至 9 月 5 日的防灾日或防灾周；②图上演习，即都政府在相关防灾机构的协作下进行演习，主要目的是培养演习参与者的判断能力和行动能力；③首都圈 8 都市的联合演习，促进区域间的应急合作。其次，在区市町村防灾训练中，市町村作为最基层的防灾单位，参加单位有市町村政府、地区居民和企业、都政府及相关防灾机构。最后，其他防灾训练，即指最普遍的专项性训练演习，需要针对不同的参加机构来确立训练项目、日期和场所[123]。

（四）规模广泛的公民参与

日本社区公共危机治理中广泛的公民参与主要来源于两大因素：

（1）注重对公民在公共危机中自救他救的能力建设以及参与意识的树立。一旦灾害发生，在第一时间进行自救和他救可以最大程度减少灾害后果。为此，日本积极加强防灾知识与技能在社区居民中的宣传和教育。在日本的很多社区内都建有可供居民使用的防灾训练基地，例如有的社区专门设置了地震知识学习馆，内设地震模拟台、逃生学习室、消防灭火室以及救助伤员学习室，通过这种寓教于乐的方式让社区居民在学习到知识的同时也提高了参与社区应急管理事务的热情。经过上述努力，在灾害发生时，日本民众都会在第一时间进行自救，因此即使日本自然灾害多发，但其人员伤亡程度相对来说也已经大大减轻了[124]。

（2）充分发挥非营利组织的力量，动员组织更多公民有序地参与社区应急管理工作，其中最为典型的案例是住区协议会，该组织会承担为社区居民提供参与应急管理事务的渠道，帮助政府制定科学、民主的社区应急预案等。

第三节　德国社会化的社区公共危机治理

德国公共危机治理实践发展较早，应急救援工作严谨而完善，是世界上应急管理体制机制最为发达的国家之一。德国在社区层面建立了富有特色的社会化公共危机治理模式，值得我们学习和借鉴。

一、法律基础和组织架构

（一）法律基础

德国法律制度完善，出台了多部有关公共危机治理的法律法规。根据德国基本法的规定，联邦政府负责在战争状态下保护公民的人身和财产安全，州政府负责在和平时期向公民提供灾难救助。联邦政府出台的《民事保护法》以及州政府出台的《灾难保护法》《救护法》和《公民保护法》等多部法律，进一步明确划分了各级政府参与公民保护的职责。

德国现有的公共危机治理法律体系表明德国的公共危机治理实行属地管理、以州为主的应急管理体制。其中，联邦州的职责主要是推动议会立法、建设消防与救援力量、集中应急培训、统一救援行动、指挥与协调灾难救援等。联邦政府只有在灾害超出州政府能力范围，州政府请求支援的情况下才会提供应急协调和灾难救助[136]。

（二）组织架构

根据德国宪法即《德意志联邦共和国基本法》，德国联邦和州的应急管理工作有明确的分工：联邦负责战时民事保护，而州负责和平时期民事保护和灾难救助；联邦将和平时期灾难防护也纳入战时民事保护的任务中。因此，在以州为主、属地管理的应急管理体制下，联邦政府在内政部下设联邦民事保护和灾难救助局（BBK）以及联邦技术援助局

(THW) 来支持各州开展灾难救助工作。联邦民事保护和灾难救助局 (BBK) 是隶属于内政部的负责民事保护和灾难救助的最高机构，内设 7 个职能中心①，关键作用在于把各专业职能部门结合成一个统一、高效的民事保护体系。同为德国内政部所属机构，BBK 侧重于行政管理和信息协调，而 THW 侧重于技术援助。值得注意的是，至 2005 年，在 THW 的工作人员中，除了 867 名公职人员外，还有 7.5 万的志愿人员[137]。

各州的应急管理统筹负责部门为州内政部，并且由消防队、警察局等相关部门以及救援组织构成应急管理的主要力量。其中，消防等专业力量为骨干、非营利组织为侧翼、志愿者队伍为支撑，各种应急力量协同配合，构成德国横向到边、纵向到底的应急网络。而在这一网络中，消防队以其技术、装备和数量优势，成为各类突发事件应急救援的中坚骨干力量。与我国相比，德国消防队的职责更宽，不仅承担着现场救援的重任，还扮演着现场指挥的角色，开展宣传和培训也是他们的一项重要职责。德国消防队主要有职业、志愿和企业 3 种类型。职业消防队由直接从事灭火和特殊技术救援的政府官员、职员组成；志愿消防队的队员都是兼职，他们完全自愿、无偿地从事消防救援工作；企业消防队是由单位组建的保护企业自身安全的专业组织，紧急情况下，也接受政府调遣。德国消防队不仅种类多，而且分布密集、布局合理。仅北莱茵州就有 26 个消防支队、83 个大队和 396 个基层消防队，1.2 万名职业消防队员，8.3 万名消防志愿者，另有 103 个企业消防队和 5500 名队员，是德国救援力量分布较为密集的区域[138]。可见，在德国的社区应急管理力量中，企业、非营利组织和志愿者发挥了巨大作用。

二、经验与特色

(一) 民间力量的组织与运用

德国非营利组织数量众多、历史悠久，广泛参与各类应急救援，是一支不容忽视的力量。各种非营利组织作为公共危机治理体系的生力军，设有众多分会，会员遍布全国。这些非营利组织参与现场救援，对受害者开展精神护理和心理辅导，还承担社会救援人员的培训任务，如申请驾照的人员必须经过马尔他急救组织 10 个小时的技能培训、水上救生员须通过水上救援组织的培训等。

(二) 数目庞大的志愿者队伍

德国应急救援队伍中志愿者人数众多，是一支不可忽视的力量。全德国有 170 万名志愿者。志愿者队伍的蓬勃发展，不仅源于民众强烈的自救意识，还有健全的法律和充足的经费作保障。德国法律规定，适龄青年须服 8 个月以上的兵役，如果参加 6 年的志愿者服即可免服兵役，从而在法律上保证了志愿者队伍充足的来源和较好的稳定性。此外，如果志愿者在工作时间参加培训和救援，工资由政府支付。各类志愿者队伍所需工作经费绝大

① 7 个职能中心分别是危机管理和灾难救援中心、危机准备和国际事务规划中心、重大基础设施保护中心、灾难医疗预防中心、民事保护研究中心、培训中心、技术和设备中心。

部分也由政府投入，同时也接受慈善捐赠作为补充。如北莱茵州志愿者队伍教育培训和参加救援的费用，联邦和州政府各负担 1/3，其余 1/3 来自慈善捐赠。总部设在波恩的 THW，下设 8 个邦级分部、66 个区级分部、2 个培训基地、2 个后勤基地，665 个社区志愿者组织站（点）和 7.6 万多名志愿者分布全国。其中雇员（公务员）人数：总部 116 人，8 个邦级分部 184 人，2 个培训基地 81 人，66 个区级分部 474 人，2 个后勤基地 14 人。665 个社区志愿者组织站（点）的办公用房、仓储设施、装备仪器、应急救援车辆均由政府配置，队员均是当地的志愿者。社区志愿者组织站（点）负责志愿者的管理、培训和装备物资的管理及维护，每个站（点）的管理者（国家公务员）只有 1~2 人，负责组织和管理工作，其他工作都是由志愿者来完成的[139]。

（三）完备的应急管理机制建设

德国高度发达的社会化社区公共危机治理实践与其完备的应急管理机制建设分不开。这些机制主要包括以下 4 个方面：

（1）完备的法律基础。德国相关法律规定，应急救援中"公共和私人组织的职责和工作是由这个州灾难救助相关的法律条文决定的"。法律对公民的参与也做出明确规定，"为救灾提供了超出普通交通救援或本法规定的法律义务之外的服务和实物资助者，或者由于有关措施遭受不可预期的损失者，若不能从其他方面得到赔偿，可以得到相应的现金赔偿"。

（2）成熟的社会救援机制。众多的社会救援组织在德国应急管理中发挥着重要作用，与 BBK 合作的 5 家救援组织是其中的主要力量。这 5 家组织是德国红十字会（TRK）、德国工人救援协会（ASB）、约翰尼特事故救助组织（JUH）、马耳他急救中心（MHD）和德国水上救生协会（DLRG）。这些组织在消防队的协调下，结合各自特点，在参与灾难救援工作中发挥作用。

（3）系统的志愿者培训机制。各志愿者组织都结合自身的特点积极开展培训工作。培训不仅包括技术内容，还有荣誉感、责任感的教育。培训的针对性很强，如红十字会就分为急救医生、卫生员、急救卫生员、急救助理等多种岗位培训，每个岗位的培训都规定了明确的培训内容和学时要求，而且有从课堂到实地再到实战的学习过程。

（4）广泛的公民教育和培训机制。在明确政府职责的基础上，德国强调公民自身能力的培养。政府部门与救援组织合作，对公众开展自我保护知识的培训，在中小学普遍设置相关教学内容，向公民发放《突发事件预防手册》，形成政府、非营利组织、企业、个人全面应对突发事件的格局[137]。

综上所述，虽然德国没有贯通联邦和地方政府的应急管理专门机构，但应急管理已经有机地融入社会管理的各个层面，几乎无处不在，而且政府职能定位明确，与社会和公民的关系清晰，在相对比较发达的公民社会的基础上形成了一种社会化程度比较高的社区公共危机治理体系[122]。

【本章重点】

1. 美国全社区模式的社区公共危机治理模式力图将社区范围内所有的利益相关者都纳入公共危机治理的主体范围，建立和维持社区的多元伙伴关系，并形成了必要的沟通、合作、资源共享、信息共享、公众参与机制。在全社区的伙伴关系建立、社区应急响应队（CERT）建设、应急预警能力的提高、全民危机教育培训的重视等经验上可以为我国提供借鉴与参考。

2. 日本基于社区的灾害风险管理模式（CBDRM）主张动员广大的社区公众积极主动参与到灾害风险应对活动中，同时充分利用社区各种资源来提高公众的自救、互救意识与能力，最终提升社区防灾减灾能力。该模式的成功与日本本国完善成熟的法律基础、基于现代情报技术建立的防灾信息系统、全民高度认同的应急文化、规模广泛的公民参与是分不开的。

3. 德国作为世界上应急管理体制机制最为发达的国家之一，其社会化公共危机治理模式以民间力量的组织与运用、数目庞大的志愿者队伍、完备的应急管理机制建设等为主要特色，值得我国学习和参考。

【课后习题】

请结合书中论述，查阅资料，任选美、日、德中任一国家，比较其与我国社区公共危机治理模式间的异同。

| 第八章 |

社区公共危机治理的理论工具

本章将介绍5个社区公共危机治理理论：应急管理全社区模式理论、社区灾害风险管理理论、可持续防灾社区理论、社区反应网络理论和社区准备模型[8]。学习这些理论工具，可以帮助我们积累相关的理论知识，从理论框架的角度分析如何应对现实中遇到的社区公共危机情况，展开思考。

第一节　应急管理全社区模式理论①

一、产生背景

（一）美国"减灾型社区"建设

20世纪80年代后期，美国发生数次严重的自然灾害，在造成难以承担的巨额经济损失的同时，承担包括灾害救援在内等紧急事件处理职能的美国联邦紧急事务管理局（Federal Emergency Management Agency，FEMA）在历次救援行动中暴露出十分严峻的组织和管理问题[140]，引发强烈的舆论危机。为了应对自然灾害、回应社会舆论并解决自身的管理问题，FEMA在进行大刀阔斧的重组改革的同时，于1997年正式实施"减灾型社区（Disaster-Resistant Community）"建设②。"减灾型社区"指长期以社区为主体进行减灾工作，通过强化硬件设施、建设社区组织制度、培育居民防灾意识等措施，帮助社区在灾害来临前做好预防灾害的准备。社区不仅是应急救援的对象，更是应急治理的主体，是政府应急管理的伙伴[141]。灾害研究中心（Disaster Research Center，DRC）的调查显示，美国"减灾型社区"建设在发展伙伴关系、灾害风险评估、减灾活动、公共教育和情报信息5个方面取得了巨大的进展[142]。其虽尚未在全国大范围内推广，但成功地使社区减灾理念深入人心。

（二）应急管理全社区模式的提出

2005年，卡特里娜飓风（Hurricane Katrina）登陆美国路易斯安那州，造成重大人员伤亡和灾难性破坏。这场灾难不仅再一次暴露了美国政府应对重大突发事件机制中存在的

① 理论的构建离不开实践的推动，应急管理全社区模式理论的基础即是美国应急管理实践。正如本书第七章第一节所述，"全社区"是美国社区公共危机治理的主要特征。

② "减灾型社区"后来更名为"影响工程"（Project Impact）。

严重缺陷，也使得“减灾型社区”在改善应急救援行政效率上的缺陷和建设上的参差不齐得以显现。2011 年，为吸取东日本大地震的惨痛教训，美国政府接连提出了一系列应对国家安全威胁的措施。同年，FEMA 公开发表了《全社区应急管理方法：原则、策略和实施途径》（Whole Community Approach to Emergency Management：Principles，Themes，and Pathways for Action），正式提出了应急管理全社区模式，期望更多社区克服传统应急治理中过分依赖政府的弊端，进一步提升社会整体的防灾减灾能力。

二、基本内容

（一）应急管理全社区模式的内涵

FEMA 提出的应急管理全社区模式，是指在应急管理的预防（Prevention）、减缓（Mitigation）、准备（Preparation）、响应（Response）和恢复（Recovery）这 5 个阶段中，社区民众、社区领导者、应急管理部门人员、政府行政人员和其他相关主体共同了解及评估所在社区的需求，并决定如何聚集社区资源来应对各类突发事件。同时，在此过程中尝试同私人部门、非营利组织以及各级政府部门形成共同参与的合作治理网络，以更好地了解社区存在的风险和现有的防灾能力。另外，FEMA 还主张加强建设社区基础设施、提高社区居民整体的应急准备能力，最终提高社区及全国层面的灾害恢复力（Disaster Resilience）[143]。

该模式要素包括以下 4 个方面：①过程要素。该模式包含应急治理的全过程，包括事前的预防、减缓、准备，事中的响应，事后的恢复共 3 个环节 5 个阶段；②类型要素。该模式所指的社区不仅包括各种基于地点、兴趣、信仰、环境一致的社区，还包括地理意义上的和虚拟社区；③主体要素。该模式强调多元主体共同参与、集体合作，吸纳的行动主体不仅有社区居民及其领导者、应急管理工作人员，还将私人部门、非营利组织以及联邦、州及各个地方政府部门也囊括在内，构成多元协调一致的应急管理合作网络；④内容要素。指各行动主体在共同了解并评估各自社区的需求后，决定采用何种方式聚集社区资源来应对各类突发事件的过程[144]。

（二）应急管理全社区模式的理念

该模式在 4 个方面形成了新的理念：

（1）政府与社区的关系。从政府为单一中心转为政府、社区多中心，社区“领导”应急管理的理念。

（2）社区资源。FEMA 认识到社区有着丰富的人力、物力、社会关系网络等资源，在公共危机治理中应当充分加以利用并进一步巩固。

（3）公众参与和网络治理。提出社区公众的有效参与在防灾减灾中起着关键作用，要运用各种途径倡导社区公众参与应急管理，提高社区公众在灾害风险应对中的地位；要推动形成良好的政府与社区公众间的社会关系网，实现应急管理网络治理。

（4）社区防灾减灾目标。认为不应仅着眼于防灾减灾的短期目标和绩效，还应不断提高社区应对灾害风险的恢复力，以促进社区可持续发展为终极目标[145]。

（三）应急管理全社区模式的原则

全社区应急管理模式的原则主要包括[145]：

（1）了解并满足全社区的实际需求。不同的社区在价值观念、风俗习惯、社会结构、网络和人际关系等方面呈现多样性、独特性，应急管理者需要掌握社区公众现实生活中的安全状况和不断变化的需求，以及公众参与应急管理活动的积极性，同时也需要注重发动社区公众广泛参与应急管理，以便更深入地了解他们在防灾减灾方面的实际需求。

（2）发动社区广泛参与并赋予其权力。社区由公共部门、私有部门和公民组成，全社区模式主张采取多样化的策略激发公众参与应急管理活动的积极性，并通过赋予其权力来促进公众和政府间的有效对话，最终提升社区应急管理的实际效果。

（3）实现社区应急管理与社区日常工作的有机统一。该模式要求在社区日常工作中调整政府与社区关系，整合社区已有的组织、资产、技术和网络等资源，并做好个人、家庭、社区组织间关系的协调工作，有效利用这些资源和关系做好灾前准备、灾时应对和灾后恢复工作。

（四）应急管理全社区模式的实施策略

为在全国范围内推广应急管理全社区模式，FEMA 基于部分社区的成功经验，总结了适用于各类社区的 6 个主要策略[145]：

（1）认识社区的复杂性。社区间虽然在运行机制等方面存在共性，但在人口、地理、资源、政治、经济、组织、政社关系、犯罪状况、社会网络形式以及凝聚力等更多方面表现出独特、多维、复杂的个性特征。在美国，应急管理工作人员往往通过社区地图①收集数据，掌握社区基本情况。

（2）了解社区需求和能力。了解社区实际需求和能力是有效参与防灾减灾规划和行动的前提，也是实现防灾减灾目标的关键。为全面准确认识社区防灾减灾的真实需求和能力，美国一些社区运用社区复原力指标（CRI）等自我评估方法来评估面临的威胁、危害和备灾情况，找出防灾减灾的薄弱环节及差距，并与社区应急管理人员交流、沟通与协商，提出提高社区抵御灾害能力的办法。

（3）建立和加强与社区领袖的关系。社区领袖不仅是应急管理部门与社区公众的桥梁，还是社区公众间的纽带，加强同社区领袖的联系与合作是应急管理部门在社区内获得更广泛信任的重要途径。社区包括各类正式和非正式的社区领袖：社区组织领袖、地方议会成员和其他政府领导、非营利组织领袖、企业领导、志愿者或宗教领袖等，他们在学识、能力和资源等方面各有所长，对社区应急情况、公众参与积极性的了解较为深入、全面。他们可以协助应急管理部门了解社区不断变化的需求和能力，推断居民更易于接受何

① 社区地图是一种直观认识社区实际状况的途径。应急管理人员可使用社区地图收集相关数据，如社区人口状况、人际交往和社区资源等信息。

种防灾减灾活动形式，并号召社区公众参与社区应急管理。

（4）建立并维持多元伙伴关系。建立并维持与社区公众的伙伴关系是确保社区成员广泛参与应急管理、开展集体应急行动和有效防灾减灾的重要组织策略。另外，多元伙伴关系能促使社区公众在防灾减灾达成共识，并获得更多利益相关者的参与和支持。建立伙伴关系的关键是寻求利益相关者之间的共同利益，并采取有效的合作途径。为此，要采取合适的与社区公众及当地领袖的沟通方式与途径，如简报、会议、志愿者活动等，确保应急主体间沟通顺畅、信息对称、应急管理活动有效；另外也要加强合作伙伴间的应急准备培训（如应急演练）来保持应急管理活力。

（5）授权地方行动。单一依靠政府、自上而下、“指挥-控制”型的传统应急管理模式已不足以应对各种灾害风险，必须做出改变，将应急管理的重心下移、权力下放。因此，FEMA 提出，应急部门的职责不在于直接“领导”应急行动，而是积极推动和协调确定防灾减灾方案、争取救援、实施行动及评估结果；相应地，社区公众的职责不应只是响应，还需“领导”应急行动。这样，部门协同与公众参与的防灾减灾格局一经形成，防灾减灾效果就能日益增强，并产生持久效力。为此，应急管理部门应在评估各方角色和责任的基础上，赋予地方相应的集体行动权力。同时应急管理部门需要清晰地传达防灾减灾愿景，确保参与组织能长期投入充足的资源，并清楚地了解所期望的结果。

（6）加强社区管理服务设施、网络和资产的利用和建设。社区在资金、物质、人力等方面都有着极其丰富的资源，并存在一系列控制各类资源的社会行为团体、机构、协会和网络等组织，也已形成了组织和管理这些资产的可行方式。应急管理部门介入社区常规管理工作并引导社区逐步将社区资源运用于应急响应和灾后恢复至关重要。为此，首先，应急管理部门在支持和加强社区常规活动的同时应拓展新的伙伴关系、扩大资源共享；其次，应急管理部门要参与社区常规工作的讨论和决策，并以开展应急管理活动的形式发展社区的伙伴关系；最后，应急管理部门还要与社区内非合作伙伴沟通合作，发动他们参与应急管理活动，发挥他们在应急管理中的作用。

（五）应急管理全社区模式实施途径

由于社区的独特性和复杂性，各地区的全社区应急管理模式实施途径也不尽相同。FEMA 通过与非营利组织、学术界、私人组织和各级政府的合作研究，提出了以下实施途径[145]：

（1）掌握社区真实需求。FEMA 就应急管理工作人员如何掌握社区真实需求提出了以下建议措施：应急管理人员自身开展社区多样性教育，干预文化竞争力，并在文化素养和管理能力等方面开展培训，推动建立一个多语种的志愿者关系，积极促进同社区各类群体的互动；了解社区的群体特征，发动公众参与社区重要问题讨论与决策，为社区制定防灾减灾战略提供建议；掌握社区公众间的交流语言和方式，以及公众获取信息的来源和渠道情况；了解社区公众讨论和决策的场所，这不一定是在社区会议场所，也可能在其他一些地方，如社区中心、社区聚会场所、社区俱乐部或宗教场所；参与应急相关的社区日常工作，如业主协会的季度会议是获得当前的社区问题和重要公共信息不可错过的机会。

（2）建立与社区的伙伴关系。应急管理部门首先要确定社区应急管理利益相关者的主体范围，包括童军团、俱乐部、家庭学校组织、宗教团体和残疾人组织等，他们多年来在社区已经获得了广泛信任，并在日常工作中形成了成熟的与公众沟通的渠道和方式。应急管理部门应与这些利益相关者建立并保持经常性联系，并实现信息共享。此外，对于国内受灾害影响的外国居民和游客这类利益相关者，可通过与他国领事馆或使馆代表取得联系以获得国际合作伙伴支援。

（3）有效促进社区公众参与。如何促进社区公众广泛参与是应急管理全社区模式的核心问题。FEMA 提出了有效促进公众参与应急管理的途径：加强与公民委员会（Citizen Corps Council）的联系，以此增加应急管理部门与利益相关者的协调与合作，增强公众的风险意识；雇用有代表性的员工，组成多元化应急队伍；使用各阶层都能理解和接受的交流方式，保持与社区各阶层的良好沟通；推动社区各类组织在社区应急活动中扮演正式角色，促进社区公众参与培训活动和应急演练；充分利用社交媒体，建立双向信息交流机制，及时报道和跟进灾害风险消息，并做好沟通和宣传工作；加强对儿童和青少年的应急教育，推动个人、家庭和社区开展应急准备活动；制定社区公众均能充分参与的恢复计划；召开综合性社区会议，并将应急规划事项纳入社区会议议程；合理安排应急会议，充分考虑影响参与应急会议的因素（如参会者缺乏育儿人手、交通不便和时间冲突）并提供可行的解决方案；组织社区会议时充分考虑社区残疾人群体的身体状况、程序和交流方式等需要。

（4）激发公众防灾兴趣，促进公众与社区组织对话。FEMA 建议通过主办市民会议，或参与社区常规工作会议，来加强政府与社区公众间的对话，促使社区公众参与应急规划过程；同时在会议中听取公众的需求，探讨公众在规划中发挥作用的途径；另外，需要确保地方电台、广播等媒体与居民沟通顺畅，以便回复用户关于应急管理的咨询或征求公众的意见；对外开放行使应急执行中心（EOC）的部分职能，邀请学校等组织机构实地考察，介绍社区备灾所使用的设备、组织及协调方法。

（5）抓住社区公众参与应急活动的兴趣点，促进公众参与提升社区复原力的讨论。应急管理工作人员可以建立和加强与当地有号召力的人物及意见领袖的联系，一方面可以了解社区公众的兴趣所在，以调整应急管理活动内容，满足他们的兴趣；另一方面也可以了解社区不同群体面临的问题、挑战及应对措施，协助探索解决应急需求的途径。

（6）推进应急管理改革与创新。FEMA 建议应急管理部门可以通过以下途径推进应急管理改革与创新：了解在应急管理中如何与社区合作伙伴分享和加强资源，如提供紧缺的设施、设备等；与社区机构协作，了解他们在灾害风险中预防、保护、转移、响应和恢复的各种措施，并支持他们的应急活动和提供资源，避免与社区合作伙伴的相互竞争；掌握为社区提供支持的组织信息，确定这些组织在不能支援社区的情况下的接济方案。例如，若物资储备机构定期发放的食物不能满足公众需求，应急管理部门就应提供备用食物给物资储备机构，以帮助他们在灾时仍能满足公众的需求；推动社区应急反应队（Community Emergency Response Team，CERT）为社区现有的组织和活动团体［如当地家长委员会（PTA）］提供培训，以提升社区组织的应急服务能力。

（7）加强社区公众和应急管理部门间的信息支持。通过加强社区公众和应急管理部门间的信息支持来实现双方信息畅通与共享。具体来说，社区公众应尽早向应急管理部门提供充分的信息，以便应急管理部门更好地对灾害风险实行预防、保护、转移、响应和恢复。同时应急管理部门应向公众提供关于组织基本情况和职能的信息，使需要帮助的居民及时得到援助。推动社区公众和应急管理部门之间信息共享方式有：①推行多方位的信息共享项目，以维护社区应急伙伴关系；②定期召开社区领导和合作伙伴的正式或非正式会议，以加强社区公众和应急管理部门的联系和活力；③强化应急管理部门对私人组织在业务规划制定等方面的支持。

三、实践与反思

FEMA 的应急管理全社区模式利用并强化了社区的日常运行网络，逐渐建立起一套多元合作参与的全社区模式，提供了增强社会安全和恢复力的有效路径。总体来看，应急管理全社区模式在美国取得成效的原因在于[143]：

（一）完善的应急管理体系

应急管理全社区模式的成功有赖于美国完善的应急管理组织体系。美国形成了“联邦-州-地方-社区”应急管理组织体系，在各级政府之间、政府各部门之间以及政府与社区之间明确分工、形成应急合力。首先，在联邦层面上，1979 年成立的 FEMA 是目前世界上最为著名的政府综合性灾害应急管理机构；其次，在州、地方政府层面上，各州设置州长紧急事务办（OES），主任由州长任命。各地方设立应急管理中心，并拥有较大的自主权，负责应急方案的制订以及协调政府、社区和居民的应急行动；最后，社区组成社区应急反应队（CERT），强调社区居民的广泛参与。

（二）多元主体的协调配合

应急管理全社区模式强调多元主体的协调配合，在项目开展过程中，美国各州应急管理部门注重加强与私营部门、非营利组织（如红十字会）、相关社区力量的关系，通过加强合作来开发和利用对方拥有的资源，并作为政府与社区的衔接点，促使政府与社区形成良好互动。同时，美国应急管理全社区模式也在逐渐开始探索多元应急主体协调配合的应急机制，政府部门会设专门机构，如公民团（Citizen Corps），与社区救援部门进行协调。FEMA 通过建立一个全国、地方和社区的公民团网络，实施公民团防御计划，将涉及政府、社区组织和公民的防灾计划与应急措施落到实处。

（三）形成社区居民的组织化参与

在美国实施应急管理全社区模式的社区中，社区居民通过参与各种社区组织来形成社区的应急力量。美国政府十分强调政府与社区组织共担责任与应对灾害的备灾文化。因此，应急组织体系中各种社区组织成为最重要的一部分，如红十字会、宗教组织、残疾人组织、商业组织、社区应急反应队（CERT）等，借由这些组织，数量庞大的社区民众参与应急工作，在美国历次救灾中扮演了重要角色。

总之，应急管理全社区模式在美国的成功，一方面源于其完善的应急管理组织体系，另一方面该模式通过强调多元主体的协调配合，强化了社区居民的组织化参与，调动了广大社区居民应对突发事件的积极性，提升了整个社会的防灾减灾能力。

第二节　社区灾害风险管理理论

一、产生背景

1984 年，在国际减灾计划实施会议中，社区灾害风险管理理论（Community－Based Disaster risk management，CBDRM）被正式提出。虽有多位学者曾提出类似观点，但分布零散，尚未形成系统的理论。直到此次会议中出现了系统讨论灾害风险管理中社区作用发挥机制的论文，社区灾害风险管理理论才正式产生。此后，Masker 和 Romero 等学者成立了灾害研究和预防中心（PREDES），该中心主张运用社区灾害风险管理理论进行应急治理，致力于为地方政府和社区提供降低灾害风险的政策建议，在防灾备灾领域具有较大影响力。后该理论逐渐被政府部门接受，在美国、日本、新加坡、泰国等国家均出现了理论本土化改造与实践运用[146]。

二、基本内容

社区灾害风险管理理论主张动员社区力量积极参与灾前的防灾与备灾工作及灾后的处置与评估，借此降低灾害风险中社区的易损性，逐步提升社区应对灾害风险的能力。该理论强调以人为本，以发展为导向，主张充分发挥社会群体尤其是弱势群体在灾害风险管理中的作用，将人的因素视为有效决策与管理的核心。社区灾害风险管理理论的基本内容包括机制和程序两方面。

（一）社区灾害风险管理机制

社区灾害风险管理机制主要包括“自下而上”与“自上而下”有机结合，强调社区居民的积极参与，关注社区弱势群体，以减灾备灾为工作重点和将灾害风险管理纳入社区治理过程 5 项内容。

1.“自下而上”与“自上而下”有机结合

“自下而上”方法强调将社区作为灾害风险管理的基础单位，摆脱社区以往依赖上级部门救援的心理，通过自身的有效动员与居民自救意识的有效提升，激发社区的潜在能量，有效提高基层社区灾害风险应对能力。但社区自身能够调动的资源与人力有限，因而该方法在应对重大灾害风险时存在局限性。而相应的，强调统一部署、层级划分的“自上而下”方法在应对规模较大、破坏程度较高的灾害时非常有效，但基层社区也会由此形成对政府部门的依赖心理，因而不利于社区自主性的发挥和民众自救意识的提升。因此，需要将二者进行有机结合：一方面，“自下而上”地动员调动基层社区应对灾害风险的主动性，帮助居民树立防灾与自救意识，做好灾前准备工作，使民众在灾害发生时可以做到自救与互救，降低灾害损失，提升减灾能力；另一方面，“自上而下”的部署提升救灾的科学性，调集全社会资源帮助灾害发生地应对灾害风险，解决资源紧缺、人力不足的难题，求解灾害风险处置的最大公约数。

2. 强调社区居民的积极参与

社区灾害风险管理理论主张调动社区居民广泛积极地参与灾害风险防治的全过程。民众是社区的基础和主体，社区的有序运转离不开民众的积极参与，防治举措缺乏民众的配合也难以真正落到实处。具体来讲，社区居民广泛积极参与灾害风险防治有以下益处：一方面，社区居民广泛参与有助于大幅提升灾害防治效率，居民们能够帮助应急管理部门查漏补缺，提升社区防灾能力；同时，社区居民间的互帮互助不仅能够有效降低灾害造成的损失，尽可能降低灾害破坏程度，还能够帮助救灾部门在灾后准确把握社区的受损情况，缩短排查时间，加快灾后重建速度。另一方面，社区居民的参与有助于贯彻落实灾害防治举措。居民们在积极参与过程中可以对灾害防治重要性产生心理认同，并对社区防灾备灾工作的落地加以支持和配合。

3. 关注社区弱势群体

关注弱势群体体现了社区灾害风险管理理论以人为本的价值立场。弱势群体包括老年人、残疾人、妇女、儿童、疾病患者等，是社区不容忽视的组成部分，他们对于外界冲击的抵抗能力较低，在灾害风险来临时更易受到伤害，灾后恢复的周期也更长。但同时，社区弱势群体也发挥着不可替代的作用。具体来说，阅历广、威望高的老年人支持与配合社区灾害防治工作将会带动其他社区民众的支持和参与；加强对儿童的防灾教育，能够有效带动其父母了解防灾救灾的基础常识，使家庭做好灾前准备；此外，其他弱势群体在社区防灾备灾工作中或多或少都能够发挥自身特有的积极作用，社区在灾害风险管理中应当对其予以格外关注。因此，社区灾害风险管理应当着重关注弱势群体，既要对弱势群体予以充分的关怀与爱护，提升其防灾能力，也要发挥弱势群体的动员作用，使其带动周边民众共同投入社区灾害防治工作中来。

4. 以减灾备灾为工作重点

减灾备灾是社区灾害风险管理的重点工作。传统“重治轻防”的灾害风险管理既不利于降低灾害损失，也增加了救援成本。社区灾害风险管理理论主张“防治兼顾”，在重视治灾的同时更注重防灾，这对于降低灾害风险而言意义重大。一方面，针对虫灾、瘟疫等灾害，减灾和备灾工作能够及时寻找灾害根源，利用现代技术手段从源头遏制灾害的发生，有效减少灾害发生频率；另一方面，对于地震、洪水等无法避免的自然灾害，应急管理部门与基层社区可以充分做好灾前准备，排查可能出现的隐患，当灾害发生时依照事前准备有序开展应对，最大限度地降低灾害损失。

5. 将灾害风险管理纳入社区治理过程

将灾害风险管理纳入社区治理的过程中是社区灾害风险管理的重要机制之一。全球灾害的种类与发生次数逐年递增，给社会发展带来难以估量的损失，如何有效处置灾害风险已成为社会治理的热点问题。社区作为社会的基础单位，在社会治理尤其是应急治理中发挥着重要作用，因此有必要将灾害风险管理纳入社区治理过程中。为此需要推动灾害风险管理目标与社区治理目标有机结合。这就要求在社区发展规划中将灾害风险管理理念融入社区治理环节，让灾害风险防治贯穿社区日常工作与民众日常生活，推动灾害防治常态化，以促进社区的可持续发展。具体来说，在社区发展规划中设立社区风险管理的目标，把灾害的防治作为社区绩效考核的重要指标，在社区基础设施中增设灾害预防设施，增加灾害风险防范项目的财政支持，增加减灾、备灾与灾时自救的宣传教育。

（二）社区灾害风险管理程序

社区的灾害风险管理程序包括以下循序渐进的5个步骤（图8-1）。

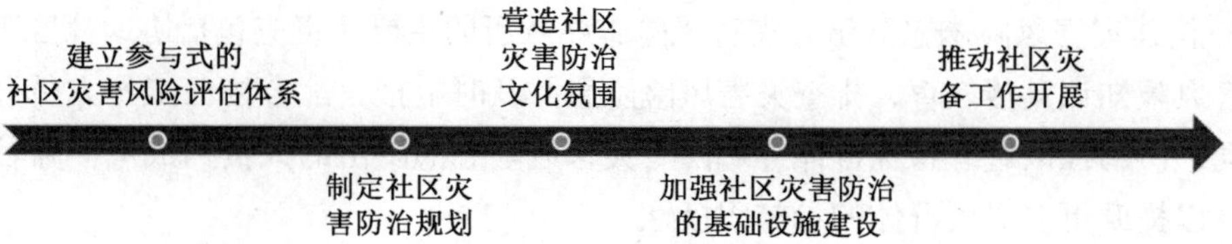

图8-1 基于社区的灾害风险管理程序

1. 建立参与式的社区灾害风险评估体系

传统委托专家的灾害风险评估方式虽然能确保分析的科学性与严谨性，但由于缺少对灾害经历群体与社区民众受灾感受的调查，结果难免失之偏颇。此外，这样的评估结论在一定程度上还会受到专家主观性的限制[147]。而让社区主体参与灾害风险评估，有利于弥补上述不足，增强风险评估的全面性。对于常遭受小规模灾害、缺乏专业灾害评估的部分社区就更是如此。参与式社区灾害风险评估体系会邀请受灾害影响的社区主体与专家一同分析灾害成因，结合社区民众的应对经验与专家的科学论证，多角度评估灾害风险，形成较为全面的灾害风险评估报告，兼具科学性和现实性，这也为编制社区灾害风险防治规划提供了依据。

2. 制定社区灾害防治规划

在参与式社区灾害风险评估的基础上，应当结合社区实际，遵循可行性与科学性的原则，制定社区灾害防治规划。内容具体包括：第一，社区宣传规划。社区应当规划好灾害防治宣传的主题、解读内容、宣传时间及宣传效果的验收程序，确保宣传达到预期效果，提升民众防灾认知水平及对社区灾害防治举措的认同感；第二，灾害预警系统规划。应充分考虑民众的建议，根据灾害风险的等级、类型设置合适的预警标识。在灾害前夕或灾害刚发生时，社区应运用多重媒介发送预警标识，提醒民众做好防灾备灾准备；第三，灾害演练规划。社区应当制定详细可行的灾害演练计划，针对不同类型、不同强度的灾害设计特定的演练程序，在演练中减轻民众对灾害的恐惧心理，增强自救意识与互助意识，并快速掌握应对灾害的逃生技能；第四，灾后复原规划。制定灾后复原规划能够有效避免灾害发生后的慌乱，有序开展社区恢复工作，稳定社区秩序，提升社区的灾后复原效率。

3. 营造社区灾害防治文化氛围

灾害防治文化能够有效帮助民众树立正确的灾害观，增强防灾备灾意识，提升灾害教育水平，是社区灾害风险管理的重要前提保障。营造社区灾害防治文化可以从以下两个方面展开：

（1）加强社区居民的宣传教育。社区应当鼓励居民参加备灾与自救的技能培训，提升其风险意识与忧患意识；注重发挥特殊群体的动员作用，通过聘请积极的居民担任宣传员，引导居民学习灾害风险知识。同时，宣传教育须充分考虑社区居民的教育层次与知识接受能力、因地制宜，运用通俗易懂的表达方式，针对不同的对象开展不同的培训教育。

（2）构建灾害风险志愿队伍。灾害风险志愿队伍的主要职责应包括协助社区工作人员开展灾害风险知识宣传教育，排查灾害风险隐患并及时上报，配合社区工作人员开展模拟演练活动，协助社区管理特殊群体等。同时灾害风险志愿队伍的人员构成应涵盖社区内不同群体，以提升更多居民群体的参与积极性。

4. 加强社区灾害防治的基础设施建设

社区灾害防治的基础设施建设是社区灾害风险管理的基础保障。社区灾害防治的基础设施建设应当依托社区灾害风险评估与规划，将灾害防治理念融入其中，实现社区灾害防治基础设施建设与日常基础设施建设的有机结合。加强社区灾害防治的基础设施建设重点从以下 4 个方面着手：①加强避灾设施的建设。比如，社区可以通过改建篮球场、休闲广场等公共场所来扩大人员容纳度，提升场所的风险防护性能。②加强备灾设施的建设。如在居民服务中心或办事大厅内增设物资储备库和灾害风险检测站等。③加强基础设施的隐患排查。如及时疏通洪涝频发的社区、扩容下水管道和地面水渠，及时为干燥少雨的社区建筑物铺设阻燃材料等。④加强灾害防治基础设施的隐患排查。如各社区应当经常主动检查消防通道有无堵塞、消防设施有无损坏等，减少人为因素导致的灾害损失。

5. 推动社区灾备工作开展

社区灾备工作是社区灾害风险管理的关键环节。社区灾害风险管理理论要求社区积极开展灾备工作，这对于降低灾害风险、减少救灾成本具有重要意义。社区灾备工作主要包括灾前防备、灾害监测及灾害减灾 3 项任务。首先，社区应做好应急方案制定、应急物资储备、高风险建筑物加固等灾备工作，尽可能减少突发灾害对社区的破坏。其次，社区还应当做好灾害监测工作。社区需要加强与灾害管理部门的沟通，定时从监测机构获取灾害预报，以便在灾害来临前及时疏散民众，减少灾害损失。最后，社区应当做好灾害减灾工作。灾害减灾是指防治人为因素导致的灾害，如城市火灾、酸雨灾害、水土流失灾害等，通过宣传教育、积极动员民众参与环保、鼓励民众举报污染行为等举措将它们“扼杀”在萌芽阶段。

三、实践与反思

针对现有实践经验分析，我们可以把社区灾害风险管理理论的应用成效总结为以下4点：

（一）减少民众的生命与财产损失

在缺乏充分准备的情况下，灾害的发生通常会导致较大规模的人员伤亡与财产损失，而社区灾害风险管理理论能够促使灾害管理部门与社区在灾害发生前夕做好防灾备灾与减灾工作，尽可能减少生命和财产损失。以日本的阪神大地震、孟加拉国的锡德风暴灾害为例，正是由于政府在灾害前期制定了行之有效的减灾计划，预先建设了大量避灾设施，当地社区民众才能在灾害发生时通过自救互救等方式顺利躲入避灾设施中，有效避免了大规模人员伤亡。此外，对比于传统方式，该理论中基于社区的灾后恢复重建工作大大提高了社区民众恢复正常生活的效率，有效避免了“因灾致贫”“因灾返贫”现象的发生。

（二）规避传统灾害风险管理的弊端

不同于主张“重治轻防”的传统灾害风险管理模式，社区灾害风险管理理论主张灾前控制，将灾害风险降至最低，为灾后重建工作提供了便利。另外传统模式遵循政府主导的“自上而下”部署，忽视民众的潜在能力，增加了政府的工作负担，效率较低。而社区灾害风险管理理论则强调“自上而下”部署与“自下而上”动员的有机结合，主张社区发挥自我管理职能，动员民众参与灾害风险管理，降低了社区面对灾害风险的脆弱性，形成了群策群力的灾害防治新局面，有效规避了传统灾害风险管理的弊端。

（三）降低灾害防治管理成本

随着风险社会的来临，传统的灾害管理体系面临着巨大挑战：政府财政难以支撑快速上涨的救灾成本，民众对于救灾效率愈发不满。如何降低灾害防治管理成本、提高民众满意度，成为应急治理无法回避的问题。而社区灾害风险管理理论有效解决了这一难题，该理论主张动员社区力量开展灾备工作，培养民众自救意识，让社区成为抵御灾害风险的牢固防线，这对降低灾害防治成本具有重要作用。此外，从灾害经济学角度分析，防灾备灾的投入在一定区间内与灾害损失、救灾成本成反比，且灾前的投入往往低于救灾的投入，这表明灾前的投入对于降低灾害防治管理成本具有显著作用，因而社区灾害风险管理理论能够有效降低灾害防治管理成本。

（四）提高社会整体的灾害应对能力

不同于政府全能、社区强烈依赖政府的传统灾害风险管理模式，社区灾害风险管理理论主张社区通过积极建设灾害防治的基础设施，构筑灾害风险的“防护墙”来提升灾害抵御能力，避免因突发灾害导致的不必要损失。此外，该理论主张社区民众广泛参与灾害风险防治管理，让民众了解灾备过程，掌握自救技能，强化灾害警惕意识，缓解对灾害的恐惧心理，自觉担负起防灾备灾救灾的责任与义务，避免出现面对灾害风险束手无策的局面。目前，美国、日本、英国等国家均有成功经验。社区防灾设施的建设与民众自救意识的强化，有效减弱了灾害风险对社会的威胁，增强了社会整体的灾害应对能力。

第三节 可持续防灾社区理论

一、产生背景

近年来，由于环境不断恶化，大型灾害日益频发，单一依靠政府的灾害防治模式弊端逐渐显露。国际社会较早就认识到社区作为灾害防治的关键场域，在防灾减灾中扮演着十分重要的角色。1994 年于日本横滨举办的第一次世界减灾大会就已强调将社区作为防灾减灾的基本单元，要求各国政府在社区建立灾害应急管理制度，提高社区的灾害应急管理能力、应对灾害风险的弹性和复原力。2001 年国际减灾日甚至发出了“发展以社区为核心的减灾战略”的口号。社区减灾也愈来愈得到各国政府的重视。

美国自 20 世纪 80 年代以来，接连遭受数次严重自然灾害，政府和民众饱受经济损失，因而如何提高国家应对灾害风险的能力成为各方关注的中心。1994 年，美国召开全国地震会议（Central United States Earthquake Consortium），“防灾社区”构想作为此次会议成果之一进入美国应急管理视野。后 FEMA 正式出台“减灾型社区”战略，即后来的影响工程（Project Impact）。到 20 世纪 90 年代，影响工程在美国进展顺利，防灾理念深入人心，防灾建设成就斐然。尽管 2000 年美国总统大选的领导层变动导致了战略终结，但 FEMA 将防灾社区理念融入另一个灾前减灾工程（Pre-disaster Mitigation Program），通过对社区提供资金援助帮助社区制定个性化的减灾计划并切实执行。FEMA 还制定了针对社区的可持续减灾计划（Sustainable Hazards Mitigation Plan）来落实以社区为基础的灾害风险应对策略。可持续防灾社区理论也随之进入大众视线，在政府、专家学者、社区间引发广泛讨论。

二、基本内容

（一）可持续防灾社区的内涵

根据《罗伯特·斯塔福德救灾和紧急援助法案》[1] 第 203 条，可持续防灾社区旨在帮助联邦、领地、各州承认的社区实施一个持续的灾前灾害缓解项目，目标是减少未来威胁人类社会的灾害风险，同时降低防灾救灾对政府资金救援的依赖程度，增强公众在灾难发生前减少未来损失的意识。重点是制订合适的减灾规划，以此打破“灾害破坏-重建-重复破坏”的恶性循环。具体来讲，该项目要求在社区原有环境的基础上，构建可持续的、

---

① 英文原名为 Robert. T. Stafford Disaster Relief and Emergency Assistance Act.

内生动力强的社区防灾环境，既包括物质性减灾设施建设，也包含社区防灾减灾文化建设，从而整体提升社区防灾耐灾能力，提高社区居民的生活质量，推动社区经济可持续发展。实质上，可持续防灾社区就是要建立以社区为中心、以地区间横向联系为辅助，以与中央政府应急管理部门纵向联系为支撑的灾害管理体系。

（二）可持续防灾社区的构成要素

可持续防灾社区的构成要素主要包括社区内部环境要素和社区外部环境要素两个方面，其中社区内部环境要素又分为以地理空间为基础的物质性环境要素和以社区内部组织及社区防灾、减灾、救灾能力为代表的非物质性要素。这些要素共同构建了一个安全而有弹性的可持续防灾社区。

1. 社区内部环境要素

社区内部环境要素即社区内部存在的，包括地理环境、社区设施、人口、自组织等社区系统的内部总和，分为物质性环境要素和非物质性环境要素两部分。

（1）物质性环境要素即社区的地理空间范围、社区日常基础设施以及人为救灾类设施的综合体。其中，地理空间范围要素体现社区整体环境水平，具体包括社区土地规划、满足日常生活所需的功能性建筑分布、其他建筑物布局和总体密集程度。人为救灾设施要素包括社区防灾固定设施和防灾软设施两种类型，前者包括统一规划的逃生路径和避难场所，消防栓、氧气面罩等防灾设施，隔离绿地和防护林等。后者以肩负灾前预报和灾后通报职责的灾害示警系统为典型。

（2）非物质性环境要素指有助于提升社区防灾软实力的影响因素之和，如社区内部各类自组织之间及其与居民之间的互动关系、民众防灾减灾能力与参与意识等。其中，妇女组织、儿童组织、社区志愿者协会、社区环保协会以及业主委员会等社区自组织是关键，他们能够将社区居民有序组织整合起来，在社区防灾工作中起到举足轻重的作用。另外，社区共同的灾难经历对提升民众防灾减灾能力与增强参与意识等非物质环境要素具有显著效果。

2. 社区外部环境要素

社区外部环境要素主要包括政府支援和社会力量参与合作两个部分。其中，政府援助不仅指直接拨款的资金资助，更重要的是政策支持，即通过构建完善可持续防灾社区的配套政策，明确社区主体在可持续防灾建设中的合法性，界定各主体的权力范围与职责义务，为社区防灾减灾提供制度保障。而社会力量参与合作主要指社区通过与非营利组织和私营企业的合作，为自身可持续防灾建设提供更专业的服务，具体包括购买专业团队为社区量身定做个性化防灾减灾计划和对策的服务，利用社会力量开展专业化社区防灾减灾教育与培训活动等。

（三）实施策略与行动步骤

可持续防灾社区的实施策略包括前期准备、中期规划与实际落实三部分，体现了全过程参与的特征。

（1）前期准备关键在于成立可持续防灾社区团队及调查社区环境两个部分。成立防灾社区团队首先要确定防灾社区的辐射面积，继而与各利益相关者进行沟通、获得支持，建立社区合作伙伴网络；调查社区环境时，灾害管理部门和社区要重点关注社区内部价值取向、易致灾程度和过往灾害经历。

（2）中期规划以社区灾害风险评估结果为基准，包含提出社区防灾减灾方案、成立社区防灾减灾团队、落实既有方案规划 3 个步骤。①提出社区防灾减灾方案需设立可持续防灾社区建设的总体目标，制订可行的计划并加以细化；②成立社区防灾减灾团队包含组织目标与任务的确定、组织结构的规划、组织成员的吸纳 3 个部分，与一般组织成立的步骤大致相似；③落实既有方案规划的中心任务就是组织开展社区与各方进行沟通与协作，具体包括开展可持续防灾社区计划介绍活动、进行模拟演习以及开展灾后复盘讨论会等。

（3）实际落实中尤其要注意对于整个可持续防灾社区建设的评价与反思，根据评价结果及时调整行动方案，以保证可持续防灾社区建设的效果。

同时，在整体实施策略的指导下，各国根据本国实际情况，因地制宜制订了个性化的具体行动步骤。这里以美国的《地方减灾规划手册》（Local Mitigation Planning Handbook）为例，美国防灾社区建设包括 9 个具体行动步骤：①划分防灾减灾的作用范围，并整合可支配资源；②组建防灾减灾小组；③确定宣传策略与推广方案；④分析社区减灾可行性与基础条件；⑤进行社区灾害风险评估；⑥根据社区的基础条件及其灾害风险程度制订有针对性的社区防灾减灾方案；⑦依据实际情况检视并调整社区防灾减灾规划；⑧启动社区防灾减灾异质性规划，落实各项工作计划；⑨建立可持续防灾社区。

三、实践与反思

下面我们以美国为例，探讨美国可持续防灾社区的建设经验。

（一）由传统的重救援向重预防转变

在美国，FEMA 和联邦政府会为可持续防灾社区的实际建设提供针对性资金援助，截至 2020 年 3 月 31 日，美国的 50 个州、哥伦比亚特区和 5 个地区均获得了 FEMA 批准的州减灾计划，共有 25300 多个地方政府制订了当前的地方减灾计划，87% 的人口居住在采用当前减灾计划的社区中。而截至 2020 年 4 月 8 日，已有 15 个州根据“减灾拨款计划”得到 FEMA 批准，获得更多资金。就资金拨付条件看，与 1988 年《罗伯特 · 斯塔福德救灾和紧急援助法案》规定的“已遭受自然灾害是资金申请的先决条件”不同，可持续防灾社区计划中的资金拨付以州为单位，由州政府根据各社区的实际情况确定具体的资金支持方案，各社区在灾前防灾活动中就可依需申请资金，这为可持续防灾社区的建设提供了更大范围内的自主权和资金保障。由此可见，美国的社区应急管理思路已然由传统的灾后救援向灾前预防转变。

（二）重点关注社区居民防灾减灾意识和能力的培养

美国可持续防灾社区建设对社区居民的防灾减灾意识、知识水平以及能力培养特别重视，也经常通过政府、社区以及非营利组织开展针对社区居民的多样化的宣传、教育和培训活动。例如，2002年，FEMA发布《你准备好了吗？公民应急准备指南》，引导社区居民提升对本社区应急管理方案的熟悉度，同时制定了灾前预防、灾时救援和灾后重建等方面的系列行动细则，为社区居民参与社区防灾减灾过程提供具体而全面的经验建议。另外，美国还强调通过公共教育、制定统一培训标准等方式提升社区居民的自我防灾素质，从而提高社区防灾减灾的整体水平和能力。

（三）强调多元合作伙伴关系的确立

美国可持续防灾社区建设中强调铺设由政府、社区、非营利组织和公民等多方构成的应急管理合作网络。在美国的应急管理体系中，政府更多地扮演着政策战略制定者和多方关系协调者的角色，而社区更多地扮演着防灾减灾领导者和主力军角色，双方协调统一、相辅相成。与此同时，应急管理部门还注重加强与私营企业、志愿团体等社区自组织、非营利组织的合作，吸引社会力量参与社区防灾减灾能力建设，充分发挥社会力量的带动作用，激发公众更广泛的参与热情。

第四节 社区反应网络理论

一、产生背景

灾害发生后的通信联络与信息共享问题一直为学者们关注。传统灾害应急响应受到传统信息媒介的限制，沟通范围局限于同一组织内部，无法展开跨组织的信息交流。种种教训表明，传统的无线电、电视及报纸等手段已无法满足灾难期间的通信与信息传递需求。而美国在遭受卡特里娜飓风袭击时，正是因为应急管理部门与社区组织之间缺乏有效信息沟通与协调，无法形成总体应急方案，导致应急响应迟缓、救援目标模糊、部门行动分散，延误了应急救援的有利时机，造成了巨大的人员与财产损失。这促使人们思考，灾难期间不同主体如何能够进行有效沟通？如何通过提升信息共享的效率来最大限度地提升灾害应急的效率，从而减轻灾害损失？

互联网与移动通信设备技术的出现与快速发展为以上问题给出了答案。移动通信与互联网技术结合形成的交互式通信机制，以其高效、便捷的特性极大地促进了不同社会主体间的沟通。一些学者受此启发，从交互式通信机制入手，对可行的灾害应急响应电子政务手段进行研究，试图建立一种不依赖无线电等传统通信设施的全新灾害应急响应渠道，推动应急管理部门、非营利组织与社区民众之间灾害应急响应互联互通机制的建立，社区反应网络理论（Community Response Grids，CRGS）因此应运而生。

二、基本内容

（一）社会反应网络理论的含义

社区反应网络理论以社会网络理论与社会资本理论为基础，从技术角度出发，依托移动通信与互联网技术，结合公共政策、应急管理、计算机科学等领域的研究成果，运用网络系统在社会各主体之间搭建“无形桥梁”，使应急响应能够在灾害发生前及时发出，并帮助应急管理部门与非营利组织、社区民众在灾前、灾中与灾后阶段进行双向沟通，使政府全面了解掌握灾害的真实情况，迅速做出统一行动部署。同时该理论使社区民众也能够在灾害应急响应中发挥作用，提高灾害应急效率，降低灾害可能造成的社会损失。

（二）社区反应网络的核心要素

在灾害防治的过程中，社区民众、非营利组织、政府应急管理部门等各主体间有效的信息沟通与数据共享对于应急响应至关重要，而这离不开社区反应网络在技术要素、行政要素与社区要素上的密切支持和配合。

（1）社区反应网络的技术要素。社区反应网络机制的技术支撑是互联网技术与移动通信技术。当社区网络建立后，社区能够通过互联网获取应急治理的相关数据信息，及时了解外界的灾害防治情况并进行灾害预警。同时社区还能够通过网络将实时情况及时汇报给应急管理部门，向外界发送求救信息，实现灾害防治信息的全过程、全社会共享。此外，不同于传统无线电台应急中极易产生的供电网络中断、失去电力支持、设备无法运作的问题，社区反应网络机制以移动通信技术为支撑，有效解决了因电力中断导致的信息无法收发的问题。但值得注意的是，这需要以高强度的传输信号与大容量电池为基础。因此，移动通信技术开发商们需要对移动通信设备及时升级，确保其在灾害发生时能够正常运转。

（2）社区反应网络的行政要素。社区反应网络的行政要素主要指各级政府与有关部门的支持。政府在社区反应网络机制中的作用主要体现在：第一，制定支持政策。政府首先需要制定宣传社区反应网络理念的政策，使其能够深入人心；其次，为激发科研机构、技术开发商的积极性，给予相应的激励政策；最后，政府还需要实施网络技术普及教育政策。第二，给予资金支持。任何一家公司都无力长期承担应急移动通信技术的开发与升级所需的大量资金成本，这便需要政府为科研机构及技术开发商划拨专项研发资金、专项经费，确保移动通信技术不断升级。第三，指导机制运转。政府具有指导社区开展灾害防治工作的职能。对比基层社区，政府在应急治理经验、数据信息掌握等方面存在显著优势，政府指导也必将帮助纠正社区反应网络机制的运行问题。

（3）社区反应网络的社区要素。社区要素是社区反应网络机制的基础要素。社区作为连接政府部门与居民的桥梁，具有信息传递的重要职能，是社会网络系统中的枢纽。社区反应网络机制需要社区准确把握灾害应急的动态信息，在应急响应中妥善协调好应急管理部门、灾害救援类非营利组织与社区居民之间的分工，动员社区居民加入灾后救援、及时与灾害风险情况大致相同的相邻社区进行应急治理信息的沟通。

（三）社区反应网络在应急治理中的作用

（1）协助民众开展灾害自救。社区反应网络帮助社区居民通过注册特定平台账户来进行沟通。具体来看，当灾害发生时，民众可以通过便携式移动通信设备登录网络，在平台中填写所处位置、身体状况，选择需要的帮助类型（如食物、路线图、交通工具）并发送求助信息。当网络平台上其他民众或专业救援人员看到，便可以根据信息中的位置前往灾害现场，并提供力所能及的帮助。不同于以往只能被动等待救援，这种互助式应急响应能够帮助受灾民众尽快摆脱困境，降低人身及财产损失。另外，若受灾民众遇到了不知如何自救的情况，也可以通过平台求助，专业救援人员会提供行之有效的自救建议，帮助民众进行自救。社区反应网络的建立有效促进了民众与民众之间、民众与专业救援人员之间的联系，极大地提升了受灾民众的自救能力。目前，美国部分大学已在其官网主页设立社区反应网络平台专区，在校的教职工与学生只需要注册账户并完善相应个人信息即可使用。

（2）促进社区参与灾害防治。社区反应网络机制能够有效促进社区参与灾害防治。从理论上看，灾害发生后社区民众自发、积极地参与社区互助活动能够有效加快灾害风险处置与灾后重建工作开展，对于灾害防治极为重要。但现实中，一些社区民众在灾后并没有显著的互助行为，仍寄希望于外部救援，原因在于社区动员行动缺失，导致民众无法针对特定目标展开互助。而在社区反应网络机制中，社区反应网络平台为社区与民众提供了密切沟通的桥梁。灾害来临时社区可以通过社区反应网络平台对社区民众进行动员，发布需要帮助的民众信息，鼓励社区民众开展互助。民众根据社区发布的信息开展互助行动，形成积极的从众效应，带动整个社区投入灾后救援。此外，社区反应网络机制同样能够通过采取以下途径争取外部资源与帮助，提升社区应急防治效果：及时向上级管理部门汇报受灾情况与防治方案，获得专项治理经费和专家援助；沟通相似、临近基层社区获得治理经验；在平台上获取灾害预警和备灾相关信息，降低受灾风险和损失。

（3）实现预警信息的全面快速传递。传统应急的信息媒介主要包括电话、报纸，电视等，这些渠道在特定的情况下都能发挥出较好的效果，但随着互联网的普及，传统应急治理信息的弊端也逐渐显露出来。而基于互联网技术的社区反应网络机制能够有效克服传统模式不够迅速、全面的弊端。社区通过网络平台向社区民众发送灾害预警，民众查阅完毕后阅读反馈会自动返回社区，同时通过可视化工具，社区能够全面掌握查阅预警信息的总人数、个体查阅时间及未查阅群体等情况，再辅以邻里相互提醒的方式督促未查阅民众及时浏览预警信息，极大地提升了社区向民众传达灾害预警信息的能力，最大限度地实现预警信息的快速、全面传递。

（4）推动救援主体间的信息交换。救援主体间的信息交换一直是灾害治理需要面对的一个难题。美国“9·11”事件正是因为当地警察部门与消防部门使用的无线电信号波段不同，导致二者在救援过程中无法正常交流，使政府因救援不力遭到公众批评。通信方式的不兼容体现了社会应急网络结构的松散与无序，而社区反应网络机制将有效改善这一点，推动应急治理中多部门实现高效的分工协调。社区反应网络机制在应急响应中发挥多重功效：①救援组织之间可以通过该机制进行沟通协调，最大限度地提高救援效率；②专业救援人员可以通过网络平台了解受灾地区的破坏情况，确定救援目标与救援类型；③应急管理部门可以向社区及民众发送灾害预警信息，同时告知避难场所的位置，帮助民众避免二次灾害的侵袭；④受灾民众可以通过网络机制向救援组织发送求助信息，帮助自己脱离险境。

同时，值得一提的是，社区反应网络机制的成功运转需要技术前提：一方面，社区反应网络的网络服务器与信号接收器需要设立在相对安全的建筑中，以确保社区反应网络机制在重大灾害中能够正常运转；另一方面，民众需要使用装有大容量电池的移动通信设备来确保在社区反应网络平台上正常收发信息。

三、更新与迭代：针对老年人的社区反应网络系统

在传统的灾害治理模式下，美国应急管理部门在帮助老年人应对突发灾害方面存在很大问题。2005 年的卡特里娜飓风中，缺乏有效的求助手段，导致遇难者多为 60 岁以上的老年人。此次灾害事件后，针对老年人的社区反应网络系统在美国应运而生，该系统通过帮助老年人在危机情况下开展自救与互助，降低老年人在灾害中的伤亡率。具体如下：

首先，老年人可以在专业救援网站中提前设置好紧急联系人，输入紧急联系人的相关信息、身体信息、家庭住址和常用药物等信息。当灾害发生时，老年人通过移动通信设备进入特殊界面，该网站便会通过电话、短信、电子邮件等多种方式向紧急联系人发送求助信号，从而达到帮助老年人应对突发情况的效果。

其次，由于难以像青年人一样熟练地登录网络平台，老年人在紧急情况下发出呼救存在技术难题。为了使针对老年人的社区反应网络系统能够得到普及，美国政府发布了行业指南，推动有关企业生产适合老年人使用的产品。与此同时，有关生产商也提出了“包容设计”与“便捷设计”2 个概念，旨在提升该系统对老年人的可用性。基于此，专供老年人使用的特殊移动通信设备上市，该设备设有紧急按键，方便老年人在紧急情况下快速发出求救信号，同时该设备还配备了大屏幕、大字体与大按键，增加了助听器、手电筒等功能，为老年人的操作提供了便利。

再次，老年群体内部也存在着年龄与身体素质上的差异，因此基于老年人的社区反应网络系统不能采取“一刀切”的设计理念，必须进行多样化的友好界面设计。为此，设计者嵌入网络适配技术，使网络平台的操作界面对老年人更加友好，能够根据使用者的年龄与身体状况动态调整字体大小，并尽可能使用简单语句描述功能。同时，平台还配备了语音转换和语音指令程序，方便视力较弱或识字能力较低的老年人进行操作。这种“动态多样性”对于提升针对老年人的社区反应网络系统的普适性至关重要。

最后，针对老年人的社区反应网络系统最重要的价值是推动了社区民众之间的互帮互助。老年人通过登录网络平台，与其他老年人进行沟通交流，减少了老年人的孤独感，增进老年人间的互助。现有研究发现，老年人更愿意投入灾害救援。而针对老年人的社区反应网络系统使老年人通过线上交流获取灾害信息，结合自身的经验为志愿救援活动提供行之有效的应对策略，为美国灾害防治集体效能的发挥奠定了坚实基础。

针对老年人的社区反应网络系统作为一种全新的应急模式，能够在成熟的技术支持下为老年人提供有效帮助。目前，该系统已在美国得到广泛使用，既为老年人提供了易于操

作的应急求助渠道，也让老年人能够发挥自身的救援能力，为应急治理贡献力量。

第五节 社区准备模型

一、产生背景

社区准备模型来源于卫生预防研究领域，1992 年在肯塔基大学预防研究学会议上，玛丽·安·潘茨首次提出了社区准备的概念。她认为，如果我们想要成功应对危机，必须学习如何提高社区准备程度。只有当社区“准备好了”，才适合启动新的预防计划。因此，了解、评估社区准备情况并采取相应行动是保证社区治理项目有效、可持续的必要条件。

为此，美国科罗拉多州立大学民族预防研究中心（Tri-ethnic Center for Prevention Research）在个体心理准备模型和社区发展理论的研究基础上形成了社区准备模型。

二、基本内容

（一）社区准备水平的阶段及特征

该理论认为，社区变革如个体变革一样，并非一蹴而就，而是从问题出现到行动改变都在经历着不同的阶段，每个阶段都对应着相应的社区准备水平。该模型的前提假设是社区可以在一系列的阶段中，采用循序渐进的方法，制订和实施有效的预防方案，由此逐步推动社区的变革。Tri-ethnic 中心的专家通过社区态度与准备相应关键性事件的描述性陈述确立了衡量社区准备水平的 9 个阶段，见表 8-1。

表 8-1 社区准备水平的阶段与特征

阶 段	序号	阶段特征
社区宽容（community tolerance）	1	社区没有意识到或者无视问题的存在
否认（denial）	2	行为本身是问题，但并不认为需要采取措施
模糊意识（vague awareness）	3	隐约觉得这是一个问题，需要行动改变，但仅止于此
预先计划（preplanning）	4	领导人介入，开始准备
准备（preparation）	5	收集资料并制订计划
初始化（initialization）	6	“试运行”开始，人员就绪
制度化（institutionalization）	7	行动正在稳步推进，成员认识加深
确认或扩张（confirmation/expansion）	8	继续改善，努力使行动惠及更多人
专业化（professionalization）	9	问题认识深刻，行动专业化和系统化，社区参与度高

（二）社区准备水平评估的维度和工具

根据社区准备模型，可以对社区准备水平从以下 5 个维度进行评估：社区努力（社区为解决某一问题已有的项目、活动、政策等)、社区努力的认知（社区成员对当前已有项目的了解程度)、社区对该问题的认知（社区对某一问题包括危害性及影响程度等方面的了解程度)、领导力（主要为任命的领导和有影响力的社区成员)、社区资源（主要有人员、资金、时间、空间等)。其中，每个维度对应具体的锚语句（表 8-2）来作为特定的评估标准和诊断工具，以判定社区的准备水平。同时，在具体评估时，通过对关键知情人的半结构化访谈（表 8-3），参考访谈结果分别对表 8-4 中 5 个维度进行打分，后将其综合，明确其处于表 8-3 中社区准备水平的哪一个阶段。社区准备水平判别示例见表 8-4。

表 8-2　社区准备水平锚定评分量表

维度	评价等级	阶段特征	评分
社区努力（community efforts）	1	我们为什么要尝试预防这种行为呢？	
	2	预防项目在这里不会有任何意义。	
	3	关于这种行为，社区没有采取行动的计划，但是有时候会做一些事情。	
	4	这里可能有社区会议或者员工会议，但是，关于我们要做什么没有任何决定。	
	5	一个或多个项目已经被提上日程，相关人员也正在接受培训。	
	6	一个甚至多个项目正在实施。	
	7	一些项目已经运行了几年，且会被持续运行，但是没有其他新的计划。	
	8	几个不同的预防项目正在社区中运行，覆盖了各种各样的人群。	
	9	对许多不同预防项目的有效性进行评估，并运用评估结果不断改善预防项目。	
社区努力的认知（community knowledge of efforts）	1	为什么我们要针对它做点什么呢？	
	2	没事可做，或者什么也不管用。	
	3	听说过预防项目，但没有关于项目是做什么的以及如何做的真实信息。	
	4	一些领导人积极寻求有关预防项目的信息。	
	5	大概了解预防项目的内容、项目负责人和所涉及的人群。	
	6	夸大当地预防项目的有效性，或者在没有数据支持的情况下固执地认为预防项目失败。	
	7	具体了解当地预防项目或项目人员配置、人员培训、参与当事人等，但尚未意识到其他预防项目的需求。	
	8	相当了解正在运行的各种不同的预防项目。	
	9	了解当地预防项目的运行、优势与不足，有很多关于病因、风险因素、针对特定年龄群体或风险群体的预防项目的相关知识。	

表 8-2（续）

维度	评价等级	阶段特征	评分
社区对该问题的认知（community Knowledge of the issue）	1	几乎没有社区成员认为该行为是个问题或会引发问题。	
	2	认为该行为是个问题，但在本社区不存在该问题。	
	3	这里的一些人可能有这个问题，但没有解决该问题的直接动力。	
	4	清晰地认识到问题的存在，但与问题相关的详细信息比较匮乏。	
	5	可得到问题普遍性的相关信息，但只向整个社区发布或提供了概况。	
	6	问题普遍性的相关信息在社区领导者和整个社区中进行了广泛传播。	
	7	相关信息已被广泛传播，人们知道去哪里获取特定信息。	
	8	有大量关于问题普遍性、成因、风险因素和结果的专业知识。	
	9	有详尽的关于问题在当地及全国的变化及发展趋势的专业知识；工作人员参加会议，向专家咨询，并阅读科学出版物。	
领导力（leadership）	1	社区中大部分人经常从事该行为。	
	2	社区中的人们不会支持任何预防尝试。	
	3	人们讨论需要做点什么，但到目前为止没有任何人真正负责。	
	4	有可识别的领导人，他们尝试开始做些什么，可能召开了一两次会议讨论问题。	
	5	已确定领导人和其他人员，已形成一个或多个委员会，委员会定期召开会议以考虑解决问题的备选方案，并制订计划。	
	6	预防项目正在运行。并得到委员会的支持，但缺乏协调或总体规划。	
	7	官方和政治领导人是预防项目持续运行的坚定支持者。	
	8	官方、预防项目工作人员和社区人群都支持将预防项目扩展到其他人和高危人群。	
	9	官方支持各种项目，工作人员训练有素，社区领导者和志愿者积极参与，独立的评估小组正在运作。	
社区资源（community resources）	1	为什么有人要花钱来防止这种情况发生呢？	
	2	预防计划花费太多，而这个地方很穷。	
	3	资助一个项目应该有可能的，但不确定要花多少钱，也不知道钱从哪里来。	
	4	一个委员会或个人正在调查这将花费多少，并考虑资金可能来自何处。	
	5	员工成本的花费已知，已编写、提交可能获得批准的资助提案。	
	6	有一个正在运行的项目资金，但它只是来自赠款基金，或者特定的一次捐赠。	
	7	相当一部分支持来自本地，但这些资源具有不确定性和不持续性。	
	8	至少有 2 个基本项目和一些额外预防工作的资金具有持续性。	
	9	基础项目由持续稳定的资金支持，定期进行评估，还有大量资金用于尝试新项目。	

注：根据 Tri-ethnic 中心研究人员 Oetting E. R 等人的研究整理。

表8-3 半结构化访谈示例

社区努力
1. 请说出您了解的社区试图解决某一问题（吸毒、酗酒、家暴等）的主要措施。 2. 这些措施实施了多长时间？ 3. 您认为这些项目（措施）是为谁服务的呢？（如特定群体、个人、种族等） 4. 社会上是否有任何阶层的人似乎无法获得这些努力或服务？（提示：如某个年龄层、民族、收入水平、地理区域等） 5. 您认为这些努力的程度是否需要增加呢？为什么？ 6. 您所在的社区是否针对这个问题制订了行动计划？（如果有，请解释） 7. 在您所在的社区中，为解决这个问题（吸毒、酗酒、家暴等）正式或非正式的政策、法律法规、惯例有哪些，什么时间颁布的，适用多久？（提示：正式的如学校、警察或法院制定的政策法规规范；非正式的如社区对家暴者的处理惯例） 8. 这些政策、法律和惯例是否对社会的某些阶层无效？（提示：例如，因社会经济地位、种族等导致政策或法律效力不同） 9. 是否需要继续完善这些政策、法律和惯例？如果是，是否有计划进一步推进？ 10. 社区成员如何看待这些政策、法律和惯例呢？
社区努力的认知
1. 您认为您所在的社区中的成员了解这些项目措施吗？（如果满分10分，您将打几分？） 2. 社区成员了解这些项目措施的哪些方面？ 3. 您认为这些措施的好处是什么或者有什么意义？您认为这些措施有什么不好的地方？
社区对该问题的认知
1. 请描述您所在的社区。 2. 社区成员是否在任何情况下认为应该容忍这个问题？请详细说明。 3. 社区就解决这一问题进行了何种努力？ 4. 在您所在的社区，解决这个问题的主要障碍是什么？ 5. 根据您目前所提供的答案，您认为社区成员对这个问题的总体感觉如何？
领导力
1. 在对某一问题的解决中（如吸毒、家暴、酗酒等），您所在的社区的领导者主要是谁？ 2. 采用1~10分从低到高的评分标准，您认为社区领导者对这一问题的关注度多高？ 3. 这些社区领导者如何努力解决这一问题？请解释一下。（例如，是否参与委员会、工作小组等？他们多久见一次面？） 4. 社区领导者会支持进一步的行动计划吗？请说明为什么。
社区资源
1. 社区成员对此问题了解多少？请详细描述。（提示：如动态、体征、症状、朋友的影响等） 2. 关于这个问题，您所在的社区提供了哪些类型的信息？ 3. 在您所在的社区中，有哪些关于这个问题的本地数据可用？ 4. 在您所在的社区中，人们如何获得这些信息？

注：资料来源：Tri-ethnic 中心编写的《Community Readiness for Community Change》。

表8-4 社区准备水平判别示例

维度	#1	#2	#3	#4	#5	#6	平均分	准备水平
社区努力	3.00	4.25	2.00	2.50	3.00	3.50	3.04	模糊意识阶段
社区努力的认知	3.50	3.50	4.00	3.00	2.50	4.00	3.42	模糊意识阶段

表 8-4（续）

维度	#1	#2	#3	#4	#5	#6	平均分	准备水平
社区对该问题的认知	3.50	2.50	1.50	3.25	2.00	3.00	2.63	否认阶段
领导力	2.50	2.50	3.00	2.50	3.00	2.25	2.63	否认阶段
社区资源	4.00	3.50	2.50	3.00	4.00	3.50	3.42	模糊意识阶段
总体水平得分							3.03	模糊意识阶段

注：1. 资料来源：Tri-ethnic 中心编写的《Community Readiness for Community Change》。

2. 以美国 A 社区为例，针对某一预防项目对共计 6 名关键知情人进行半结构化访谈并由访谈对象分别给出 5 个维度的得分，计算平均值，得出综合得分为 3.03，处于模糊意识阶段。

（三）基于社区准备水平阶段的提升策略

社区无论规模大小，在运作和推行预防项目过程中都会面临大大小小的困难，而不同社区因态度认知、资源禀赋、政治气候等差异，障碍类型也各不相同。一个常见的问题是，为什么同样的预防项目在 A 社区能够有效运作，在 B 社区却成效甚微？社区准备模型的一个基本观点是，A 社区和 B 社区对项目运行的准备水平存在差异，处在不同阶段，因此需要对社区准备水平进行评估，并根据社区准备水平的不同阶段，采取不同的策略，从而确保预防项目的有效实施。此外，一旦评估了社区准备阶段，就应该制定策略，将社区从当前的准备水平提升到一个更高的水平，具体如下：

针对处于社区宽容、否认或模糊意识阶段的社区，核心目标是促使社区成员认识到某一问题的存在，并认识到社区需要针对这一问题采取一些措施。这一阶段可以通过传单、海报等方式扩大居民认知范围，通过网络等形式征求社区成员对这一问题的意见，通过大规模的宣传使社区形成对这一问题的基本认知，并从切身利益角度进行重要性和必要性的宣传；还可以进一步采取走访入户、社区干部间交流沟通、召开居民公开讨论会等来提升社区成员对问题的认识程度。

针对处于预先计划、准备、初始化这 3 个阶段的社区，核心目标是制订行动计划并在小范围内试运行。在预先计划阶段，需要确定工作重点，制订行动计划。具体如下：通过社区领导者拜访核心投资者和社区关键人物，提升项目的认可度和影响力；通过媒体动员引起社区成员的注意，为项目推广打下基础。而准备阶段的重心在于规划战略，通过在公众论坛、媒体讨论区公布社区问题引发的后果及解决成本等详细数据，引发公众讨论，借此机会收集民意并制订行动计划。初始化阶段，社区提交资金项目申请书，为项目的推广寻求资源。这一阶段需要通过专业培训等来提升参与人员的专业性，并且加大力度宣传项目内容，访问第一批目标群体来找出项目实施问题。此外，还需要社区领导者的不断游说，争取资源最大化利用，保证项目的顺利进行。

处于制度化、确认和扩张、专业化阶段的社区，其解决社区问题、启动项目的准备水平较高。制度化阶段的核心在于完成既定的项目规划，可以通过加强培训、内部表彰来回顾进展并完善项目策略，并在外部持续宣传已有成果及未来计划，此外可以尝试在服务提供者和社区之间建立网络。确认和扩张阶段的重点在于扩大和加强服务，需要反思项目是否真的有效以及如何更加有效，在内部针对项目运行建立高效的信息系统，时刻关注有关问题的数据趋势，并着手对项目结果进行风险评估；外部对社区成员发布项目服务目录，通过媒体说明下一步改进方向或改革目标。专业化阶段，项目已然成熟，目标是继续前进，致力于问题解决。内部对问题和成果进行评估与反思，加强人员专业化培训；外部可以致力于建立更加广泛的资源联系，比如向社会组织寻求专业指导等，同时需要继续和当地领导人保持密切联系，随时汇报结果数据，为获得更多支持做准备。

三、实践与反思

社区准备模型将居住在社区内的关键人物作为专家，在调动社区内多个系统参与和各种资源优势的基础上，结合社区内外部实际，提供一个恰当的社区准备水平评估工具。社区可以使用该工具集中精力将他们的努力导向一个期望的结果，最大化资源利用的同时将失败可能性最小化。

作为一个完整且可操作性较强的理论模型，社区准备模型已被广泛应用于卫生服务提供、疾病预防、环境保护等各方面，前美国卫生、教育和福利部长 Donna Shalala 甚至把它作为社区变革的核心；美国国家药物滥用研究所（National Institute on Drug Abuse）出版的 5 本关于预防药物滥用的书中，有 2 本使用了社区准备模型[148]。同时该理论在社区准备水平评估研究以及社区准备水平的策略研究上已有了不少研究成果，有助于从特定角度解释一些社会问题的发生。

【本章重点】

本章主要引介了 5 个社区公共危机治理理论：应急管理全社区理论、社区灾害风险管理理论、可持续防灾社区理论、社区反应网络理论和社区准备模型。学习这些理论，有助于我们学习已有社区公共危机治理理论，并结合本国实际和经验形成中国特色的社区公共危机治理理论，为全球社区公共危机治理贡献中国智慧。

【课后习题】

1. 请概述应急管理全社区理论。

2. 请分析社区灾害风险管理理论与可持续防灾社区理论的异同。

3. 尝试选择一个社区公共危机治理案例，分析该案例中是否存在社区反应网络？如存在，其建设情况如何？

4. 请结合所在社区或临近社区实际情况，用社区准备模型来评估该社区的准备水平，并针对该社区公共危机治理建设给出下一步工作建议。

第九章 社区公共危机治理的典型案例

本章通过上海社区风险评估实践、东莞市岗贝社区突发公共事件应急预案、成都市过街楼社区抗疫、成都市爱有戏社区发展中心抗疫行动4个典型案例，展示国内不同地域、不同主体进行社区公共危机治理的成功经验。

第一节 上海社区风险评估方法研究与风险识别实践

上海市民政局从2009年起，会同复旦大学城市公共安全研究中心共同推进上海市社区风险评估方法的研究，旨在建立适用于上海城市和农村社区的风险评估体系。这套适合社区居民共同参与的风险评估方法包括社区风险评估模型的开发以及多元参与的社区风险地图绘制两部分。

一、上海社区风险评估方法研究

（一）社区风险评估模型的开发

社区风险评估模型的开发，是社区风险评估专业性的体现。主要包括社区脆弱性评估、社区致灾因子评估以及社区减灾能力评价3个部分。整套模型建立在风险评估的基本理论与方法的基础上。本书中的案例结合上海社区实际，通过文献搜索、实地调研、头脑风暴以及专家会议等研究方法，初步确定脆弱性和致灾因子指标。

社区脆弱性评估，是对社区承受灾害的能力进行评估分析，它由一系列自然、社会、经济因素及相互作用过程决定，主要包括物理、经济社会以及环境脆弱性三大部分。社区致灾因子评估，是通过民众对自然灾害、事故灾难、公共卫生事件以及社会安全事件四大类灾害的感知来评价每一种灾害的强度和频率，用模糊数学综合评价模型整合分析。最后依据层次分析法（AHP）确定权重并建立了上海市社区风险综合评估体系。社区减灾能力评价则考量社区减灾人力、物力、财力投入和减灾准备。

社区风险评估结果最终通过文字、数据图表、现场照片以及可视化图像等多种形式呈现于社区风险评估报告，每个社区都会有一份具有社区特色的社区风险评估报告。

（二）多元参与的社区风险地图绘制

多元参与的社区风险地图绘制则是风险评估参与性的具体体现。风险地图是一种图像化、视觉化、形象化地展示社区灾害风险以及安全信息的工具，是提高公众安全意识、减轻风险的有效手段。风险地图以一种最直观的形式展现一个社区的风险特征。社区居民根据在本社区生活的经验以及感知，共同讨论绘制社区风险地图。为了更好地组织引导民众绘制社区风险地图，本书中的案例制定了标准化的社区风险地图绘制内容和方法。社区风险地图包括危险源、重要区域、脆弱性区域、安全场所以及应对措施5个部分内容。对于危险源和脆弱性区域，除了简单标示其位置外，还需要对其危险性和发生的可能性进行综合评估，通过红、橙、黄3种不同颜色由高到低地表示危险源和脆弱性区域的危险程度。在方法和过程方面，社区民众除了需要进行分组讨论并在地图上标示社区风险地图的各要素外，还需要到现场去实地考察和确认，加深对社区风险隐患的了解。

（三）创新多元主体参与的社区风险评估政策模式

社区风险评估专业性较强，尽管开发了评估模型，但由于民众不仅对风险概念没有准确的认知，而且不掌握参与式风险评估的方法和技能，社区难以独立地完成风险评估工作。而承担管理职能的政府部门，不可能持续跟进。所以如何将社区风险评估模型在街镇社区全面推广应用是摆在各级政府面前的政策难题。我们亟须在实践中引入社会组织参与，逐步探索出一套“政府研究机构-社会组织-社区”多元主体参与的社区风险评估政策模式。

多元主体参与的社区风险评估政策模式，其创新之处在于明确参与社区风险评估的政府、研究机构、社会组织及社区主体各自的职责定位，通过各参与主体的协同合作，有效地将社区风险评估任务在社区层面全面推广应用。经过几年的实践应用，上海已形成了具有特色的社区风险评估政策模式（图9-1）。

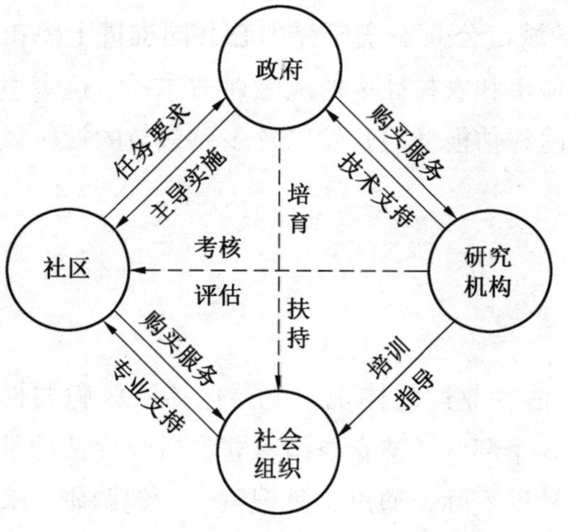

图9-1　多元主体参与的社区风险评估政策模式

（四）政府的政策引导和统筹协调

社区风险评估是一种专业性很强的公共服务项目，无论是政府职能部门还是基层社区自身都难以独立完成。而在中国现行体系下，政府部门的职责既不是直接进入社区实施风险评估，也不是让社区盲目无序地推动。有效的方法是建立一个良好的协同治理的公共政策模式，引导社会组织和机构、社区利益攸关者共同参与。为此，上海市制定了实施社区风险评估的政策措施，由民政局牵头并协调民防、公安、消防、气象、卫生等部门共同参与。同时，在技术层面，为了将社区风险评估规范化，委托研究机构开发上海社区风险评估模型，建立风险评估体系；在实施层面，通过引入社会组织替代政府进入社区，指导并带动社区民众开展风险评估工作。而政府通过制定相应的政策，通过向研究机构和社会组织购买服务，让社会力量有序参与技术研发和提供公共服务，确保了社区风险评估项目的实施。

（五）研究机构的专业分析和技术支持

复旦大学城市公共安全研究中心作为提供上海社区风险评估技术支撑的研究机构，一方面，通过专业科学的理论与技术，构建了上海街镇社区综合风险评估模型，为整个风险评估工作提供了理论化、科学化以及专业化的支持，同时承担了社区风险评估技术分析的后台支撑；另一方面，通过对社会组织进行专业化培训，使社会组织初步了解和掌握社区风险评估的基本内容以及社区现场评估的基本要求，能够深入社区开展风险评估工作。为了确保风险评估的质量，复旦大学研究团队还进一步指导和现场督导各社会组织，使社会组织可以成为具有风险评估能力的专业组织。自 2012 年起，复旦大学城市公共安全研究中心对 4 个社会组织进行了社区风险评估的专业培训，基本满足了上海街镇层面风险评估项目对社会组织的需求。

（六）社会组织是政府和研究机构在社区的延伸

经过专业培训的社会组织，不仅具备了风险评估的专业知识，更有足够的时间和精力参与社区风险评估，在政府与社区之间起到良好的沟通纽带作用。目前，经过上海市民政局和复旦大学城市公共安全研究中心共同培训的 4 个社会组织已经活跃在社区风险评估的第一线。他们能够很好地替代政府和研究机构，在社区风险评估现场活动中，为居民普及社区风险知识，引导居民现场讨论致灾因子并指导居民完成社区风险地图的绘制，最后总结本社区的社区风险，充分发挥了社会力量在社区风险评估中的积极作用。但目前我国从事风险评估工作的专业性社会组织较少，大部分的社会组织都需要通过研究机构进行标准化的培训以及多次实践，才能逐步成为具有综合减灾知识和能力的专业组织，推广应用社区安全治理理念和方法。

（七）基层社区是主要的现场组织者，社区民众是重要的参与者

参与式社区风险评估的目的是通过社区风险评估过程，提高民众的风险意识和应对风险的能力。所以社区民众是参与社区风险评估的主体。社区民众广泛参与的“评估过程”是社区风险评估的核心内涵。在上海推动的社区风险评估实践中，各社区民众不仅接受了风险知识的培训，而且在培训的基础上，依据自身经验和感受评估致灾因子，之后再参与风险地图的讨论与绘制，充分发挥其主观能动性，为社区安全贡献力量。

政府组织引导、研究机构及社会组织专业支撑、社区民众广泛参与的社区风险评估模式，既使得各主体的优势得到充分发挥，又使主体彼此之间相互依赖、相互补充，推动了社区风险评估的进程。这种责任分担式的实践模式在一定程度上实现了风险分担，减少了传统的层级式安全管理带来的效能衰减，提高了风险评估的有效性，而且成果为社区民众所共享，产生了良好的社会效应。

二、对上海市不同类型社区进行的风险识别

在构建上述社区风险评估的整体方法的基础上，上海市开始对不同类型的社区进行细致的风险识别，以做好社区公共危机治理的监测预警工作。风险识别作为社区风险评估的

首要步骤，其重要性不言而喻，只有完成对社区潜在危险源或危险可能造成的冲击和影响的识别，才能有序推进社区风险评估。

（一）新建社区——以上海市新江湾城社区为例

新建社区整体规划比较科学、设施比较齐全、抗风险能力比较好。该社区在建设初期，施工有关事故成了社区发展的主要隐患。例如,在大面积的施工过程中,新江湾城社区共发现各类废旧炮弹5枚,其中毒气弹1枚,为社区安全敲响了警钟;施工车辆违法违章行为经常出现,影响社区的正常生活秩序;施工还导致社区内排涝能力分布不均,在遇到强降雨时容易淹没部分道路和民居;施工还会造成严重的扬尘,造成了社区空气质量下降。

新江湾城社区的优势之一是美丽的河道，可以给社区营造更好的环境。但是同时，溺水事故也同时成了社区的重大隐患。2004—2009年，新江湾城社区因溺水事件共致7人死亡。因此社区在溺水事件的防范过程中，需要加大力度。

在新江湾城社区，交通事故比较频发。由于社区部分道路尚未完全交付使用，相关的交通设施尚未完善，路口信号灯安装率较低，很多道路标识标线还未划分，成为交通事故的一大原因。社区内的学生，特别是一些骑自行车的学生，容易发生道路交通事故。另外，由于新建小区相对路况比较好，吸引了不少轻便摩托车主在城区内违法飙车，不但危害其自身安全，还对城区居民正常作息和出行安全造成一定影响。

火灾事故也是社区面临的一大隐患，1998年5月—2006年6月，新江湾城社区共发生火灾事故17起，造成2人死亡。而从2007—2009年，经过一定干预措施后，火灾事故减少到3起。

就治安情况看，社区内最容易发生的是入室偷盗和摩托车偷盗事件。2006—2009年，社区内共发生18起入室盗窃案件，但是案发率在干预措施开展后呈现明显的下降趋势。另外，社区虽然有很多外来人口，但是在其聚集区域内没有发生过重大或特大恶性案件，治安秩序良好。

新江湾城社区环境优美，吸引了社区居民甚至是周边居民来此散步、遛狗，社区环境因此受到破坏，而社区居民的安全也受到了威胁。狗咬人、随地排泄及引发疫情等问题，成了新江湾城生态型花园城区建设过程中的一大困扰。

新江湾城社区还拥有世界最大的SMP滑板公园，吸引了不少年轻人前来挑战，造成了运动安全隐患。

表9-1、表9-2列举了以新江湾城社区为代表的新建社区面临的主要突发公共事件和承灾体。

表9-1　新建社区突发公共事件列表

突发公共事件类型	子类型
自然灾害	暴雨
	台风

表 9-1（续）

突发公共事件类型	子类型
事故灾害	交通事故
	公共设施和设备事故
	辐射事故
	火灾事故
	施工事故
	环境污染
	生态破坏事件
	运动事故
	溺水事故
	生产事故
公共卫生事件	狂犬病疫情
	食品安全事件
	职业危害
社会安全事件	入室盗窃
	偷盗
	群体性事件

表 9-2　新建社区承灾体列表

物理上的	基础设施	道路
		交通信号灯
	高危设施	加油站
		建筑工地
		工厂
经济社会	人群	老年人口比例
		未成年人口比例
		外来人口比例

（二）老式社区——以上海市内江大楼社区为例

老式社区大都建立于 20 世纪 80—90 年代，房屋多为预制板结构，抗风险能力较弱。虽然很多房屋在 20 世纪 90 年代后期都经过一定的修理，但是这无法改变房屋本身的脆弱性：窗户开始变形，房屋出现倾斜，一旦遇到暴雨、台风、雪灾等灾害性天气，房屋易受到损坏，成为社区的主要安全隐患。旧式房屋的面积比较小，居民为了扩大房屋面积，乱搭违章建筑，不仅影响居民的出入，更加重了安全隐患。另外，老式社区缺乏防盗设施，即使装有防盗门也常处于敞开状态，因此入室盗窃一直是相当大的治安隐患。

此类社区的基础设施，包括电线煤气管道、水管以及排水设施等因为使用时间过长，开始出现老化现象，因此容易造成电线短路、火灾、煤气中毒、水质污染，以及排水不畅导致的积水等事故，给居民生活造成影响。

从人群结构来看，老式社区的居住者多为老年人群，这些老年人大多独居，自理能力相对比较弱，容易发生跌倒事故，而且应对分类风险的能力也比较差。由于很多老年人还接受中午的送餐服务或到服务中心就餐，因此食品安全问题也是社区需要重点关注的问题。

表 9-3、表 9-4 列举了以内江大楼社区为代表的老式社区面临的主要突发公共事件和承灾体。

表 9-3　老式社区突发公共事件列表

突发公共事件类型	子类型
自然灾害	暴雨
	台风
	雪灾
	极端气温
事故灾害	交通事故
	火灾事故
	触电事故
	水质污染
	煤气中毒事故
	违章搭建
公共卫生事件	食品安全事件
社会安全事件	入室盗窃
	群体性事件
	其他刑事案件

表 9-4　老式小区承灾体列表

物理上的	房屋	结构
	悬挂物	空调外挂机
		高空花盆
	基础设施	电线
		水管
		煤气管
		道路
		围墙
	高危设施	加油站

表 9-4（续）

经济社会	人群	老年人口比例
		贫困人口比例
		外来人口比例

除了居住区外，社区内还有许多个体租赁商铺，虽然规模比较小，但是数量比较大，如果没有合理的管理，很可能发生纠纷。需要特别指出的是，处于城郊接合部的社区还可能包括很多工业园区，因此风险种类更为繁杂。一旦社区内或社区附近的化学工厂发生化学品爆炸或者有毒气体泄漏等事件，都将影响社区居民的正常生活。

从人群特点来看，由于地处城郊接合部，社区往往有较多的外来人口，其来源广且流动性比较大、居住环境差，受教育程度较低，安全防范意识弱，容易引起突发事故。如果管理方法不恰当，可能会引发一些个人极端事件或群体性事件。

表 9-5、表 9-6 列举了以长征镇社区为代表的城郊接合部社区面临的主要突发公共事件和承灾体。

表 9-5　城郊接合部社区突发公共事件列表

突发公共事件类型	子类型
自然灾害	暴雨
	台风
	雪灾
	极端气温
事故灾害	交通事故
	火灾事故
	有毒气体泄漏
	化学品爆炸
	煤气中毒事故
公共卫生事件	食品安全事件
社会安全事件	入室盗窃
	个人极端事件
	拆迁事件
	其他刑事案件

（三）石库门与棚户区——以北站街道为例

北站街道东至河南北路，南达苏州河，西至共和新路，北抵天目路，东西长 2 km，南北长 1 km，总面积 174 km^2，加上水域面积可达 1.9 km^2。

表 9-6　城郊接合部社区承灾体列表

物理上的	房屋	结构
	悬挂物	空调外挂机
		广告牌
		高空花盆
	基础设施	电线
		水管
		煤气管
		道路
		围墙
		工地
	高危设施	加油站
经济社会	人群	老年人口比例
		贫困人口比例
		外来人口比例

社区以西藏北路为界，路东以石库门房屋为主，建筑基本有百年历史；路西多为棚户简屋，也有 60 多年的历史，房屋损坏比较严重。社区户籍人口 12 万，是人口密度相当高的旧城区，同时社区人户分离的特点也相当严重。目前住在社区内的多以老年人、儿童、外来人口等弱势群体居多。

火灾是社区面临的最大威胁，由于棚户区户户相连，往往一起火灾会牵连十几户人家。电线老化加之居民不规范使用电器是引发火灾的首要原因；随意燃放烟花爆竹也是导致社区火灾的重要原因；清明、冬至期间居民在社区内进行祭祖活动也容易引发社区火灾。

社区面临的第二大风险是暴雨、大风引发的房屋损坏事件。由于棚户区的建筑质量差，且常年失修，一旦遇到暴雨大风的直接袭击，后果不堪设想。虽然近年来对旧区改造的力度有所加大，但是由于财政和规划力量有限，每年至多只能对 2 个居委会进行改造，要完成全社区 25 个居委会的改造工程需要 10 多年的时间。在这 10 年中，社区如何预防房屋损坏和坍塌事件的发生值得细细思量。

从社会的治安角度看，入室盗窃一直是困扰社区的一大问题。社区房屋的门窗无法完全关紧，缺乏防盗设施，加之住户安全意识不强，常常习惯门户大开，导致入室盗窃事件频发。而经统计，这些案件 70%～80% 都发生在对外出租的房屋内。因此，外地来沪人员是遭受损失的主要人群。还需要特别指出的是，这些入室盗窃大都发生在半夜，如果屋主在盗贼偷盗过程中醒来，其生命安全将受到严重的威胁。除了入室盗窃，社区内私家车内的财物抢劫、偷盗助动车和自行车的事件也时有发生。

由于旧城区比较拥挤，小马路比较多，而且大部分的房屋紧邻这些小马路，小型的交通事故长年不断。另外，由于住宅临靠马路，居民晾晒、乱扔乱抛现象等比较严重，影响了社区的区容区貌。

由于社区正在进行旧城区改造，拆迁过程中产生的矛盾不断，不同层面的上访活动频发。部分经常参与上访的居民甚至已经出现了反社会倾向，对社区安全造成重大威胁。拆迁造成的另一大问题是由于开发商没有资金，无法完成拆迁而形成了烂尾基地。部分住户为了省钱，重新搬入拆到一半的房屋内居住，其生命和财产受到严重的威胁。

最后，社区内有一些特殊人群也需要予以特别关注。社区内有 3000 多名残疾人，共拥有残疾车 147 辆。这些车辆经常被用来经营载客生意，影响了社区的整体形象。另外社区内的一些新疆支边回沪人员，经常因医保问题和户口问题上访，影响社区稳定性。

表 9-7、表 9-8 列举了以北站街道为代表的石库门与棚户区社区面临的主要突发公共事件和承灾体。

表 9-7　石库门和棚户区突发公共事件列表

突发公共事件类型	子类型
自然灾害	暴雨
	台风
事故灾害	交通事故
	火灾事故
	环境破坏
	拆迁事故
社会安全事件	入室盗窃
	偷窃事件
	两抢事件
	个人极端事件
	拆迁事件
	上访事件
	黑车拉客事件
	其他刑事案件

表 9-8　石库门和棚户区承灾体列表

物理上的	房屋	结构
	悬挂物	空调外挂机
		广告牌
		高空花盆

表 9-8（续）

物理上的	基础设施	电线
		水管
		煤气管
		道路
		围墙
		工地
	高危设施	加油站
		煤气站
经济社会	人群	老年人口比例
		贫困人口比例
		残疾人口比例
		支边回沪人口比例
		外来人口比例

以上罗列的突发公共事件和承灾体是综合各社区特点提出的，在具体操作过程中，各社区可以根据自身的特点，通过走访或者居民的头脑风暴等方式，总结出符合社区实际情况的致灾因子和承灾体，并在此基础上，开展相应的灾变致险程度评估和承灾体脆弱性评估，并完成后续整体的社区风险评估。

第二节　东莞市岗贝社区突发公共事件应急预案

一、总则

（一）编制目的

为保障社区内居民生命财产安全和社会稳定，依据有关法律法规以及相关预案，结合社区实际，制定本预案。

（二）适用范围

本预案适用于岗贝社区范围内，由社区组织实施，或需要社区联合相关单位共同实施，或社区协助有关部门和单位应对各类突发公共事件的预防和处置。

（三）预案体系

主要由防台防汛、突发疫情、中毒事件、火灾事故、公共设施安全事件、群体性事件、盗窃事件、交通事件等的应急行动方案组成，依据社区应急管理工作需要，再增加相关方案。

（四）工作原则

坚持以人为本、预防为主、及时报告、先期处置、相互配合、协同应对、公众参与的原则，切实保障社区居民生命财产安全。

二、社区应急工作状况

（一）社区基本情况

岗贝社区位于东城区中心地段，辖区面积达 10 km^2，管辖范围有 5 个居民小组，30 多个花园小区、商业大厦和广场，2 个市场，共有商铺、出租屋、写字楼和大中型公众密集场所 2500 多间。

（二）社区资源情况

1. 组织力量

社区内自治组织主要有：岗贝社区居委会、业主委员会等组织机构。

2. 应急救援力量

社区现有应急救援队伍 2 支，具体为：社区应急支援小分队（35 人）、社区医疗服务队（4 人）、楼群组长（若干人）、志愿者队伍（12 人）。

3. 应急保障设施设备

（1）避灾场所：疏散广场。东城第五小学操场 7000 m^2，能容纳 14000 余人，岭南小学操场 6000 m^2，能容纳 12000 余人；东城高级中学操场 6000 m^2，能容纳 12000 人；社区文化广场 5000 m^2，能容纳 10000 人。

（2）监控系统：通过数个摄像头对社区进出口、边界和主要地域、重要设施等实施 24 h 监控。

（3）应急保障车辆：社区自备 3 辆应急车辆，1 部社区消防车。

（4）信息通知系统：利用社区居委会门口的宣传长廊发布一般应急信息；通过信息群发通知楼群组长的方式，将紧急信息通知到每一住户；利用社区广播、手提喇叭等将特别紧急的信息告知居民。

（三）社区突发事件现状分析

本社区地处东南沿海亚热带季风区，台风、暴雨和洪涝等自然灾害频发，地震灾害也有可能发生。

社区地处闹市，小区道路窄、人口密集、停车位少，易引发交通事故和停车纠纷。

辖区 3 所学校、餐饮业、小宾馆是传染病疫情、食物中毒、群体性不明原因疾病等突发公共卫生事件的防范重点。

社区内有娱乐场所、菜场、商业街，人口流动性比较大，易引发群体事件和盗窃、抢劫等刑事治安案件。

三、组织体系

（一）组织指挥体系

1. 指挥协调机构

成立社区应急协调小组，社区书记、主任为组长，社区支委、安全办主任为副组长，社区两委成员、社区警务室、出租屋管理服务站、各居民小组、各花园小区管理处等有关人员为小组成员。

2. 社区应急协调小组职责

负责风险分析，隐患排查，监测预警和信息报告；组织先期处置，协调、配合相关部门和上级应急队伍实施救援行动；撤离、安置受灾居民；组织宣传教育和培训演练；指挥、协调应急管理工作。

3. 成员单位职责

（1）社区居委会：全面负责社区突发事件的预防和处置。具体职责是：负责拟订社区应急预案，组织风险分析、隐患排查，制订各项预防措施，负责突发事件的监测、预警和信息报告，组织开展社区应急宣传教育和培训演练。

（2）社区警务室：协助开展社区安全防范，接受群众的报警求助，收集社区情报信息。

（3）花园小区物业管理处：负责社区安全防范和秩序维护，组建应急队伍，协助公众和引导专业应急支援力量开展应急救援。

（4）社区卫生服务站：负责组建卫生服务队，负责公共卫生事件的监测、上报、预防和各类社区突发事件中伤员的初步诊治和送医；

（5）安排专人负责做好校园内的应急管理工作。

（6）其他单位：在社区应急协调小组的协调下，做好本单位应急管理工作。

（二）应急保障体系

社区突发事件的应急保障力量由可指挥使用的应急队伍和申请使用的应急支援队伍组成。

（1）可指挥使用的应急力量：社区应急支援小分队、社区医疗服务队、社区物业保安队伍、楼群组长、志愿者队伍等。

（2）申请使用的应急支援力量：街道（乡镇）应急支援队伍、相邻社区应急分队以及派出所、市公安局消防大队、市疾控中心、医院、供电所、自来水公司、煤气公司等专业救援力量。

四、预防与预警机制

（一）信息监控

1. 监控系统

社区监控系统实施全天候、全方位的监控和信息收集。

依靠街道（乡镇）内网邮件系统和街道（乡镇）短信提示系统传送信息，及时上报和从上级获取气象预报和突发公共事件的预警信息。

2. 执勤网络

物业保安实行 24 h 值班制度，通过监控系统密切关注社区安全。

社区内勤或值班人员随时接收上级通过党政信息网发布的报警信号和相关信息，并随时关注街道（乡镇）的短信提示和广播、电视、报刊、互联网发布的突发公共事件的预警信息。

3. 人员网络

依靠党员志愿者队伍、楼群骨干队伍、社区保安以及卫生监督员、治安信息员等分别获取各类事件的预警信息。

（二）信息报送

1. 信息报送要求

最先发现或接到紧急信息的个人在第一时间拨打报警电话，同时向社区应急协调小组领导报告。接到情况报告后，社区在组织先期处置的同时，迅速通报相关单位，并及时查明事件情况，尽快将信息报送至街道（乡镇）党政办。

2. 信息报送内容

（1）事件发生的基本情况，包括时间、地点、规模、涉及人员、破坏程度以及人员伤亡情况。

（2）事件发生起因分析、性质判断和影响程度评估等事项。

3. 信息报送方式

采取电话、传真、网络等方式，将突发公共事件信息报送至上级机关和有关部门。

（三）预防预警

社区警务室、物业公司、社区卫生服务站在发现情况后将预警信息及时报告给社区应急协调小组。社区居委会每月召开（监控）信息员例会，总结分析上一个月的社区安全工作情况，提出本周安全工作的指导意见和要求，并及时将有关信息在社区宣传栏中发布。

对于没有明显征兆或无须紧急处置的事件，以在公告栏公告的方式进行预警。

对台风、暴雨等有征兆事件的预警，采用 QQ 群、信息网络群发和广播等进行发布。

五、应急响应

（一）防汛防台应急行动方案

1. 组织机构

防汛防台应急工作组是社区防汛防台工作的指挥协调机构，在社区应急协调小组的领导下开展工作。主要职责是：组织协调社区范围内台汛灾害的预防和处置工作。由专人具体负责。

2. 预警预防

防台防汛的预警，以上级通知为主，结合广播、电视、报刊、网络发布的信息，由社区内勤或值班人员负责接收，台汛期间随时接收和关注。

在接到台汛的预警信息后，社区对防汛防台的食品、药品和有关物资器材设备做再次检查和补充，社区居委会通知居民做好防汛防台准备。

3. 信息报送

社区内勤或值班人员在获知台汛预警信息后，迅速报告给应急协调小组组长，与物业公司负责人取得联系，并将此信息迅速通报给辖区各单位的信息联络员，社区应在 30 min 内将初步落实情况报街道（乡镇）党政办，并做好信息续报。

4. 应急处置

（1）接到防汛防台警报后，安排社区居委会成员进行值班值守，并将名单上报至街道（乡镇）党政办。

（2）社区服务站根据应急工作的指示，发布台汛信息，要求物业公司固定小区内行道树，加固屋顶水箱盖，宣传（广告）牌架，疏通窨井盖上的堵塞物；对相关器械如应急灯、雨衣、雨靴、绳索、抽水机、钢盔、木桩等情况进行检查。

（3）安排专人通知楼群组长，由楼长通知责任区内居民，做好阳台花盆等搬迁工作。

（4）安排专人负责社区卫生服务站的药品储备，对于可能威胁居民生活的灾害，组织党员志愿者、社区居干对受灾居民进行安置，保障吃、穿、住、医等基本生活，社区卫生服务站工作人员做好配合。

（5）遭遇险情时，物业保安、党员志愿者组成防汛防台救援队，实施抢险救灾。道路严重积水时进行排水，并及时上报街道（乡镇）党政办，向街道（乡镇）办事处（人民政府）申请支援和物资调剂；遇行道树、广告牌或房屋构筑物断倒时，进行统筹处置。

（6）幼儿园和学校等辖区主要单位的防汛防台工作按各自预案执行，社区做好指导、配合工作。

5. 善后工作

物业清洁工负责清理打扫小区环境；社区卫生服务站工作人员负责对受灾地域进行消毒防疫；社区物业公司再次检查小区行道树、临时设施、电源线路和排水系统等，排除存在的险情和隐患；社区居委会督促楼群组长逐户上门登记受灾情况，交社区内勤汇总统计，经社区书记签发后上报至街道（乡镇）办事处（人民政府）。

（二）突发公共卫生事件应急行动方案

1. 突发疫情应急行动方案

1）组织机构

公共卫生应急工作组是社区卫生工作的指挥协调机构，在社区应急协调小组领导下开展工作。其主要职责是：进行疾病预防，负责疫情监测及信息报送，安抚疫点居民，协助对疫点或感染人群进行隔离和消毒等工作。

2）预警预防

突发传染病疫情的预警，以上级机关通知为准，由社区服务站负责接收信息，疫情易发期做到随时接收。

3）信息报送

社区卫生服务站监测到社区内有疑似疫情后，迅速报告市疾控中心，等待确认。社区卫生服务站获知突发传染病疫情的预警信息后，必须在第一时间报告应急工作组组长，社区负责在30 min内将有关情况报街道（乡镇）党政办以及市疾控中心。社区内勤或值班人员根据工作组的指示，将此信息通报辖区各单位。

4）应急处置

（1）社区服务站向辖区单位的信息联络员发出突发传染病疫情的预警信息，要求停止一切大型集体性活动，在社区卫生服务站的协助下，做好初步防疫准备（如消毒、备足药品物资等）。

（2）社区服务站负责向居民发布疫情警报，及时告知疫情、感染源、防护措施以及疫情发展、控制情况。

（3）社区应急工作组组长负责，责任居干及所在楼群组长协助，做好居民和疑似病人的思想工作，进行安抚慰问，确保居民情绪稳定。做好突发性传染病疫情防治的宣传工作和有关信息的收集汇总，把传染病疫情防治资料发放到每家每户。

（4）社区保安队长负责带领社区保安设置警戒区域，维护现场秩序，疏通道路交通，引导救护车辆，劝离围观人员。

（5）社区卫生居干负责，其他居干和社区卫生服务站人员共同参与，负责各自包干区的每个楼道的疾病预防和消毒的技术指导。人员流动大的公共场所的消毒：用0.2%～0.5%的过氧乙酸喷洒空气，用0.1%的过氧乙酸拖地，用0.2%的过氧乙酸擦拭门把、桌子、凳子等设施，用0.2%～0.5%的过氧乙酸喷洒楼群过道，每日不少于2次。

（6）社区保安队队长负责，社区物业公司人员、社区居干和各楼道墙门组长配合，对辖区内在特定时期到过传染病疫情区，和从疫区来到本辖区的人员，都要做好摸排登记工作，由各楼道墙门组长汇总所在墙门人员数，上报至社区内勤。

（7）社区卫生居干组织保安配合卫生、公安部门逐个落实疑似病人以及与疑似病人的密切接触者的情况，由社区民兵连负责督促疑似病人立即佩戴防护口罩、手套，观察病情，对症处理，或根据需要采取就地隔离和医学观察措施，工作人员应穿好防护服，戴口罩、手套等，做好个人防护。

（8）开辟专用电话，由社区服务站负责，居干24 h轮流值守，接收、传递和上报疫情信息，与应急工作组组长保持信息沟通。疫情信息有网络直报要求的，按上级规定执行。

（9）社区向街道（乡镇）办事处（人民政府）申请调迁车辆，在居委会待命，根据上级要求设立隔离区。

（10）幼儿园和学校等辖区主要单位的疫情处置工作按各自预案执行，社区做好指导、配合工作。

5）善后工作

社区内勤根据上级要求，通过合适的方式，通知居民解除疫情，撤除隔离区；社区卫生服务站对隔离区进行现场消毒、清理；应急工作组组长向街道（乡镇）党政办报告疫情的处置情况。

2. 突发中毒事件应急行动方案

1）组织机构

公共卫生应急工作组是社区卫生工作的指挥协调机构，在社区应急协调小组领导下开展工作。其主要职责是：进行疾病预防，负责疫情监测及信息报送，对中毒人群进行先期救助等工作。

2）应急处置

（1）当保安或社区工作人员接到辖区内居民煤气中毒、食品药品中毒或出现三人以上腹泻、呕吐等症状的情况报告后，立即拨打120申请救助。社区卫生服务站在先期救助的同时，视情立即报告街道（乡镇）党政办、市卫生监督所和派出所。

（2）组织党员志愿者队伍迅速赶赴现场安抚群众，并带领部分当班保安人员先行维持秩序，疏散无关群众。

（3）当班保安拉好警戒线，保护好全部现场，等待专业人员到达后移交，各门岗保安负责引导专业救援力量并协助处理相关事项。

（三）火灾事故应急行动方案

1. 组织机构

火灾事故应急工作组是社区火灾事故的指挥协调机构，在社区应急协调小组领导下开展工作。主要职责是：进行火灾预防，协助救火，负责灾情报告，安置灾民和组织救火逃生演练等。

2. 应急处置

（1）火灾事故应急工作组在每月第一周对辖区单位和小区的设施设备进行安全检查，对安全隐患进行不定期排查，对消防管线、供水、消防栓、灭火器和逃生器材进行检查，按职责范围和要求及时更新补充。

（2）当班保安发现火情、接到火警报告后，第一时间拨打119，同时报告社区应急工作组。应急工作组立即将相关情况报告街道（乡镇）党政办。

（3）各门岗抽调1名保安，携带2只干粉灭火器奔赴事发地。

（4）当班保安队长负责现场指挥，按照火源性质，用专门灭火器材处置。

（5）社区居干协助当班保安告知居民、疏散群众撤离火灾现场，并拉好警戒线，等待消防人员到来。

（6）火灾被扑灭后，社区物业当班保安负责检查余火，做到不留死角。应急工作组组长带领居干赴现场做好事故伤亡人员亲属的安抚、慰问工作，妥善处理各种善后事宜，配合相关部门进行事故调查，尽快恢复正常的生活秩序。

（四）社区公共设施安全事件应急行动方案

社区物业公司是社区公共设施安全事件的应急处置机构，在社区应急协调小组领导下开展工作。其主要职责是：做好社区供电、供水、供气和电梯运行等突发公共事件的应对工作。

1. 突发大面积停电事故应急行动方案

（1）当班保安发现或接到突发大面积停电的报告后，立即拨打电力公司 24 小时服务电话 95598，并报告物业公司负责人和社区书记。

（2）在接到报告后落实人员在 30 min 内将相关情况报告街道（乡镇）党政办。

（3）当班保安队长在第一时间到达现场，了解停电区域等有关情况，社区居委会部署居干按分片包干制通知楼长，要求居民关闭各家用电器。

（4）物业工程部配合引导城南供电所维护人员对电力线路进行检查和维修。

2. 突发大面积停水事件应急行动方案

（1）社区或物业公司当班保安发现或接到突发大面积停水的报告后，立即拨打自来水公司服务热线，并报告社区负责人。

（2）所属小区内出现管道问题的，物业公司工程部协助自来水公司技术人员进行检查和维修。

（3）如停水时间较长，物业公司工程部向自来水公司申请送水支援，并获取水车到达的确切时间。

（4）由当班保安引导水车，并维护送水现场的交通秩序，保证居民顺利接水。

（5）社区内勤或值班人员负责告知居民停水的事故原因、停水时间，以及送水车到达的时间地点等，并要求居民关紧水龙头。

（6）社区服务站详细记录事故的始末时间、发生原因、应对措施以及造成的损失，由社区向街道（乡镇）党政办报告。

3. 煤气爆炸事故应急行动方案

（1）当班保安发现煤气爆炸事件后，立即拨打 110。

（2）当班保安立即报告社区居委会负责人、物业公司负责人和兰江派出所，并通知物业公司维修工。社区内勤或值班人员立即向街道（乡镇）党政办报告。

（3）社区内勤或值班人员详细记录事故始末时间、发生原因、应对措施以及造成的损失，向街道（乡镇）党政办报告。

（五）突发群体性事件应急行动方案

1. 组织机构

突发群体性事件应急工作组是社区突发群体性事件的指挥协调机构，在社区应急协调小组领导下开展工作。其主要职责是：安抚过激情绪，平息过激行为，避免流血冲突事件发生，协助上级妥善处置突发群体事件，确保社会稳定。由社区书记负责指挥。

2. 预警预防

（1）预防及预警信息收集。社区建立针对大规模群体性事件的有效的预防、预警和处置措施，建立高效、灵敏的情报信息网络，加强对社会不稳定因素的掌握和研判，完善预警工作机制。对可能发生大规模群体性事件的信息，特别是苗头性信息进行全面评估和预测，做到早发现、早报告、早控制、早解决。强化情报信息工作，扩大信息收集的范围和信息分析的深度和广度，提高信息传报的效率，做到及时、客观、全面、准确。

（2）预警信息。预警信息包括以下类型：出现不稳定事端和群体性事件苗头，但尚处在酝酿过程中的；发生堵门、堵路、拦截车辆、围攻殴打国家机关工作人员或严重影响交通、治安秩序等严重违法违规行为的；发生在单位内部的表达共同意愿的聚集事件，尚未发生行凶伤人，扣押有关人员或打、砸、抢、烧等违法行为的；其他由人民内部矛盾引起、尚未出现过激行为、已由有关主管部门在现场开展工作、化解矛盾的群体性行为。

（3）预警行动。接到预警信息后应迅速核实情况，情况属实的，应急工作组立即报告街道（乡镇）综治办，同时开展先期处置，控制事态发展。

3. 信息报送

事件发现人（信息第一接手人）必须在第一时间报告应急工作组组长，根据组长指示，社区在 15 min 内将事件初步情况报告街道（乡镇）综治办。

4. 应急处置

（1）社区内勤做好事故的报警、报告及各方面的联络沟通，报告街道（乡镇）综治办、党政办和派出所，并通知有关人员立即赶赴现场。

（2）协助公安民警维护现场秩序，组织人员有序疏散，疏通道路交通，劝退围观人员。

（3）组织社区居干协助上级有关部门对行凶伤人、斗殴、堵门、堵车等过激行为人员，进行说服、教育工作，了解起因，缓和情绪，化解矛盾，平息事态。

（4）社区卫生服务站站长负责，组织党员志愿者、社区卫生服务站工作人员，对受伤人员实施初步救治，严重受伤的安排车辆送医院。

5. 善后工作

社区综治居干负责，其他居干配合，做好事故伤亡人员亲属的安抚、慰问工作。配合上级部门进行事故调查，尽快恢复正常的生活秩序。

（六）社区刑事治安案件应急行动方案

1. 组织机构

社区刑事治安案件应急工作组是社区刑事治安案件先期处置的指挥协调机构，在社区应急协调小组的领导下开展工作。其主要职责是：加强物业保安治安巡逻力度，发挥群防群治队伍作用，预防和减少盗窃、抢劫等刑事治安案件的发生。

2. 应急处置

（1）当班保安发现财产被盗、入室抢劫等情况后，当即拨打 110 或街道（乡镇）派出所报警电话，同时报告社区应急工作组、物业管理公司负责人和当班保安队长。

（2）不论事发何地，监控值班人员都要进行摄像头跟踪，随时将情况通报给当班队长。

（3）参与搜索人员必须两人以上一组，夜间必须携带电筒、皮棍，白天搜索的，保安人员必须携带皮棍、对讲机。抓捕犯罪嫌疑人时，要注意自身安全，注意嫌疑人是否有凶器等情况，抓捕时，对犯罪嫌疑人要形成半月形的包围。

（4）保护好犯罪现场，迅速、及时封锁警戒，不留新痕，不毁旧痕。

（5）抓获的犯罪嫌疑人，及时扭送至公安机关，并注意保存违法犯罪证据。

（七）交通问题应急行动方案

1. 组织机构

社区交通事件应急工作组是社区交通事件应急处置的指挥协调机构，在社区应急协调小组领导下开展工作。其主要职责是：指挥协调社区交通，保持社区交通畅通，预防和减少交通事故。

2. 应急处置

（1）当班保安发现交通严重堵塞或交通事故等情况后，立即拨打 110 或交警大队电话。

（2）报告应急工作组和街道（乡镇）安监所，到现场组织指挥。

（3）当班巡逻保安在队长的带领下，负责交通疏导。

（4）发生交通事故的，当班保安要先保护现场，并协助交警疏散人群、疏导交通，以及对交通事故进行调查处理。

（5）遇到人员受伤，应立即拨打 120 救助，或视情由社区应急工作组安排车辆送医院救治。

六、后期处置

（一）善后处理

应急处置接近尾声时，社区应急协调小组组织居干、楼群组长等人员深入现场和居民家中，听取一线群众反映情况，收集汇总人员伤亡、财产损失和相关社会治安等信息并上报街道（乡镇）办事处（人民政府），进行调解和安抚，协助进行善后赔偿，适时发动社会捐助，及时通报灾后信息，减轻和消除事件的影响，确保生产生活秩序的及时恢复。

（二）调查评估

每次应急突发事件处置后，社区应急协调小组要组织事件参与单位负责人座谈讨论，总结经验教训，对事故（事件）的预防、预警、协调、指挥和应急救援等处置工作和本预案中对应的应急行动方案进行全面评估，并结合实际工作提出对预案的修订意见和要求。

（三）信息发布

突发公共事件后，要通过社区宣传窗、科普画廊等，快速、准确地将灾情通报至社区学校、商店、居民和辖区单位，涉及内部信息或可能引起社会不稳定的事件信息在发布之前须经街道（乡镇）办事处（人民政府）同意。

（四）责任和奖惩

突发公共事件预防和处置工作实行一把手负责制和责任追究制。社区应急协调小组按照有关规定，对在突发公共事件应急处置工作中有突出贡献的单位和个人给予表彰和奖励，或报上级机关建议给予表彰和奖励；对迟报、漏报、瞒报和谎报突发公共事件重要情况或在应急管理工作中有玩忽职守、不服从指挥、不认真负责或临阵脱逃行为的，报上级机关对有关责任人给予处理。

七、宣传、培训与演练

（一）宣传及公众信息交流

通过应急管理宣传教育，增强公众的危机意识和公共责任意识，提高自救、互救能力。

社区应急协调小组要做好居民的应急宣教和告知工作。主要通过社区公告栏、科普画廊等载体，进行相关法律法规，以及抢险、避险等知识的宣传，增强社会公众的安全意识，提高公众的抢险、避险、自救能力。灾情、灾况等公众信息，经街道（乡镇）报送区新闻宣传部门审定后向社会发布。

（二）培训与演练

社区应急协调小组每年年初召开社区应急协调小组会议，学习应急管理知识，制定社区应急培训演练计划。每年邀请应急管理专家和专业应急救援机构对社区工作人员和社区民兵连等应急力量进行授课培训。根据气象情况和灾害发生特点，由社区牵头，定时（在灾前）组织责任单位进行各行动方案的模拟演练，每年不少于一次进行社区综合应急突发事件处置演练。

八、附则

（一）预案管理

本预案由社区制订，经街道（乡镇）办事处（人民政府）批准后发布实施，报街道（乡镇）办事处（人民政府）备案。

（二）维护和更新

为适应突发公共事件应急对策的不断完善和相应组织机构人员的调整，根据需要及时组织社区对预案进行修订。

（三）预案实施

本预案自发布之日起实施。

第三节　成都市过街楼社区抗疫

一、案例简介

2020 年 1 月，湖北省武汉市等地陆续发生新型冠状病毒肺炎疫情。疫情发生后，在党中央的集中统一领导下，全国共同努力，全力做好防控工作，在这场看不见硝烟的战争中，社区工作人员就是防控疫情的“守门人”，抗疫也是对每个社区的治理体系和治理能力的一次大考。成都市青羊区少城街道过街楼社区位于成都市中心，在此次疫情中，社区充分发挥党建引领作用，通过科学分析、抗疫服务全覆盖、保障重点人群、调动多元参与联防联控，在疫情防控中实现了“引导到位、动员到位、排查到位、监测到位、暖心到位、宣传到位”，建设了一个个凝聚人心、增强团结、促进信任的堡垒，用科学快捷的速度、精准服务的风度，展现了社区应有的温度。

二、应对措施

（一）科学分析，理性思考

疫情开始时，过街楼社区党委首先组织两委班子分析了社区的优劣势，评估社区公共危机，思考危机应对措施，见表9-9。

表9-9 过街楼社区的公共危机评估

	优势/机会	劣势/威胁
内部	1. 社区工作人员以党员为主，党性强，凝聚力强； 2. 社区工作人员执社工证的有7人，社区工作年限10年以上的有6人，社工实务能力强，工作经验丰富； 3. 社区民警是社区党委副书记，社区与民警配合默契，资源共享	1. 社区缺乏应对疫情的专业知识，不了解、不熟悉危机应对流程、技巧，开展抗疫工作初期时慌乱无序； 2. 社区工作人手不足，10位工作人员面对1万多位居民，无法实现快速响应； 3. 口罩等防护物资储备不足； 4. 社区无法预估疫情的发展
外部	1. 社区网格化体系健全，小组长51人，支部7个，覆盖了社区全部院落； 2. 社区通过党建联盟覆盖了辖区所有单位； 3. 社区微信群、微信公众号等覆盖了众多人群	1. 大多数居民对疫情不了解，有的产生害怕、恐慌的心理，有的抱着麻痹、无所谓的心态； 2. 社区空巢老人、失独家庭、残疾人有500人； 3. 社区门卫整体文化素质不高，对疫情不了解； 4. 要改变春节期间聚会走访的习俗，居民有一个接受的过程

（二）分段分类，快速应对

新型冠状病毒肺炎疫情的蔓延，其速度之快、规模之大，在中国当代史上可以说是前所未有。社区在这次疫情中应该发挥什么作用？怎么发挥作用？过街楼社区经过分析，决定充分发挥社区党建引领作用，结合危机介入模式，根据疫情发展情况，分阶段确定目标，及时处理，应对此次社区公共危机。

1. 第一阶段（1月22日—1月26日）：快速介入、稳定情绪

1）社区现状

疫情开始时，居民都在准备过年，有些人认为离自己很远，无所谓，有些人认为过几天就会好，不当回事，还有一小部分人害怕、慌张。

2）社区抗疫目标

统一思想，培训社区工作人员，梳理工作流程；广而告之，让居民家喻户晓；稳定居民情绪，提醒大家重视。

3）社区工作措施

（1）快速应对，建立组织架构。社区党委牵头成立社区防控应急领导小组，统一社区工作人员思想，通过紧急培训给大家普及社区公共危机知识，让社区工作人员领会国家突发公共卫生事件一级应急响应要求，认识疫情的危害，掌握防护知识，统一宣传解释口径，同时制作社区防控摸查台账，建立发现报告工作机制，按前台综合、网格入户、信息协调三大类给工作人员分工，确保了应急信息渠道通畅。

（2）发动志愿者，开展网格化排查。社区认为第一阶段首先是要第一时间让广大居民知晓疫情、重视疫情，要摸清目前居住在社区的居民的底数。结合“非典”“5·12”的工作经验，社区快速发动网格员、小组长加班加点地开展地毯式入户排查，5天时间完成了两轮排查，摸清了当下居民的情况，为做好社区内部防控奠定了基础。

（3）线上线下发布官方消息，稳定居民情绪。社区立即通过张贴疫情重要通知书、在各微信群和社区微信公众号发布官方消息等方式，让广大居民知晓疫情，做好防控。这对于居民也是一剂定心丸，让他们有安全感。

4）第一阶段成效

初步建立了危机应对的机制，摸清了社区居民状况的底数，及时让居民了解疫情相关信息，提高了防范意识。

2. 第二阶段（1月26日—2月16日）：多元参与、服务保障

1）社区现状

随着疫情的发展，居民通过网络、电视等媒体知道了新冠病毒的危害，在市场上又无法购买到口罩、酒精等防疫物资，开始产生了恐慌和害怕的情绪，一些未经核实的网络信息更加剧了一些居民的心理负担，国家推迟上班复工的规定，也让一些以传统服务业为生的居民产生了经济危机感。2月8日成都发布了封闭式院落管理的通告后，众多宅在家中的居民对社区生活服务需求迅速增加。

2）社区抗疫目标

传播科学知识，消除谣言，稳定居民情绪；加强人员流动管理，防止外部疫情输入；发挥党建引领作用，关爱重点人群；做好民生保障，社区生活、环境卫生秩序井然。

3）社区工作措施

（1）成立临时党支部，党员冲锋在前。过街楼社区有52个老旧院落，居住了2000多位60岁以上的老人，为让广大居民了解掌握科学防疫知识，社区成立了两个由社区民警牵头的临时党支部，由党员志愿者们向居民传播科学防治知识，还通过录制防疫抗疫宣传音频，每天由党员、志愿者穿着“党员先锋队”的红马甲，走街串巷，在院落、街道用大喇叭宣传播放，帮助居民强化防控意识，同时也给予了居民安全感。

（2）动员全员参与，强化院落管理。社区接连开展了三轮排查，每天对社区居民进行动态排查，查漏补缺，同时社区严格规范院落人员的进出管理制度，对于有门卫的40个院落，社区就发动门卫、院委会进行出入登记、测量体温，网格人员上门核实；针对12个无门卫院落，社区安排公益性岗位，动员党员志愿者在院落外巡逻值守，对进出院落的人员进行登记，随时提醒住户关门，确保社区动态登记不漏一户，有效防止了外部疫情的输入，守住了院落、社区的“大门”。

（3）发挥党建联盟作用，关爱重点人员。过街楼社区有失独、空巢、残疾人员近400人。经排查，疫情期间需要重点关注的有70多人，他们的社会资本相对薄弱、抗风险的能力较弱。还有因到过疫区等原因需要居家隔离的有10户，针对近100名重点人员，社区党委通过建立“1+1+1”联动机制保障了他们的基本生活：每位重点人员对应一个网格员、一名志愿者（门卫、党员），每天一个电话或一次上门服务。同时，社区还有由23家企事业机关单位、8家社会组织组成的党建慈善联盟，党建联盟单位募捐了蔬菜、消毒液、酒精、口罩等物资。

（4）提供多元服务，维持民生秩序。疫情一开始，社区第一时间招募了志愿者，每天在院落、街道开展全覆盖消杀工作，预防疫情发生。社区还引入社会企业，开通了网上购物服务、疫情期间便民菜市等便民服务。

4）第二阶段成效

建立了一个以社区党建引领，居民广泛参与，社会力量助力的应急工作网络，激发了居民自助互助的潜力，营造了一个和平稳定的社区氛围。

3. 第三阶段（2月17日后）：给予希望、重建温度

1）社区现状

疫情的走向越来越好，各学校开始了网络教学，学生们开始了网上学习，各商家店铺企业也纷纷开始复工复产，但生意不及往年二成，一些店铺复工了一天又关了，没有上班的居民想出门的念头日益强烈，遇到天气晴朗的日子，院落、街道聚集的人群渐增。

2）社区抗疫目标

强化防控宣传教育，增强防护意识；帮助商家店铺复工复产；给予居民战胜疫情的信心。

3）社区工作措施

（1）落实推广健康申报、诚信申报，加大防疫宣传力度。在疫情形势逐渐好转的时候，居民紧张的情绪开始放松，但疫情并没有结束，社区及时借助成都市“天府健康码”申报的契机，再一次在社区广泛宣传防控措施，提醒居民保持警惕，有效地杜绝了居民扎堆外出的情形。

（2）分类指导，提前规范行业复工。过街楼社区有250多家商铺，其中有23家家政服务公司，服务人员来自不同地域，家政公司又各自为政，信息不互通，行业管理不规范，疫情期间家政行业的复工存在诸多问题。为此，社区提前发布家政服务业复工告知书，召集各公司负责人分析疫情形势、讲清责任，同时及时把文件政策要求通过微信群通知他们，给他们发放消毒液，保障了家政服务行业有序复工。

（3）贴近居民，发布动态。社区书记开设“抗疫一线”专栏，每天用顺口溜的形式把社区在疫情期间的工作、见闻、经验分享给居民，两新党组织录制原创抗疫诗歌、制作抗疫抖音，增强了居民对取得疫情胜利的希望与信心。

4）第三阶段成效

巩固抗疫成果，指导支持社区有序恢复活力，提升居民的信心。

三、工作反思

（1）党建的引领，可以提升居民参与的积极性与能力。在疫情期间，无论是社区第一时间的快速入户排查，还是后期发动广大群众自助互助，靠的是平时社区工作中社区与居民之间建立的深度信任关系，而这种信任关系是靠社区的基本功——党的群众工作取得的。党建引领不是一句空话，要体现在社区发展治理上有实招，通过平时的党建工作服务，让居民有信任感、归属感。

（2）网格化的科学运用，可以快速高效地传播信息、收集信息。基层党建引领不是一句空话，如今社区网格体系建设得十分完善，条块结合，从社区到街道、院落、楼栋、家庭，都有对应的人员，结合线上线下模式，科学安排，在疫情期间保障了信息采集渠道快速通畅。

（3）多元参与，提高社区治理水平。疫情期间，平均 10 个社区工作人员对应上万个居民，社区通过几轮地毯式排查，集中动态入户、宣传，发现居民既是疫情防控中的服务接受者，也是服务递送者，是风险防控的重要支柱力量，于是引导居民自助互助、抱团取暖，以前不关心院落公共事务的居民，对外来人员进出、门卫管理、环境卫生等事宜开始关注了，邻里之间的了解与认知增强了，院落的活力出现了，提高了社区的凝聚力，增强了居民的归属感，社区治理水平得以提高。

（4）社会工作的实务运用，助力抗疫成效。在此次疫情中，社区结合危机介入模式、社区策划模式，梳理出清晰的工作思路，合理分配社区工作人员岗位，分阶段制定目标，根据疫情动态及时调整工作策略，取得了较好的成效。

第四节　成都市爱有戏社区发展中心抗疫行动

如果说，疾病的治愈率考验的是一个国家的医疗水平，那么疫情的控制考验的则是一国政府的社会治理能力。由于防疫是一项社会性活动，仅对疾病进行救治或仅对感染者个人的行为采取约束措施很难取得良好的防控效果，疫情防治需要从全社会的多个角度介入。我国人口基数大，且多集中在城市社区，与疫情防治紧密相关的公共卫生管理系统可分为两部分：一部分是政府和医院主导的正式系统，属于专业防疫，依凭医学科学进行健康维护和管理；另一部分是邻里、社区为代表的非正式系统，承担社会防疫的任务。社区层面的支持是社会保障体系运转的基础，也是促进公共卫生体系发展的重要推动因素。

疫情期间，成都市爱有戏社区发展中心（以下简称“爱有戏”）基于其多年来聚焦社区发展与实践研究的资源优势与经验优势，开启了一系列以社区为“舞台”、以“营造”为基础、以“韧性”为目标的抗疫服务。本文对“爱有戏”一系列社区抗疫行动的发起、内容、成效等进行梳理，期待为公益同仁开展常态化的社区支持，以及思考“后疫情时代”韧性社区的建设提供借鉴。

一、以社区为“舞台”的行动者

2008 年发生的汶川地震让“社会工作”“志愿者”等概念进入公众视野，普通公民也开始关注并参与解决社会问题与应对公共安全事件的实践中。认识到公众、参与社会治理的潜力与重要性，四川的刘飞在震后组建了成都市青年志愿者协会“爱有戏”公益戏剧社志愿者服务队，她想用拍摄戏剧的方式来反映社会中需要改变的状况，从而引发社会公众对社区中关乎国计民生的“小事”的关注。为了更好地满足基层社区的需求，团队在 2009 年实现蜕变，成立了成都市爱有戏社区发展中心。机构自成立伊始，便专注于城市社区发展，以“协力构建更具幸福感的社区”为使命，立足社区，通过参与式的方法培育社区社会资本，推动社区发展。

“爱有戏”目前已经发展成为拥有 290 余人的机构，形成社区发展、家庭综合支持、公共服务、支持性业务四大业务板块协同发展的格局，并下设“艺术与社会创新实验室”和“社区发展实践研究院”，机构业务结构如图 9-2 所示。截至目前，“爱有戏”的项目覆盖了成都锦江区、高新区、武侯区、成华区、温江区及雅安市的近 100 个社区，机构核心项目的技术输出已涵盖宁夏、陕西、河南、山东、上海、杭州、南京、广东等近 20 个省市地区。

除了致力于社区支持赋能，“爱有戏”在灾害响应方面也有一些经验：曾通过“成都公益组织 420 联合救援行动”平台，在雅安地震的紧急救援阶段承担了物资募集、运输、发放等工作，并在灾后重建阶段参与了灾区社区工作站建设、居民心理疏导、社区文娱活动举办等灾后重建相关的社区工作。

二、扎根社区，提供发展型服务

自 2014 年设立开始，“爱有戏”就专注于政府职能转移等社区基本公共服务。

目前，“爱有戏”公共服务板块共有 84 名专业社工，他们承担了社区网格员的职责，也作为“防疫物资发放组”“防疫关爱工作组”成员参与此次社区防疫工作。此外，和以往承担的灾害救援工作相比，此次防疫工作虽然也具有紧急性、突发性等特点，但是在政社合作方面提出了更高的要求：社会组织个体行动自由度相对较小，需要紧密配合整体的疫情防控计划。因此，除了配合社区两委工作人员进行社区入户排查、卫生防疫宣传等社区防疫工作之外，“爱有戏”社工在社区防疫工作中还强调在已有特色服务的基础上体现

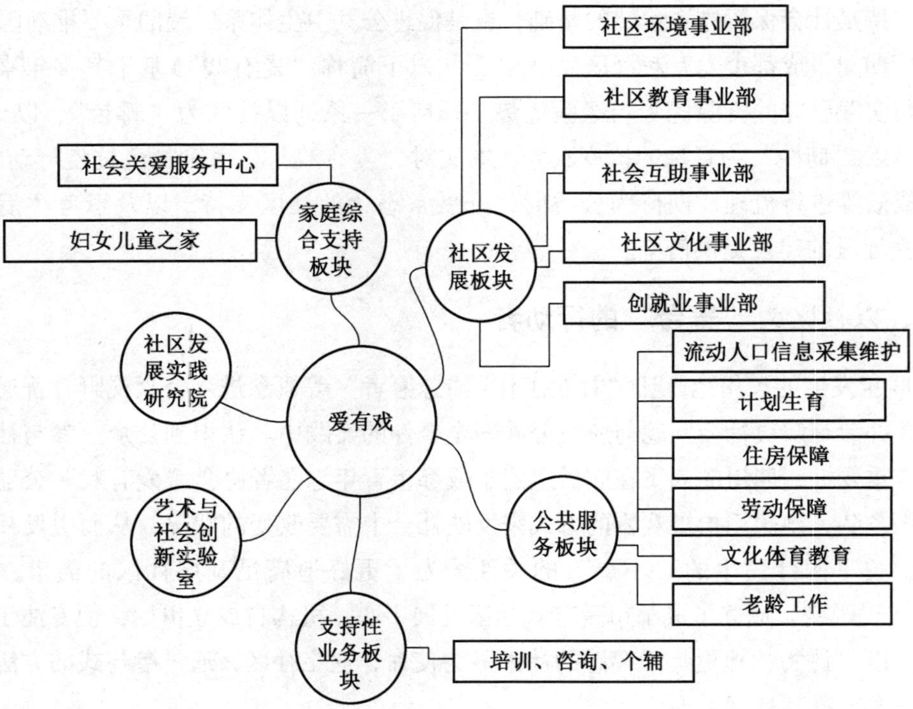

图 9-2　机构业务与组织结构示意图

防疫工作的系统性、延续性。

以这种谨慎但有爱、有责任、求发展的态度，“爱有戏”自 2020 年 1 月 25 日起正式开启了抗击新冠肺炎疫情的相关工作。依托已有项目资源和社区工作经验，开展了物资筹措、社区宣传、家户管理、心理支持、技术交流、研究推广等工作，助力社区防疫工作的顺利开展，并在疫情缓解后及时提供促进复工复产、抗疫人员支持等社会服务活动。

（一）多维度系统化助力社区抗疫

“社会系统”的思想是社会工作专业性的重要体现，在社区防疫工作中，除了关注疫情防控方面的社区管理工作，工作者还需要从物资链接、心理支持等多个维度开展防疫行动，才能保证社区和居民多层次、多样化的需求得到满足。

1. 提供心理照护

“爱有戏”关注到了社区的心理需求，从家庭综合支持业务板块抽调了社会工作师和心理咨询师“双师”人才 10 名，在成都市、高新区、武侯区、成华区、双流区、新津县等地组建了“双师”心理援助队伍，在 1 月 28 日开通了成都市首个疫情关爱援助救助热线，并加入中国社会工作联合会团队，进入阿里健康大平台，为全国一线社区防疫工作人员和公众提供心理咨询和心理援助等服务。截至 2020 年 4 月 1 日，“爱有戏”的心理援助累积服务 7608 人次。

2. 助力物资捐赠

在防疫工作初期，社区面临的最大的困难就是各类防疫物资严重短缺。“爱有戏”作为重要的社会力量，持续参与了中国灾害防御协会组织筹建的公益性平台，开展需求调查、捐赠对接和供应商的信息采集、审核和管理等工作，为医院和社区连接了诸多防疫物资（图 9-3）。此外，“爱有戏”一方面同深圳壹基金公益基金会、延长壳牌四川加油站、新希望集团等 12 家单位建立了捐赠合作关系，一方面依托核心项目“义仓”“义集”等平台，累计向以成都市为主的 140 余个部门、街道、社区、社会组织提供防疫物资和生活用品的捐赠，为社区困难群众、抗疫工作人员、定点隔离人员、特殊需求群体提供了切实的保障。同时，义仓发展网络办公室收集湖北在地防疫需求，为 6 家义仓伙伴对接“小艾接力计划”的捐赠资源，促进在地资源无缝对接。

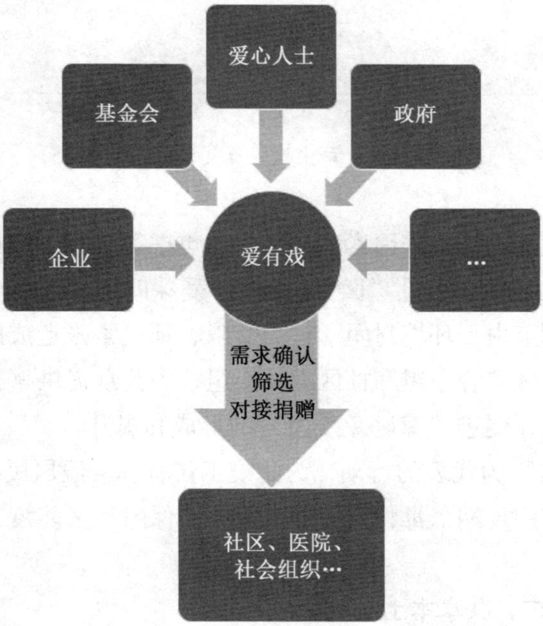

图 9-3 资源链接平台示意

（二）专业方法支持社区防疫服务

个案工作、小组工作、社区工作并称为社会工作专业“三大方法”。在此次社会防疫行动中，“爱有戏”依托丰富的实务经验，参考“三大方法”，形成针对“个体免疫力”“家庭免疫力”“社区免疫力”三个层面的社会工作专业服务（图 9-4）。

提升“个体免疫力”主要通过电话和网络为居民、居家医学隔离人员提供陪伴聊天、防疫咨询、心理疏导服务。通过入户，探访独居老人、残障人士困难群众，为有特殊需求的居民提供促进个体适应居家隔离状态的服务。

开展社区排查	关怀弱势群体	促进个人健康	丰富文化生活	维持家庭生计	引导商家自救	解决物资供应	搭建邻里关系	开展邻里互助	
	•社会心理援助热线 •社会心理服务课程	•居家运动线上课程 •防疫知识小课堂 •疫情通报小喇叭	•线上学习类活动 •乡村儿童启发绘画						个体免疫力
		•居家防护实用课程	•儿童社工线上工作方法	•社区线上招聘会	•邻里小商企自救联盟	•邻里商居互助平台			家庭免疫力
•社区工作排查指引							•抗疫手账分享 •绿植漂流记 •环保生态砖制作 •云旅行话题讨论	•“一个”社区团购 •声音陪伴 •声为你来 •爱心驿站空间	社区免疫力

图 9-4　专业社区防疫服务内容

针对疫情期间儿童活动受限等因素造成紧张、焦虑等居家心理状况，机构发起“我们在一起”系列儿童互动活动，通过“微笑行动”“爱芽朗读者兴趣培训”等活动，丰富儿童居家期间的生活，调节由于环境封闭、行为受限、环境紧张造成的焦虑、亲子沟通不良等问题。成立相应的社区整合小组和社区教育小组，为公众提供《身体的信号》等网络直播课程和居家防护课程，促进“家庭免疫力”的形成和提升。

以“爱心服务驿站”为代表的行动，为防疫工作者和一般居民提供饭菜加热、热水供应、休息歇脚和免费使用疫期消毒物资等贴心服务，保障社区防疫工作的顺利开展，提升“社区免疫力”。

（三）注重模式推广，共享本土经验

助人是一个复杂的社会互动过程，如果不去认真分析影响互动效果的心理、文化及社会性因素，助人活动就难以取得预期的效果。经验对于社会工作者是十分重要的，当经验上升为理论、模式而得到推广，就可以成为行业共同的财富，推动社会工作事业的发展。

在缺乏公共卫生领域相关社工介入经验的普遍状况下，“爱有戏”结合自身在社区营造、心理支持等方面的经验优势，运用行动研究等研究方法，总结梳理疫情期间家户排查、社会心理服务、社区营造三个方面的实用教程及指引，完成并公开发布了《社工参与社会防疫服务之外出排查指引》《社工参与社会防疫服务之热线服务指引》等专业指南。这些指南也得到了政府部门的认同与推广，作为社区党员必修课程在成都市市委组织部党员教育中心官方首页、成都市社工协会公众号等网络平台发布。机构还与恩派多巴胺团队达成合作，推出了《家庭综合支持业务在突发性公共卫生危机下的临时性调整概述》《突发公共卫生事件期间社工如何使用微信群进行疫情防控工作》等社工专业线上课程，累计阅读量超过7万人次。

除了以往经验的梳理，机构还注重社工参与社会防疫本土经验的行业交流工作。中心副主任杜灿灿受邀参加“社区应对新冠肺炎国际联盟”（IACCR）开展的“应对COVID-19咨询及技术交流会”，就“中国社区是如何互助和自助?”以及“物资运输如何保障?”等问题进行了回答，并以“爱有戏”参与防疫的实务工作为例，分享了中国NPO在重大公共卫生事件中的应对经验。

此外，“爱有戏”作为具有丰富社区工作实践经验的机构，疫情期间还承担起社会组织培育的功能。“爱有戏”联合万科公益基金会开展护航计划，资助了8～10家湖北省社会组织，发挥机构在运营、技术等方面的优势，促进本土社会组织更好地发展。

（四）常态化社区工作的过渡调整

在开展防疫相关工作的同时，“爱有戏”依旧注重常规工作和特色社区工作的开展，保持机构特色。随着有效防疫工作的推进，国内疫情整体在5月前后得到控制，进入“后疫情”期，各地也陆续复产复工，“爱有戏”的工作重点也随之发生变化。在社区这样的单元里面，社会组织怎么做才能帮助社区从灾害影响中恢复生机、增强韧性，以及由此逐渐过渡，进入即将迎来的“后疫情时代”或灾后恢复期?

社区教育一直是社区工作者在疫情期间的重要工作，随着居民对防疫相关知识掌握程度的加深，社区宣传教育的重点由居家防疫知识宣传，引导居民尊重科学、相信科学，不信谣、不盲从、不恐慌，转变为复工复产后，在工作场合、公共场所的自我保护意识的保持和普及。通过线上线下课程，为居民提供疫情期间居家防疫、日常防疫、复工后防护知识。

伴随着正常生活秩序的逐步恢复，常规社区服务在结合疫情防控常态化的要求下也恢复开展。“邻里月台”作为机构的核心品牌项目之一，推出了“邻里来帮”社区服务活动，其中包括：开展学生线上辅导；对贫困家庭、困境老人、精神障碍人士进行帮扶慰问，赠送日常用品、防疫包等物质帮助；对新冠康复者提供心理疏导等服务；通过开展线上线下活动，帮助医护人员、社区工作者舒缓心理压力；开展“抗疫一线勇士家庭子女关怀计划”，为抗疫人员子女提供作业辅导、儿童性教育等活动。

三、社区营造指引：防疫行动之基石

“社区营造”起源于20世纪60年代，是日本市民运动时期的产物，也是日本独具特色的一种社区治理模式，其目的是让居民生活得更加美好，保持地域的多样性和独特性，发掘地区传统文化潜质。社区营造以社区为主体，通过社区居民参与地方公共事务，凝聚社区共识，从而促进社区自主能力提升，文化、产业、经济得以复兴，是一个促进社区活力再现的整体性社区创造过程。

社区营造来源于居民的广泛参与。“爱有戏”在社会防疫行动中取得的成效与其在日常工作中注重社区营造和居民互动，而非单纯“资助”居民的服务策略密不可分。如机构负责人刘飞在访谈中所说，正是因为前期的社区营造做得好，和社区居民建立了很好的关系，良好的社会声誉和群众基础有利于疫情期间开展活动，获得企业资助等社会资源和社区行动中的居民的认同与配合，团队才能在这次抗疫中迅速掌握社区和居民的情况，从而精准匹配社区防疫需求和居民需求，无缝式融入社区防疫工作。不需要让居民重新认识机构、认识社工，由此，居民配合度也比较高，机构也无须花费时间了解社区基本情况和居民需求，可以直接开展工作。疫情期间重点帮扶的 2005 户贫困户是以往工作中就已经确定、建立联系的。

社会工作在很多情况下需要扮演资源链接者的角色，联络政府部门、企业、社会组织，向他们争取受助者所需要的资源，并将其传递到受助者手中。社区居民在绝大部分情况下都扮演着“受助者”的角色，作为注重培育社区资本的组织，“爱有戏”在开展防疫工作的过程中，也非常注重社区内资源的发掘和利用，让“受助者”转变为“施助者”。

“义仓”通过人与人之间的平等互助、频繁互动与交流，搭建人际关系网络，促进社区社会资本的增长。其承载着的平等、尊重、良善，以及人们对美好社区的向往，是促进居民参与、激发居民内生动力的重要力量。作为机构的核心项目，其在疫情期间扮演着重要的资源平台角色。为了保障社区内的独居老人、残障人士、贫困居民等重点帮扶对象在疫情期间的日常生活物资供应，机构社工在做好防护的前提下入户慰问，使义仓平台在疫情期间仍可以持续运转。

【知识拓展】

义仓是一个爱心仓库，接收定期非现金的小额物资捐赠和服务时长捐赠，包括 A 类（旧物资）、B 类（食品）、C 类（洗化品）、D 类（时间）。时间捐赠者将以社区志愿者的身份参与物资收集、整理、派发以及其他具体工作。在义仓里，爱心家庭和受助家庭之间没有绝对的界限，是平等的互助关系，接受物资捐赠的家庭也可通过时间捐赠成为爱心家庭。义仓的每一份爱心物资都有唯一编号，捐赠者可凭收据上的编号在网站或者 APP 上查到物资的来龙去脉。此外，工作人员会在尊重隐私的前提下定期公示义仓物资的整体情况。

除了“义仓”项目，机构的社区项目“邻里月台”也扮演着重要的角色。疫情期间多种居民日常社会活动被迫停止，社区处于相对封闭的状态，经济社会活动被迫暂停。机构开展“线上线下助力金堂果农”活动，让社区居民从受助者转变为施助者，帮助因为疫情造成农产品滞销的企业和农户销售农产品；“爱心理发”等邻里互助活动则充分发挥社区居民的特长，让居民有机会发挥自身优势，营造温馨互助的社区氛围。

四、探索新的方向：构建“韧性社区”

怎么理解“韧性社区”？南开大学周恩来政府管理学院的吴晓林教授认为，韧性社区是以社区共同行动为基础，能链接内外资源、有效抵御灾害与风险，并从有害影响中恢复，保持可持续发展的能动社区。在梳理工作成果的同时，机构也在思考，作为以社区为主要活动场所和服务对象的社会组织，“爱有戏”未来可以拓展的服务方式和工作领域。

首先是服务方式上，以往的社区活动多以线下活动为主，在此次疫情期间，线下活动难以开展，就需要机构及时转换思路，拓展线上服务模式。“在各行各业都在实现线上化的大形势下，我们怎么利用互联网的技术实现线上的社区营造是在疫情之后可以去深入讨论的一个问题。”为了保障社区活动的顺利开展，机构与重庆的艺术中心一起探索做了“有艺无疫”线上社区营造项目，开展线上艺术课堂、战疫公益拍卖等活动，将善款存入机构下设的“义仓基金”里，作为日后社区工作的资金。

其次是推动社区自组织的成长，不仅是互益型的组织，更包括偏公共议题的组织的发展，让社区自组织整个结构更合理，更能贴合社会和老百姓的需求。公共卫生服务是构成医疗卫生服务体系的重要部分，同时也是我国公民享受健康保障的底线。通过此次社会防疫行动，机构关注到基层公共卫生领域缺少居民和社会组织的参与，缺少对于对公共卫生事件有响应能力的居民组织。社区是我国社会治理的最小单位，也是“爱有戏”的主要服务领域，机构计划在未来与社区卫生服务中心等基层公共卫生部门合作，选取 5 个比较主要的社区类型，包括高档小区、普通物业小区、城中村、拆迁安置小区和其他的小区类型进行试点，在社区里面做公共卫生类自组织的建设。运用社区教育等社会工作专业方法，通过开展社区教育、小组活动，组建社区内部的公共卫生“民兵”队伍，团队成员在日常生活中就接受公共卫生方面的教育，在公共卫生领域事件发生时，则作为核心志愿者参与工作。

随着社会结构分化程度提高，国家职能转变与分权化趋势加剧，社会管理重心下移，社区建设政策与运动不断深入，国家、市场与社区关系结构日趋成熟，社区与社区工作既是中国社会工作发展的突破口，又必将长期处于社会经济政策议程的中心位置。刘飞认为，未来的社区营造中，如何引导居民产生“利益共同体”的认识，从而形成持续的团结而非紧急性的事件所形成的团结，如何发挥社会组织和社区自组织在社会治理中多元协同的状态，依旧是社会组织需要思考的问题。

附录一 《城市社区应急避难场所建设标准》（建标 180—2017）

第一章 总 则

第一条 为加强和规范城市社区应急避难场所建设，科学合理地确定建设内容和规模，提高建设项目决策和工程建设管理水平，充分发挥社会效益和投资效益，提升城市社区应急救助能力，制定本建设标准。

第二条 本建设标准是城市社区应急避难场所项目投资决策和控制建设水平的全国统一标准，是编制、评估和审批城市社区应急避难场所项目建议书、可行性研究报告和初步设计的重要依据，也是有关部门对项目建设全过程进行监督检查的基准。

第三条 本建设标准适用于新建、改建和扩建的城市社区应急避难场所项目。

本建设标准所称城市社区应急避难场所是指为应对突发性灾害，用于避难人员疏散和临时避难，具有一定规模的应急避难生活服务设施的场地和建筑。

第四条 城市社区应急避难场所建设应遵循“以人为本、安全可靠、平灾结合、就近避难”的原则，合理确定建设规模，满足发生突发性灾害时的应急救助和保障社区避难人员的基本生存需求。

第五条 城市社区应急避难场所建设应符合所在地城市规划要求，统一规划，一次或分期实施。

第六条 城市社区应充分利用区周边的防灾资源和现有的城市应急避难场所，实现资源共享，满足就近避难的需求。

第七条 城市社区应急避难场所宜与社区公共服务设施统筹建设，充分发挥综合服务功能和服务效益。

第八条 城市社区应急避难场所建设除应符合本建设标准外，尚应符合国家现行有关标准、指标和定额的规定。

第二章 建设规模与项目构成

第九条 城市社区应急避难场所建设规模应依据社区规划人口或常住人口数量确定。

第十条 城市社区应急避难场所建设规模的分类宜符合表 1 的规定。

第十一条 城市社区应急避难场所项目应包括避难场地、避难建筑和应急设施。

表1 城市社区应急避难场所建设规模分类表

类别	社区规划人口或常住人口/人
一类	10000~15000
二类	5000~9999
三类	3000~4999

注：1. 对于 3000 人以下的社区，可参照三类指标要求建设应急避难场所。
2. 对于 15000 人以上的社区，可参照相近分类指标要求分点建设应急避难场所。

第十二条 避难场地应包括应急避难休息、应急医疗救护、应急物资分发、应急管理、应急厕所、应急垃圾收集、应急供电、应急供水等各功能区。

第十三条 避难建筑应由应急避难生活服务用房和辅助用房构成。其中，生活服务用房宜包括避难休息室、医疗救护室、物资储备室等，辅助用房宜包括管理室、公共厕所等。

第十四条 应急设施应包括应急供电、应急供水、应急排水、应急广播和消防等。

第三章 选址与规划布局

第十五条 城市社区应急避难场所的选址应符合所在城市居住区规划，遵循场地安全、交通便利和出入方便的原则，并应符合下列规定：

一、应选择地势较高、平坦、开阔、地质稳定、易于排水、适宜搭建帐篷的场地；

二、应避开周围的地质灾害隐患和易燃易爆危险源；

三、应选择利于人员和车辆进出的地段；

四、应选择便于应急供水、应急供电等设施接入的地段。

第十六条 城市社区应急避难场所宜优先选择社区花园、社区广场、社区服务中心等公共服务设施进行规划建设，并应符合避难场地和避难建筑的要求。

第十七条 城市社区应急避难场所的服务半径不宜大于 500 m。

第十八条 城市社区应急避难场所应有两条及以上不同方向的安全通道与外部相通，通道的有效宽度不应小于 4 m。

第四章 面 积 指 标

第十九条 城市社区应急避难场所的避难场地与避难建筑面积指标应符合表 2 的规定。

表2 城市社区应急避难场所面积指标表

面积指标＼建设规模分类	一类	二类	三类
避难场地面积/m^2	10000~15000	5000~9999	3000~4999
避难建筑面积/m^2	200~300	100~199	99

注：1. 表列避难场地面积与社区规划人口或常住人口相对应，并按 1 m^2/人确定，人口数在范围中间者采用插值法计算。

2. 人口数在范围中间者，避难建筑面积采用插值法计算。

3. 避难建筑平均使用面积系数按 0.68 计算。

第二十条 避难场地各功能区面积指标宜符合表 3 的规定。

表3 应急避难场地面积指标表

场地名称	面积指标/(m^2/人)
应急避难休息区	0.900
应急医疗救护区	0.020
应急物资分发区	0.020
应急管理区	0.005
应急厕所	0.015
应急垃圾收集区	0.010
应急供电区	0.015
应急供水区	0.015
合计	1.000

注：1. 表中避难场地面积指标为参考值，各地可根据项目实际需要在总使用面积范围内适当调整。

2. 应急避难休息区包括每个避难休息区之间的人行通道面积。

第二十一条 避难建筑的各类用房使用面积所占比例宜符合表 4 的规定。

表4 避难建筑各类用房使用面积所占比例表（%）

用房名称		使用面积所占比例		
		一类	二类	三类
生活服务用房	避难休息室	41	40	38
	医疗救护室	15	15	17
	物资储备室	22	20	17
辅助用房	管理室	7	9	10
	公共厕所	15	16	18
合计		100	100	100

注：表中避难建筑的各类用房使用面积所占比例为参考值，各地可根据项目实际需要在总使用面积范围内适当调整，或根据实际需要减少用房类别。

第五章 场地、建筑与设施

第二十二条 避难场地宜根据社区规划人口或常住人口数划分若干应急避难休息区，每个避难休息区人数不宜大于 2000 人，且每个避难休息区之间应采用宽度不小于 3 m 的人行通道作为缓冲区进行分隔。

第二十三条 避难场地的应急医疗救护区、应急物资分发区和应急管理区宜设置在硬质地面上。

第二十四条 避难建筑宜为低层建筑。与社区公共服务设施合建时，避难休息室和医疗救护室应设置在建筑物底层，并应符合无障碍设计要求。

第二十五条 避难建筑应符合建筑工程抗震设防分类标准和建筑抗震设计规范规定，其抗震设防标准为重点设防类。

第二十六条 避难建筑的防火等级不应低于二级。有关安全出口的数量和消防设施的配置应符合建筑设计防火规范的相关规定。

第二十七条 避难场地应配置给水接入管，给水接入管应与市政供水管连接。

第二十八条 避难场地宜结合现有生活污水排水设施设置应急厕所，配置污水管并与市政污水管连接，无条件连接的可设置污水存放池。蹲位数量宜按 2 个/千人设置，必要时也可增加移动式简易厕所。

第二十九条 避难场地和避难建筑的供电电源应优先利用周边建筑的供电电源，也可设置专用的户外预装式变电站。供电容量应满足各功能区照明和设备运行的需求。

第三十条 一类和二类避难场地宜就近设置专用的配电柜（箱），配电柜（箱）应采取抗震、防雨水、防晒、防冻、防电击等防护措施。供配电线路宜敷设预留到避难场地各功能区。避难建筑宜按二级及以上负荷供电，避难建筑的照明和用电设备应安装到位。避难场地和避难建筑应设置应急照明。

第三十一条 避难场地和避难建筑的防雷措施应符合建筑物防雷设计规范的规定。

第三十二条 避难场所宜设置应急垃圾收集点。

第三十三条 避难场所应设置区域位置指示与警告标识，并宜设置场所设施标识。应急避难场所各类标识的具体尺寸、材质、图形应符合防灾避难场所设计规范的规定。

第六章 主要技术经济指标

第三十四条 城市社区应急避难场所建设前期可参照表 5 的指标估算建设投资，并根据工程实际内容及价格变化的情况，按照动态管理的原则调整。

表5 城市社区应急避难场所建设投资

<table>
<tr><td rowspan="4">避难场地</td><td>类别</td><td>建安投资/万元</td><td>总投资/万元</td></tr>
<tr><td>一类</td><td>70~90</td><td>80.85~103.95</td></tr>
<tr><td>二类</td><td>55~70</td><td>63.53~80.85</td></tr>
<tr><td>三类</td><td>50~55</td><td>57.75~63.53</td></tr>
<tr><td rowspan="4">避难建筑</td><td>类别</td><td>单位造价指标/(元/m²)</td><td>综合造价指标/(元/m²)</td></tr>
<tr><td>一类</td><td rowspan="3">2600</td><td rowspan="3">2990</td></tr>
<tr><td>二类</td></tr>
<tr><td>三类</td></tr>
</table>

注：1. 单位造价指标仅包括建安费用。避难场地的造价包括避难场地内应急供电、给排水管线敷设、功能区（应急医疗救护区、应急物资分发区和应急管理区）场地硬化、应急厕所建造、各类应急避难标识制作等费用，不含土石方、绿化等费用。

2. 综合造价指标除单位造价指标外，还包括设计、监理、建设单位管理费等工程建设其他费用和预备费。

3. 本表估算指标系参照《北京市建设工程计价依据——预算定额》（2012）计取的同类工程造价指标以及2014—2015年北京地区的设备、材料、劳动力价格测算。各地工程应按照当地相应工程造价进行测算。

第三十五条 城市社区应急避难建筑建设前期可参照表6的指标估算建设工期。

表6 城市社区应急避难建筑建设工期

类别	建筑面积/m^2	建筑层数/层	工期/d
一类	200~300	1~2	90~105
二类	100~199	1~2	90~105
三类	99	1	90

注：1. 工期参照《建筑安装工程工期定额》，工期包括结构、装修、设备安装全部工程内容。

2. 工期定额按照全国各类地区情况综合考虑，由于施工条件不同，允许各地有15%以内的定额水平调整幅度。

附录二 《社区地震应急指南》(GB/T 31079—2014)

1 范围

本标准提出了社区地震应急工作的基本要求，给出了震前准备和震后应对的内容、方法和程序。

本标准适用于城市社区、农村社区、行政村和自然村等基层组织的地震应急工作，城市的街道、农村的乡镇的地震应急工作也可参考使用。

2 规范性引用文件（略）

3 术语和定义（略）

4 基本要求

4.1 社区应遵循国家有关防震减灾法律法规，贯彻“预防为主、防御与救助相结合”的防震减灾工作方针，履行地震应急工作义务。

4.2 社区的负责人应组织本社区的地震应急工作；社区应确定专人（地震应急管理人）具体负责社区地震应急工作。

4.3 社区地震应急工作的基本任务包括：

——组织编制地震应急预案；

——开展地震应急宣传教育和培训演练；

——做好疏散和物资准备工作；

——震后引导居民安全疏散和自救互救，收集、报告灾情，并协助做好居民生活安置、次生灾害防范与处置、维持社区秩序、开展心理帮助等工作。

4.4 社区应将地震应急救援服务纳入本社区志愿者服务内容，服务内容见 GB/T 23648—2009。

4.5 社区应帮助和指导居民做好地震应急准备工作。

5 震前准备

5.1 预案编制

5.1.1 社区应编制地震应急预案或在突发事件综合应急预案中包含地震应急内容，主要包括：

a）社区基本情况。包括社区面积、居民人数、公园绿地分布、避难场所分布、建（构）筑物抗震能力、区内医疗机构、重点帮扶对象、次生灾害源及危险源分布等；

b）地震安全避险责任制。包括社区负责人和地震应急管理人的地震应急工作职责；

c）灾情上报。包括灾情调查、报告的内容与方法；

d）疏散要点。包括疏散计划、疏散路线、疏散方式和时机、疏散警报、疏导用语运用等；

e）救助要点。包括组织居民互救的程序、互救具体要求，互救、求救对象及联系方式等；

f）次生灾害防范和处置要点；

g）居民生活安置要点；

h）社会治安要点；

i）保障措施。包括宣传教育、疏散准备，通讯、广播、照明、药品等物资准备等。

5.1.2　社区地震应急预案应根据实际需要和情势变化适时进行修订，修订时间不宜超过5年。

5.1.3　社区地震应急预案的编制或修订可参照第4章、第5章、第6章内容。

5.2　宣传教育与培训演练

5.2.1　社区应利用各种形式和时机开展避险、疏散、自救互救等地震应急知识宣传教育与培训演练。

5.2.2　社区应根据自身特点、条件和居民构成，采取下列形式进行地震应急知识宣传教育：

a）办墙（板）报、电子板报，在小区网络刊载文章等；

b）发放宣传品、开办讲座、播放影视录像等；

c）结合其他社区活动。

5.2.3　地震应急知识宣传教育的主要内容包括：

a）地震科普常识；

b）地震灾害的分类与分级，地震应急工作的原则；

c）社区地震应急预案；

d）地震避险原则，家庭、公共场所、户外的震时避险方法；

e）震后疏散方法；

f）震后的自救与互救方法；

g）家庭以及不同身体条件人员的自备地震应急物品及其存放方式、更换时间等；

h）居住区附近的紧急疏散场地和应急避难场所位置以及震时使用要求；

i）报警方法和求助电话使用方法。

5.2.4　地震避险的培训与演练内容包括：

a）地震避险方法的选择和要点、注意事项；

b）躲避地点选择和躲避要领，如姿势动作、保护头部、降低重心等。

5.2.5　震时撤离与震后疏散培训与演练内容包括：

a）家庭的撤离方案、建筑物内部与外部的撤离路线；

b）震后的疏散计划、居住区周边区域的疏散路线、疏散警报、疏导用语；

c）震后疏散方法和疏散用语运用；

d）疏散过程中的人身安全保护与互助方法；

e）疏散场地维持秩序。

5.2.6 自救互救培训与演练包括：

a）自身被埋压时的自救办法和震时他人被埋压时的互救办法；

b）家庭内煤气、用电设备或电源等的紧急处置方法；

c）不同受伤部位和伤情的紧急处理办法，如消毒、包扎、止血、固定、搬运以及心肺复苏等的简易急救方法；

d）救护器具的使用方法。

5.2.7 宣传教育与培训演练中有关地震避险方法、疏散方法参见附录 2-A，地震自救互救方法参见附录 2-B，简易急救方法参见 GB/T 23648—2009。

5.3 疏散准备

5.3.1 社区应结合本社区或相邻区域的自然条件以及市政空地，利用社区内的开阔地带设置紧急疏散场地。紧急疏散场地应符合下列要求：

a）远离高大建（构）筑物；

b）远离危险物，如危险化学品和生产贮存危险化学品的工厂，放射物和有毒化学品，高压输变电线路等；

c）避开可能发生崩塌、滑坡、泥石流、洪涝等次生灾害的区域；

d）易于通达；

e）有条件的可在出入口设置标志；

f）有条件的可建设供水、供电、排污等设施。

5.3.2 社区应制定疏散安置方案。疏散安置方案应根据灾害程度和居住区、群体实际情况确定应急疏散安置地点、疏散方法和物资准备等。

5.3.3 社区应根据不同居住区的特点和疏散人数，合理规划疏散路线，并设置明显的永久性疏散路线标志。

5.3.4 社区应根据不同居住区的疏散要求和应急预案，确定合适的疏散疏导人员及其分工，并进行演练。

5.4 物资准备

5.4.1 社区应根据本社区的规模和特点配备必要营救工具和急救器材，基本营救工具、基本急救器材目录见 GB/T 23648—2009 的附录 2-A。

5.4.2 社区应配备应急通讯、广播、应急照明等器具，有条件的社区可储备一定数量的用于安置受灾居民生活居住的帐篷，储备一定的应急饮用水、食品、药品。

5.4.3 社区准备的地震应急物资应经常检查、维护，并及时更换。

5.4.4　社区应指导居民置备地震应急用品，地震应急用品种类和内容参见附录2-C。

6　震后应对

6.1　紧急处置

6.1.1　当发生灾害性地震或强有感地震时，社区负责人应迅速组织社区工作人员、志愿者进入本社区的各居住区，指导和帮助居民应对地震灾害，并根据情况开展以下工作：

a）组织居民开展自救互救；

b）在住宅建筑之间、重要道口，定人守护，引导居民进入紧急疏散场地；

c）调查、通报社区内发生的地震次生灾害及次生灾害源，并采取相应的措施；

d）提醒、告知居民及时对家中的燃气、汽油等次生灾害源进行处置，帮助行动不便者关闭燃气和电气设备；

e）利用广播、喊话等形式，根据不同情况使用合适的疏导和安抚用语，稳定居民情绪和疏散秩序；

f）协助政府部门处置紧急情况，配合公安部门开展治安工作，维持社区安定。

6.1.2　紧急处置应注意以下问题：

a）地震刚发生后，应劝阻居民不要急于回家；

b）当接到政府发布无灾害性地震通知后，应及时告知并劝导居民回家；

c）应阻止发生妨碍应急救援工作及其他影响居民生活安定的行为。

6.1.3　应急处置时宜采用语言简洁、含义明确的疏导用语，如：

——刚刚发生的地震为强有感地震，我区无破坏，请大家不要惊慌；

——我区××楼倒塌，请帮助营救；

——请大家不要堵塞道路、不要靠近建筑物，请先到紧急疏散场地暂避；

——地震刚刚发生，请大家不要急于回屋，谨防发生余震。

6.2　组织救助

6.2.1　灾害性地震发生后，社区应迅速组织社区志愿者应急救援队伍、单位和居民开展救助。救助包括营救和紧急医疗救护，其方法详见GB/T 23648—2009。

6.2.2　组织救助应注意以下问题：

a）应坚持统一布置，分片组织；先救近，后救远；先救易，后救难的救人原则；

b）应及时组织邻里互救、岗位互救；

c）救人时，应设专人监视倒塌物稳定及其他潜在危险情况，注意人身安全；

d）应根据震级及建筑物的破坏等情况，选择合适、安全的医疗救护场地；

e）救护应因人而异，方法应正确得当，工具使用合理。

6.2.3　在外部救援力量抵达后，社区应组织志愿者、单位和居民，协助专业救援人员开展救援工作。主要内容包括：

a）充当专业救援人员的向导、翻译；

b）帮助救援人员确定压埋人员的可能位置，安定压埋人员的情绪；

c）清理外围环境，稳定被压埋人员家属的情绪，维护现场秩序，为专业救援人员营救创造条件；

d）护理和搬运伤员。

6.3 灾情报告与告知

6.3.1 地震发生后，社区地震应急负责人和管理人以及志愿者应将震感强度、观察到的房屋倒塌、地面破坏、人员伤亡等情况，向上级部门紧急报告。

6.3.2 在紧急报告后，社区应深入调查灾情并及时上报，主要调查内容包括：

a）伤亡人数及其分布，被埋压人数及救援情况；

b）建（构）筑物、重要设施设备的损毁情况，家庭财产损失，牲畜死伤情况；

c）危险化学品或易燃易爆物品生产储存设施的破坏与泄漏情况，燃气泄漏情况；

d）引发的火灾情况；

e）饮用水和食品等保障情况；

f）社会影响，包括群众情绪、生活状况、交通与生产秩序等；

g）治安状况。

6.3.3 社区应及时通过收听广播、网络查询，了解地震发生的时间、地点和震级，及时告知居民，并公布本社区的灾情及其他关系居民生活与人身安全、社会安定等情况。

6.4 组织疏散

6.4.1 灾害性地震或强有感地震发生后，社区应根据地震应急预案，组织居民疏散。

6.4.2 社区负责疏散的人员（包括志愿人员），宜佩戴明显的标志，运用疏导用语引导社区居民按疏散路线有序疏散到规定的应急避难场所或紧急疏散场地。

6.4.3 组织疏散应注意下列事项：

a）疏散宜按照平时培训演练的疏散计划进行；

b）在狭窄道口、拐弯处等危险地段，应安排专门人员维护秩序，引导疏散；

c）应优先安排和帮助老、幼、病、残、孕等人员的疏散；

d）紧急疏散场地应提前安排人员值守，按照地震应急疏散方案划分的区域，妥善安排疏散的居民；

e）疏散应防止阻塞交通。

6.4.4 疏散时宜采用语言简洁、含义明确的疏导用语，如：

——我是社区地震疏散引导员，请大家听从指挥；

——××楼栋疏散到××场所，××楼栋疏散到××场所，请按疏散计划疏散，不要走错；

——请大家不要慌张，按顺序走；

——大家注意，不要拥挤，小心别摔倒；

——请大家注意帮助行动不便的人员、老人和儿童优先疏散。

6.5 防范与处置次生灾害

6.5.1 灾害性地震发生后，社区应迅速组织社区志愿者应急救援队伍、单位和居民开展次生灾害防范与处置。

6.5.2 调查、监视社区内发生的地震次生灾害（如火灾、有毒气体泄漏、燃气泄漏等），并组织及时疏散；有条件时，可组织排除与控制。

6.5.3 调查并报告水坝、输变电、给排水、供气等生命线设施的破坏情况，协助做好次生灾害防范和处置工作。

6.5.4 巡查、监视社区附近可能发生的崩塌、滑坡、泥石流灾害的地区，一旦有灾害发生的征兆，及时组织转移。

6.6 安置居民生活

6.6.1 社区应协助政府相关部门妥善安置居民生活。

6.6.2 根据地震应急预案帮助居民疏散到应急避难场所；根据上级政府安排和要求帮助居民搭建救灾帐篷。

6.6.3 根据上级政府安排和要求接收和分发食物、饮用水、衣物、药品等应急物品。

6.6.4 帮助居民寻找亲人，或与亲人取得联系。

6.7 维护社会秩序

6.7.1 社区应组织社区居民做好本社区治安维护工作。

6.7.2 了解居民的反应，上报出现的恐慌情绪及谣言情况，并向居民开展解释和宣传工作，稳定居民情绪；加强治安宣传，引导居民自觉守法。

6.7.3 配合有关部门实施社会治安应急措施，协助对生命线设施、重要单位实施监控和保卫措施。

6.8 开展心理帮助

6.8.1 社区应迅速掌握社区居民情绪和伤亡情况，对因恐慌和失去亲人、财产等造成心理障碍的居民开展心理帮助工作。

6.8.2 心理帮助的方法包括：

a）按照统一的口径宣传震情和灾情，制止谣言，消除居民的猜测和不稳定情绪；

b）组织心理保健讲座，向居民介绍心理调节的卫生常识，提高居民自我调节和纾解能力；

c）开展深入细致的劝导工作，为心理挫伤的居民做一对一的心理抚慰、思想劝导。

附录 2-A

（资料性附录）

地震避险方法

A.1 地震避险原则

A.1.1 因地制宜。根据地区的地震背景、房屋的结构抗震能力、疏散通道、室外环境安全、人群特点及震时所处的位置因地制宜，选择合适的避险方法。

A.1.2 预有准备。单位在震前应制定地震避险方案，并做相应的准备；人们到达一处场所时，要注意观察周围环境条件。留心寻找并确定一旦发生地震时的避险方法。

A.1.3 行动果断。震时按预案果断指挥、快速行动，切忌犹豫耽误行动时间。

A.1.4 听从指挥。在公共场所，要听从指挥、有序撤离，避免慌乱导致伤亡。

A.2 家庭避险

A.2.1 家庭避险要点如下：

a）对于平房，如房外开阔，无危险物、坠落物掉落，可迅速撤离到房外；如房外危险，或体能达不到，可躲避到床、桌子等坚固的家具旁边。

b）对于楼房，如抗震性能符合当地抗震设防要求，可选择厨房、卫生间等开间小的地方躲避，也可以躲在墙根、内墙角、暖气包、坚固的家具旁边等易于形成三角空间的地方。远离外墙、门窗和阳台，不要使用电梯，不要跳楼。如房屋抗震性能低，在一层、二层，应迅速撤离到房外，如房外危险或体能达不到仍应就近躲避；

c）躲避时身体应采取的姿势是：蹲下或坐下，尽量蜷曲身体；降低身体重心，额头枕在大腿上，双手保护头部；在有条件的情况下，如在床旁边可趴下，伏而待定；如果有条件，还应该拿软性物品护住头部，用湿毛巾捂住口鼻。

A.2.2 家庭避险注意事项如下：

a）震时要沉着冷静，及时反应；

b）在地震第一时间关闭火源、电源、气源，处理好危险物品，并打开门窗后，再行避险；

c）采取躲避方法的人员，等震动停止后再行疏散；

d）震时不要返回或进入室内。

A.3 公共场所避险

A.3.1 方案1

A.3.1.1 适用条件：达到当地抗震设防要求的建（构）筑物，震时可能局部破坏，但不会整体倒塌。

A.3.1.2 目的：避免室内装饰物、悬挂物掉落及大型家具、附属结构倒塌的砸压。

A.3.1.3 方法：震时引导就近躲避，震后组织疏散。

A.3.2 方案2

A.3.2.1 适用条件：未达到当地抗震设防要求的建（构）筑物，震时可能整体倒塌；疏散路径和疏散场地安全。

A.3.2.2 目的：防止建筑物整体倒塌压埋。

A.3.2.3 方法：对于单层房屋和楼房的一层、二层且身体条件适合撤离的人员，震时可引导迅速撤离到室外的安全地方；对于楼房二层以上人员和身体条件不可能撤离的人员，引导就近躲避，震后组织疏散。

A. 3. 3　确定避险方案应考虑因素

确定避险方案应考虑因素包括：

a）建（构）筑结构类型、抗震设防情况、使用现状、抗倒塌能力；

b）疏散（撤离）路径和疏散（撤离）场地的安全情况，如是否有女儿墙、装饰构件、广告牌等物体掉落以及山体滑坡、崩塌、滚石等地质灾害危险，有无高围墙或其他房屋倒塌砸压危险，有无可燃或有毒气体、液体泄漏危险等情况；

c）疏散（撤离）通道的设置情况，如是否有疏散（撤离）通道以及通道的畅通情况；

d）人员身体条件。如人员的年龄和身体健康等情况；

e）人员所在位置。如人员靠近出口远近等情况；

f）人员密集程度。

A. 3. 4　公共场所避险注意事项

公共场所避险注意事项包括：

a）避开吊灯、电扇、广告牌等悬挂物和稳定性差的大型物体或建筑附属构件；

b）不要拥向出口，要避开人流，避免踩踏伤亡；

c）听从工作人员指挥，有秩序地撤离和疏散。

A. 4　户外避险

A. 4. 1　户外避险要点包括：

a）就地选择开阔地带避险，蹲或坐下，以免摔倒；

b）驾车行驶时，尽快降低车速，选择空旷处停车；

c）避开玻璃幕墙、高门脸、女儿墙、广告牌、变压器等危险物；避开高架桥、高烟囱、水塔等构筑物；

d）避开河岸、陡崖、山脚，以防坍塌、崩塌、滑坡和泥石流；如遇崩塌、滑坡和泥石流等情况，应向崩塌等前进方向的两侧跑。

A. 4. 2　户外情况复杂，应注意观察，选择恰当的方法和地点避险，避免意外伤亡。

附录 2–B

（资料性附录）

自救互救方法

B. 1　自救

B. 1. 1　自救要点包括：

a）被阻隔在废墟下时，应想方设法寻找和挖掘出口，尽快脱离险境；

b）被压埋后，如果手背或其他部位能动，要逐步清除压物，尽量挣脱出来；

c）不能脱险时，挪开头部、胸部的杂物，掏出一定空间，保证呼吸；如有可能，注意用湿手巾、衣服或其他布料等捂住口鼻和头部，避免灰尘呛闷发生窒息；如果受伤，想办法止血、包扎；

d）用砖块、木板和其他可以挪动的物品等支撑残垣断壁，扩大和稳定生存空间；

e）注意听外边的动静，伺机呼救。可用喊话、敲击的方法呼救，有条件时，利用手机等通信工具呼救；

f）尽力寻找水和食物等，节约使用，延长生存时间，耐心等待救援。

B. 1. 2　自救注意事项包括：

a）被压埋和阻隔后，要有强烈的求生欲望、要有自救的勇气和毅力；

b）保持神志清醒、心理稳定。不要睡着，如果身边还有其他被困者，可以互相说话鼓励；

c）要尽量保存体力。不要急躁，不要哭喊、唱歌和盲目行动。

B. 2　互救

B. 2. 1　互救要点包括：

a）根据房屋居住情况判断，根据家庭、邻里人员提供信息，采取看、喊、听等方法寻找被埋压者；

b）采用锹、镐、撬杠等工具，结合手扒方法挖掘被埋压者；

c）对挖掘出的伤员进行呼吸、包扎、止血、镇痛等急救措施后，迅速送医院；

d）对暂时无力救出的伤员，要使废墟下面的空间保持通风，递送水和食品，寻求帮助再行营救。

B. 2. 2　互救注意的事项包括：

a）救人时要注意安全，防止方法不当和余震或次生灾害造成新的伤亡；

b）挖掘时要分清哪些是支撑物，哪些是压埋阻挡物，应保护和增设必要的支撑物，清除埋压阻挡物；不要轻易触动倒塌物，站在倒塌物上；

c）挖掘接近人体时，最好用手一点点拨，不可用利器刨挖；应首先找到被埋压者的头部，并采取清理口腔、呼吸道异物等措施，并依次按胸、腹、腿的顺序将被埋压者挖出来；

d）对不能自行出来的伤员，不得强拉硬拖，查明伤情，采取措施后，再行搬动；

e）对营救出的伤员可以给点水，但不能多喝；对长期处在黑暗中的伤员要注意保护眼睛；

f）根据伤员的伤情采取正确的搬运方法。考虑伤员有可能有脊柱骨折的情况，搬动要小心，防止脊柱弯曲和扭转。要用硬板担架搬运，严禁人架方式，以免加重骨折或损伤脊髓，造成终身瘫痪。

附录三 《突发公共卫生事件社区（乡镇）应急预案编制指南》

1 总则

1.1 目的

为有效预防控制突发公共卫生事件，指导和规范乡镇（社区）突发公共卫生事件的应急处理工作，提高基层卫生应急能力，做好突发公共卫生事件预防控制与医疗救治工作，最大限度地减少突发公共卫生事件对人民群众健康造成的危害，保障人民群众的身心健康与生命安全。

1.2 依据

根据《中华人民共和国传染病防治法》《中华人民共和国食品卫生法》《中华人民共和国职业病防治法》《突发公共卫生事件应急条例》和《江苏省突发公共卫生事件应急预案》等法律法规和预案，编制本乡镇（社区）突发公共卫生事件应急预案。

1.3 突发公共卫生事件的分级

根据《国家突发公共卫生事件应急预案》，按照突发公共卫生事件性质、危害程度、涉及范围，突发公共卫生事件划分为特别重大（Ⅰ级）、重大（Ⅱ级）、较大（Ⅲ级）和一般（Ⅳ级）四级。

Ⅰ级：涉及范围广、人数多，出现大量病人或多例死亡，影响重大，危害严重。

Ⅱ级：在较大范围发生，出现疫情扩散，尚未达到Ⅰ级突发公共卫生事件标准的。

Ⅲ级：在局部地区发生，尚未引起大范围扩散或传播的。

Ⅳ级：尚未达到Ⅲ级标准的。

1.4 适用范围

适用于乡镇（社区）内突然发生，造成或者可能造成本乡镇（社区）居民身心健康严重损害的传染病、群体性不明原因疾病、食物中毒和职业中毒以及因自然灾害、事故灾难或突发社会安全事件等引起的严重影响公众身心健康的公共卫生事件的应急处理工作。

1.5 工作原则

（1）政府主导，社会参与。乡镇人民政府（街道办事处）应在政府的统一领导和指挥下，组织协调各职能部门、乡镇卫生院、村卫生室、村民委员会、社区居委会、群众组织、社会团体、企业及个人等共同参与突发公共卫生事件的应急处理工作。

（2）预防为主，常备不懈。乡镇（社区）应定期开展突发公共卫生事件危险因素的调查，及时发现各类危险因素，制定并落实相应的监测预警和预防控制措施；普及卫生知识，提高居民自救、互救、避险、逃生技能，开展演练，提高各类组织和居民对突发公共卫生事件的防范意识和应对能力；落实各项防范措施，做好人员、技术、物资和设备的应急储备工作。

(3) 快速反应，依法处置。乡镇（社区）应加强突发公共卫生事件信息系统建设；提高基层卫生专业人员对各类突发公共卫生事件的识别和应急处理能力，做到早发现、早报告、及时正确处理；普及法律知识，加强执法监督，保证各项应急措施依法得到严格执行。

(4) 群专结合，科学防控。实行突发公共卫生事件属地管理原则，条块间的要有机结合。广泛动员乡镇（社区）各种力量，培育志愿者队伍，积极配合、协助专业防控机构，依法、科学、规范、有序地开展突发公共卫生事件的应急处理工作。

2 应急组织机构及职责

2.1 应急指挥机构

乡镇人民政府（街道办事处）应在政府的统一领导下，成立乡镇（社区）突发公共卫生事件应急领导小组，主要领导任组长，分管领导任副组长，成员由相关职能部门、村委会（居委会）、乡镇卫生院（社区卫生服务中心）、派出所、红十字会、驻乡镇（社区）相关单位及其他民间组织等负责人组成。乡镇（社区）突发公共卫生事件应急领导小组的职责一般包括以下内容：

(1) 组织和动员群众力量，配合上级职能部门做好突发公共卫生事件的应急处理工作；

(2) 负责辖区内突发公共卫生事件应急工作的指挥、组织和协调；

(3) 监督检查本乡镇（社区）各部门、各单位、各村社在突发公共卫生事件应急处理工作中履行职责情况；

(4) 评估和总结突发公共卫生事件应急处理工作，不断完善突发公共卫生事件应急预案；

(5) 组织开展突发公共卫生事件相关知识、技能的培训和演练；

(6) 培育民间组织，组织开展乡镇（社区）志愿者服务活动。

乡镇（社区）突发公共卫生事件应急领导小组可根据工作需要，设立多个工作组，如综合协调组、应对防治组、宣传动员组、后勤保障组等。各组职责包括：①综合协调组：负责协调突发公共卫生事件现场处理和控制过程中的有关工作；协调做好社会稳定和安全保卫等工作；负责乡镇（社区）内外联络及日常事务，交流工作情况，及时汇报防治工作的动态。②应对防控组：协助卫生部门落实突发公共卫生事件的防控、救治，信息的收集分析及上报等工作；组织和动员村委会（居委会）力量，开展自救和互救，参与群防群治。③宣传动员组：负责突发公共卫生事件预防控制工作的社会宣传、新闻报道，普及防病知识。④后勤保障组：根据突发公共卫生事件预防控制工作的需要，做好物资供应、经费筹集和后勤保障等工作，并做好物资和资金使用的监督管理等工作。

2.2 应急处理日常管理机构

在乡镇人民政府（街道办事处）内，应有相应的部门承担乡镇（社区）应急处理日常管理工作，其职责一般包括：负责本乡镇（社区）突发公共卫生事件应急处理的日常协调工作；组织制订、修改应急预案；组织对辖区内突发公共卫生事件危险因素的调查和隐患排查；组织技术培训和演练；监督检查各项防控措施的落实，重点做好学校、建筑工地等高危场所防控措施的落实工作；组织应急物资储备等工作。

2.3 卫生应急技术机构

乡镇卫生院（社区卫生服务中心）是乡镇（社区）突发公共卫生事件应急处理的技术机构。卫生应急技术机构的职责包括以下几个方面：

（1）能力建设。负责本单位专业人员的技术培训，提高医务人员应对突发公共卫生事件的能力。

（2）技术支撑。参与制订《突发公共卫生事件乡镇（社区）应急预案》，承担技术方案的编制工作，技术方案与现有的技术规范、方案要保持一致；指导、协助驻乡镇（社区）各单位、村委会（居委会）制定突发公共卫生事件应急预案；分析乡镇（社区）内各类公共卫生安全隐患，提出改进意见；开展乡镇（社区）居民的健康教育工作，普及突发公共卫生事件应急知识和技能。

（3）信息收集。建立突发公共卫生事件相关信息管理组织，指定专人负责突发公共卫生事件相关信息管理，按照相关法律、法规规定的报告程序，及时报告本乡镇（社区）内突发公共卫生事件相关信息。

（4）措施落实。配合卫生局和疾控中心，落实乡镇（社区）突发公共卫生事件的应急处置措施；协助乡镇（社区）突发公共卫生事件应急领导小组，监督、检查各项防控措施的落实情况；协助上级医疗卫生机构，开展病人的初诊、转诊和应急医疗救治工作；配合相关部门，做好乡镇（社区）突发公共卫生事件应急培训和演练。

2.4 乡镇（社区）其他相关机构

乡镇（社区）内各类组织，如村委会（居委会）、公安派出所、驻乡镇（社区）单位、各类医疗卫生机构及其他社会组织，在突发公共卫生事件应急处理中，可根据实际情况，承担如下职责：

（1）村委会、居委会。建立、健全突发公共卫生事件应急组织及规章制度，明确职责分工，制定完善突发公共卫生事件应急预案；组织村民（居民）参与卫生应急知识的宣传教育、技能培训和演练；做好和配合政府各职能部门做好各项防控措施的落实等工作。

（2）公安派出所。依法查处、打击影响突发公共卫生事件防控、处置的各种违法活动，保证卫生等部门执行公务，加强流动人口管理，维护社会稳定。

（3）驻乡镇（社区）单位。建立、健全单位内部突发公共卫生事件应急组织及规章制度，明确职责分工；制定并逐步完善本单位突发公共卫生事件应急预案；组织单位内部的卫生应急宣传教育和应急技能培训；配合政府各职能部门做好各项防控措施的落实等工作。

（4）村卫生室、社区卫生服务站、个体诊所。及时发现和报告突发公共卫生事件相关信息；承担卫生局和疾控中心、乡镇（社区）突发公共卫生事件应急领导小组交办的应急工作任务；协助有关部门开展突发公共卫生事件应急处理相关工作。

（5）其他社会团体与组织。乡镇（社区）红十字会、工会、共青团和妇联等社会团体及志愿者组织，应发挥自身的资源优势，组织开展突发公共卫生事件应急知识与技能培训，积极配合有关部门做好突发公共卫生事件应急处理相关工作。

3 突发公共卫生事件的监测、报告与通报

按照国家相关法律法规的规定，明确突发公共卫生事件的监测、报告与通报的内容。

3.1 监测

作为突发公共卫生事件监测、报告网络的网底，乡镇卫生院（社区卫生服务中心）应做好和协助上级部门做好以下工作：按照《突发公共卫生事件与传染病疫情监测信息报告管理办法》和《国家突发公共卫生事件相关信息报告管理工作规范（试行）》及有关法律、法规的规定，建立、运行、维护好法定传染病和突发公共卫生事件相关信息监测报告网络；开展突发公共卫生事件相关信息的日常监测；接受卫生局的监督管理和疾控中心的业务指导，保证监测质量。

3.2 报告

任何单位和个人都有权向国务院卫生行政部门和地方各级人民政府及其有关部门报告突发公共卫生事件及其隐患，也有权向上级政府部门举报不履行或者不按照规定履行突发公共卫生事件应急处理职责的部门、单位及个人。乡镇（社区）突发公共卫生事件的责任报告人应包括乡镇（社区）内执行职务的各级各类医疗卫生机构的医疗卫生人员、个体开业医生等。

具体报告内容、程序、方式及时限，按照《中华人民共和国传染病防治法》《突发公共卫生事件应急条例》《突发公共卫生事件与传染病疫情监测信息报告管理办法（2006年修订）》《国家救灾防病与公共卫生事件信息报告管理规范》《国家突发公共卫生事件相关信息报告管理工作规范（试行）》等相关法律法规的规定执行。

3.3 通报

乡镇（社区）突发公共卫生事件应急领导小组应按照上级突发公共卫生事件指挥机构的授权，及时、准确、客观、全面地向乡镇（社区）组织和村民（居民）通报突发公共卫生事件的预警信息和应对措施，保障各项应急工作顺利开展；充分利用乡镇（社区）或单位的有线电视、电话、广播、公告栏等手段，因地制宜地建设预警、信息通报系统。

4 突发公共卫生事件应急反应和终止

4.1 应急反应原则

接到上级政府发出的突发公共卫生事件预警时，乡镇人民政府（街道办事处）按照分级响应的原则，做出相应级别的应急响应，如突发公共卫生事件在本乡镇（社区）内发生，应相应提高报告和响应级别，采取边调查、边处理、边抢救、边核实的方式，确保迅速、有效地控制突发公共卫生事件。

乡镇（社区）突发公共卫生事件应急领导小组接到邻近乡镇（社区）或上级部门的突发公共卫生事件情况通报后，要及时通知乡镇（社区）各相关机构，组织做好应急处理所需的人员与物资准备，采取必要的预防控制措施，服从上级突发公共卫生事件应急指挥机构的统一指挥和调度，支援发生突发公共卫生事件乡镇（社区）的应急处理工作。

4.2 应急反应措施

乡镇（社区）内一旦有突发公共卫生事件发生，各有关部门和单位可结合实际情况采取以下措施：

4.2.1 乡镇人民政府、街道办事处

（1）根据突发公共卫生事件应急处理的需要，开展社区动员，组织本乡镇（社区）内各有关单位、群众组织、社会团体，协调人员、物资、交通工具、相关设施和设备，参加应急处理工作。

（2）配合专业防治机构，对本乡镇（社区）内发生的突发公共卫生事件开展流行病学调查，提供相关信息；协助卫生部门做好病人的隔离、医学观察工作；根据实际需要和卫生部门的要求，建立临时隔离场所，对需要进行隔离的本乡镇（社区）居民、外来人员及外出返回人员，实施家庭隔离观察或集中隔离观察；协助做好应急接种、预防性服药等防控措施的组织与落实；协助有关部门做好疫区的封锁工作及疫区的公路、水路交通管理工作；协助开展公共场所的消毒、杀虫、灭鼠等工作；配合农业部门做好动物疫病的防治工作。对乡镇（社区）内禽畜和野生动物等异常病死情况，及时报告，并采取保护现场、监督深埋和劝阻食用等措施。

（3）乡镇（社区）内发生疑似食物或职业中毒时，及时向上级政府和相关部门报告，并协助卫生、安监及其他相关部门做好中毒样品的采集及其他各项公共卫生措施的落实工作；及时通知急救中心对中毒病人实施抢救；必要时通知公安部门，配合做好现场保护工作，组织群众疏散，协助专业机构开展中毒原因调查。

（4）根据政府发布的信息和宣传要求，在乡镇（社区）内做好宣传贯彻和解释工作；组织相关单位和个人开展健康教育和应急知识、技能的培训工作。

（5）采购、接收、分配突发公共卫生事件应急处理所需的相关设备、器械、防护用品。

（6）配合民政部门做好受灾群众的紧急转移、安置工作，对特困群众进行生活救助和医疗救助，做好死亡人员的火化和其他善后工作；配合劳动保障部门，落实参与突发公共卫生事件应急处理工作人员的工（公）伤待遇。

4.2.2 乡镇卫生院、社区卫生服务中心

（1）开展病人初诊、救治和转诊工作。

（2）指定专人负责突发公共卫生事件相关信息的报告与管理工作，按照相关法律法规规定的报告程序，及时报告各类突发公共卫生事件。

（3）配合专业防治机构开展现场流行病学调查；设立传染病隔离留观室，对传染病病人、疑似病人采取隔离、医学观察等措施，对密切接触者根据情况采取集中或居家医学观察，对隔离者进行定期随访；协助相关部门做好辖区内疫点、疫区的封锁管理；指导病人家庭消毒。

（4）按专业机构要求，对本乡镇（社区）病人、疑似病人、密切接触者及其家庭成员进行造册登记，为专业防控机构提供基本信息。

（5）做好医疗机构内现场控制、消毒隔离、个人防护、医疗垃圾和污水的处理工作。

（6）开设咨询热线，解答相关问题。为集中避难的群众提供基本医疗服务。

（7）在专业防治机构的指导下，具体实施应急接种、预防性服药、现场消毒、杀虫、灭鼠等项工作；分配发放应急药品和防护用品，并指导乡镇（社区）居民正确使用。

（8）做好出院病人的随访与医疗服务工作，落实康复期病人的各项防控措施。

（9）根据本乡镇（社区）突发公共卫生事件的性质和特点，对居民进行《突发公共卫生事件应急条例》等相关法律法规知识的宣传；开展针对性的健康教育和自救、互救、避险、逃生等个人防护技能的培训。

（10）指导驻乡镇（社区）各单位突发公共卫生事件防控措施的制定与落实，协助做好对乡镇（社区）各单位突发公共卫生事件防控工作的监督、检查。

4.2.3 驻乡镇（社区）单位

（1）按照乡镇（社区）和上级突发公共卫生事件应急指挥机构的要求，落实各项预防控制措施。指定专人负责突发公共卫生事件相关管理与报告工作；对本单位的病人、疑似病人登记造册；落实对人员外出限制等措施，对外来人员、外出返回人员进行登记和及时报告。

（2）配合专业防治机构在本单位开展流行病学调查，落实现场消毒、应急接种、预防性服药等防控措施。

（3）执行政府对本单位实施的封锁、隔离措施。在卫生部门的指导下，建立单位内应急隔离场所，做好封锁、隔离期间本单位的生活保障工作。

（4）做好单位内防护用品、消毒设施的采购、供应、分配和使用工作。

（5）在单位内部做好《突发公共卫生事件应急条例》等相关法律法规知识的宣传解释和健康教育工作。

（6）开展单位及周边地区的消毒、杀虫、灭鼠和环境卫生整治工作，努力改善卫生条件，保证单位宿舍、食堂及其他公共场所的清洁卫生。

（7）驻社区各类医疗卫生机构在落实上述应急反应措施的同时，还应根据机构的类型和特点，按照突发公共卫生事件应急领导小组的要求，积极参与社区内病、伤员的抢救与诊治；向所在社区提供人员和技术支持，加强对社区卫生应急技术机构的业务指导和培训。

4.2.4 公安派出所

(1) 在实施疫区、疫点封锁及人员隔离措施时，对不服从管理的单位和个人依法强制执行。

(2) 保护并配合专业防治机构人员进入现场，协助开展采样、技术分析和检验等现场防控工作。

(3) 协助相关部门依法实施人员、车辆的卫生检查，对拒绝检查者依法强制执行。

(4) 与卫生部门密切合作，加强流动人口管理，发现可疑情况及时报告。

4.2.5 村民委员会、居民委员会

(1) 当乡镇（社区）内发生突发公共卫生事件时，对病人、疑似病人及密切接触者登记造册，为专业防治机构提供相关信息。

(2) 当乡镇（社区）内发生重大食物中毒或职业中毒时，配合做好现场保护工作，组织群众疏散，及时通知公安部门，协助专业机构开展中毒原因调查。

(3) 根据实际需要和卫生部门的要求，建立临时隔离场所，并对专业防治机构认为需要进行隔离的本乡镇（社区）居民、外来人员及外出返回人员，实施家庭隔离观察或集中隔离观察。

(4) 接收、分配突发公共卫生事件应急处理所需的相关设备、器械、防护用品；为隔离者提供生活必需品、处理生活垃圾。

(5) 按照专业防治机构的要求，动员群众开展公共场所和家庭内的消毒工作。

(6) 根据突发公共卫生事件的特点及有关部门的要求，对乡镇（社区）居民做好相应的宣传贯彻和解释工作：组织乡镇（社区）居民参加健康教育和个人防护知识与应急技能的培训。

4.3 未发生突发公共卫生事件的乡镇（社区）

未发生突发公共卫生事件的乡镇（社区）应根据其他地区发生突发公共卫生事件的性质、特点、范围和发展趋势，分析本乡镇（社区）受到波及的可能性和程度，应做好以下工作：

(1) 与上级突发公共卫生事件应急指挥机构保持联系，密切关注事件发生地区的相关信息。

(2) 组织好本乡镇（社区）内应急处理所需的人员和物资准备。

(3) 开展乡镇（社区）内重点单位、重点人群、重点场所和重点环节的监督检查，及时发现并处理公共卫生安全隐患。

(4) 配合专业防治机构，开展疾病及相关因素的监测和预防控制工作，加强突发公共事件相关信息管理报告工作。

(5) 根据事件发生地区的突发公共卫生事件的特点，对本乡镇（社区）居民做好《突发公共卫生事件应急条例》等相关法律法规的宣传贯彻和解释工作；开展针对性的健康教育和自救、互救、避险、逃生等个人防护技能的培训。

4.4 突发公共卫生事件应急反应的终止

乡镇（社区）突发公共卫生事件应急领导小组，应根据上级政府做出的突发公共卫生事件的终止决定，确定本乡镇（社区）突发公共卫生事件终止。

5 善后处理

5.1 评估

突发公共卫生事件结束后，乡镇（社区）突发公共卫生事件应急领导小组应配合上级部门，对突发公共卫生事件的处理情况进行评估，同时对乡镇（社区）突发公共卫生事件进行自我评估。有条件的乡镇（社区），可对事件所造成的损失情况进行经济评估。自我评估内容主要包括：事件概况、现场调查处理概况、病人救治情况、处理措施效果评价、乡镇（社区）资源的动员与组织情况、乡镇（社区）各相关组织的协调与配合情况、对上级职能机构开展现场处理工作的配合情况、物资及经费使用情况、应急处理过程中存在的问题和取得的经验及改进建议。评估报告报人民政府和卫生局。

5.2 恢复与重建

动员乡镇（社区）各界力量，充分发挥村委会（居委会）作用，调动乡镇（社区）各类资源，开展自助和互助，加快恢复和重建。

5.3 奖励与表彰

根据上级要求，乡镇（社区）提出奖励的建议名单并报有关部门。对乡镇（社区）内参加突发公共卫生事件应急处理做出贡献的先进集体和个人进行表彰，并对其事迹和精神进行宣传。

5.4 责任

对在突发公共卫生事件的预防、报告和处理过程中，有玩忽职守、失职、渎职等行为的，依据相关法律法规的规定追究当事人的责任。

5.5 抚恤和补助

按照国家有关规定，配合有关部门做好以下工作：对参加应急处理一线工作的专业技术人员给予补助；对因参与应急处理工作致病、致残、死亡的人员，落实有关待遇。

5.6 征用物资、劳务的补偿

按照国家有关规定，突发公共卫生事件应急工作结束后，乡镇（社区）突发公共卫生事件应急领导小组负责或协助有关部门对应急处理期间紧急调集、征用有关单位、企业、个人的物资和劳务进行合理评估，给予补偿。

6 突发公共卫生事件应急处置的保障

6.1 信息系统

乡镇人民政府（街道办事处）应协助建设乡镇（社区）突发公共卫生事件信息报告系统，完善乡镇（社区）信息报告、交流与沟通制度，为上级卫生行政部门、医疗救治机构、疾病预防控制机构与监督机构提供相关信息。

乡镇人民政府（街道办事处）、村委会（居委会）、驻乡镇（社区）各单位应完善乡镇（社区）的电话、广播、公告栏等基础设施，制定并及时更新乡镇（社区）成员通讯录，准确掌握乡镇（社区）居民基本信息。

6.2 疾病预防控制队伍

乡镇卫生院（社区卫生服务中心）设立预防保健科（组），培训村卫生室（社区卫生服务站）等卫生服务人员，指导、组织、监督辖区内疾病预防控制工作的开展。

6.3 医疗救治队伍

乡镇卫生院（社区卫生服务中心）应承担基本医疗卫生服务工作，并按照上级政府和卫生行政部门的规定，设置隔离和留观病床；承担或协助专业技术部门开展相应的突发公共卫生事件的应急处理、医疗救治和转运工作。

6.4 建立志愿者队伍

乡镇人民政府（街道办事处）应发挥驻乡镇（社区）各单位和群众性组织的优势，组成突发公共卫生事件志愿者队伍，按照平战结合、分类管理的原则，形成不同功能的应急小分队，明确管理机构、管理制度及职责，建立人员数据库，加强志愿者队伍的培训与演练。

6.5 培训与演练

乡镇人民政府（街道办事处）应加强乡镇（社区）卫生应急培训工作，形成定期培训制度，提高乡镇（社区）突发公共卫生事件应急处置能力。针对各类突发公共卫生事件的特点，开展卫生应急知识的宣传教育和自救、互救等技能的培训，重点对乡镇（社区）中的安全员、村长、楼长、保安人员以及义务宣传员等开展突发公共卫生事件早期征兆的识别和应急反应等知识的培训。积极参与上级人民政府组织的突发公共卫生事件应急演练，并采取定期和不定期相结合的形式，在乡镇（社区）内组织开展模拟突发公共卫生事件的应急演练，以检验、改善和强化乡镇（社区）应急准备、协调和应对能力，并对演练结果进行总结和评估，进一步完善应急预案。

6.6 经费和物资保障

乡镇人民政府（街道办事处）应配合相关部门，落实乡镇（社区）突发公共卫生事件应急处置的财政补助政策。乡镇（社区）应结合实际情况，做好相应的应急物资储备工作。

6.7 应急避难场所保障

乡镇人民政府（街道办事处）应调查所在乡镇（社区）地形地貌、建筑设施、水流风向、驻乡镇（社区）各单位等基本情况，制定各类突发公共卫生事件应急避难和救助场所清单，绘制避难和救助场所分布图及标识，并报上级政府和专业防治机构备案。在突发公共卫生事件的处置过程中，乡镇（社区）突发公共卫生事件应急领导小组应请示上级政府，及时确定乡镇（社区）公众临时性避难和救助场所，并在乡镇（社区）显著位置张贴避难和救助场所的地图及标识。被确定为临时避难场所的单位，应服从乡镇（社区）突发公共卫生事件领导小组的安排，并提供相应的后勤保障。紧急情况下，乡镇（社区）突发公共卫生事件应急领导小组可根据突发公共卫生事件的性质，即刻指定乡镇（社区）公众临时性避难场所，并随后报上级政府批准。

6.8 社会公众的宣传教育

乡镇人民政府（街道办事处）负责并协调组织驻乡镇（社区）各单位、群众组织和民间团体，开展广泛的卫生宣传。充分动员社会和群众的力量，利用广播、电视、报刊、互联网、宣传材料等多种形式对乡镇（社区）居民广泛开展突发公共卫生事件应急知识的普及教育，宣传卫生科普知识，指导群众依法、科学应对突发公共卫生事件。

6.9 驻乡镇（社区）各类社会单位的管理

乡镇人民政府（街道办事处）应与教育、安监、公安、工商、农牧、交通、建设、通信、新闻、检验检疫等部门保持密切联系，建立沟通协调机制。各部门应摸清本乡镇（社区）内相关单位及人员的分布情况，配合做好乡镇（社区）突发公共卫生事件应急组织对驻乡镇（社区）各单位的管理工作。

7 附则

《突发公共卫生事件乡镇（社区）应急预案》应明确规定预案的制定、更新与实施时间。

7.1 预案的制定与更新

乡镇人民政府（街道办事处）组织制定《突发公共卫生事件乡镇（社区）应急预案》，报上级人民政府审批、发布，定期进行评审，并根据突发公共卫生事件的形势变化和实施中发现的问题及时进行更新、修订和补充。

7.2 预案实施时间

《突发公共卫生事件乡镇（社区）应急预案》自发布之日起实施。

7.3 名词术语

社区：本指南中的社区是指城乡社区，即城市街道办事处、农村乡镇人民政府所辖范围。

社区卫生诊断：社区卫生诊断是运用社会学、人类学和流行病学的研究方法，对一定时期内社区的主要健康问题及其影响因素、社区卫生服务的供给与利用以及社区综合资源环境进行客观、科学的确定和评价；发现和分析问题，提出优先干预项目，并针对性地制定社区健康促进计划，从而充分利用现有卫生资源，动员社区参与，实施社区干预，逐步解决社区主要卫生问题。

附录四 《全国综合减灾示范社区标准》

一、基本条件

1. 社区居民对社区综合减灾状况满意率大于70%。

2. 社区近3年内没有发生因灾造成的较大事故。

3. 具有符合社区特点的综合灾害应急救助预案并经常开展演练活动。

二、基本要素

（一）综合减灾工作组织与管理机制完善。成立了社区综合减灾工作领导小组，建立了综合减灾示范社区工作机制。负责开展以下工作：

1. 全面组织开展综合减灾示范社区的创建、运行、评估与改进工作。

2. 组织开展社区灾害风险隐患排查、编制社区灾害风险地图。

3. 组织编制社区综合灾害应急救助预案，开展防灾减灾演练。

4. 组织制定符合社区条件、体现社区特色、切实可行的综合减灾目标和计划。

5. 调动社区内各种资源，确保必要的人力、物力、财力和技术等资源的投入，共同参与社区综合减灾教育宣传活动，提升居民防灾减灾意识。

6. 组织社区开展综合减灾绩效评审。

（二）开展灾害风险评估

1. 采用居民参与的方式，开展社区内各种灾害风险排查工作。

2. 明确社区老年人、小孩、孕妇、病患者、伤残人员等弱势群体的分布，针对风险落实了对口帮扶救助人员和措施。

3. 积极鼓励居民参与编制并知晓社区灾害风险地图。

（三）制定综合灾害应急救助预案

1. 预案明确在社区设灾害信息员，开展社区灾害风险隐患日常监测工作，建立健全了监测制度，落实灾害风险早发现、早预防、早治理的措施。

2. 预案明确了特定手段和方法，能及时准确向社区居民发布灾害预警信息。

3. 预案明确了领导小组和应急队伍责任人的联系方式，有针对社区弱势群体的对应救助措施。

4. 预案中有社区综合避难图，明确了灾害风险隐患点（带），应急避难所分布、安全疏散路径、脆弱人群临时安置避险位置、消防和医疗设施及指挥中心位置等信息。

5. 定期开展应急演练。演练包括组织指挥、灾害隐患排查、灾害预警及信息传递、灾害自救和互救逃生、转移安置、灾情上报等内容。能及时分析总结演练经验和问题，不断完善社区综合灾害应急救助预案。

（四）经常开展减灾宣传教育与培训活动

1. 以国家防灾减灾日、国际减灾日为契机，开展经常性的防灾减灾宣传活动。

2. 利用现有公共活动场所或设施（图书馆、学校、宣传栏、橱窗、安全提示牌等），设置防灾减灾专栏、张贴有关宣传材料、设置安全提示牌等，开展日常性的居民防灾减灾宣传教育。

3. 利用广播、电视、电影、网络、手机短信等媒体，经常普及防灾减灾知识和避灾自救技能。

4. 定期邀请有关专家、专业人员或志愿者，对社区管理人员和居民进行防灾减灾培训，适时开展社区间减灾工作经验交流。

5. 每年印制分发社区各类防灾减灾宣传材料。

（五）社区防灾减灾基础设施较为齐全

1. 通过新建、加固或确认等方式，建立社区灾害应急避难场所，明确避难场所位置、可安置人数、管理人员等信息。

2. 在避难场所、关键路口等，设置醒目的安全应急标志或指示牌，引导居民快速找到避难所。

3. 避难场所标有明确的救助、安置、医疗等功能分区。

4. 社区备有必要的应急物资，包括救援工具（如铁锹、担架、灭火器等）、通信设备（如喇叭、对讲机等）、照明工具（如手电筒、应急灯等），应急药品和生活类物资（如棉衣被、食品、饮用水等）。

5. 居民家庭配有针对社区特点的减灾器材和救生工具，如逃生绳、收音机、手电筒、哨子、灭火器、常用药品等。

（六）居民减灾意识与避灾自救技能提升

1. 居民清楚社区内各类灾害风险及其分布，知晓本社区的避难场所及行走路线。

2. 居民掌握防灾减灾自救互救基本方法与技能，包括在不同场合（家里、室外、学校等）下，不同灾害（地震、洪水、台风、地质灾害、火灾等）发生后，具备如何逃生自救、互帮互救等基本技能。

3. 居民积极主动参与社区组织的各类防灾减灾活动。

（七）广泛开展社区减灾动员与减灾参与活动

1. 社区建立了防灾减灾志愿者队伍，承担社区综合减灾建设的有关工作，如宣传、教育、义务培训等，配备了必要的装备，并定期开展训练。

2. 社区内相关企事业单位积极组织开展防灾减灾活动，主动参与风险评估、隐患排查、宣传教育与演练等社区减灾活动，在做好安全生产的同时，经常对企业员工特别是外来员工进行防灾减灾教育等。

3. 社区内学校在日常教育中注重提高学生的防灾减灾意识和应急能力，能利用学校教育资源，为居民开展各类防灾减灾教育。

4. 社区内的医院能积极承担有关医护工作，关注社区脆弱人群，提高社区救护能力。

5. 社区内社会组织发挥自身优势，吸收各方资源，积极参与社区综合减灾工作。

（八）管理考核制度健全

1. 社区建立综合减灾绩效考核工作制度，有相关人员日常管理、防灾减灾设施维护管理等制度措施。

2. 社区定期对隐患监测、应急救助预案、脆弱人群应急应对等各项工作进行检查。

3. 社区定期对综合减灾工作开展考核，对不足之处有具体改进措施。

（九）档案管理规范

社区建立了包括文字、照片等档案信息在内的规范齐全、方便查阅的综合减灾档案。

（十）社区综合减灾特色鲜明

1. 在社区减灾工作部署、动员过程中，具有有效调动居民和单位参与的方式方法。

2. 在社区综合减灾工作中，有独到的做法或经验，如利用本土知识和工具，进行灾害监测、预报和预警，有行之有效的做好外来人口减灾教育的方式方法等。

3. 利用现代技术手段，开展日常综合减灾工作，如建立社区网站、社区网络等。

4. 社区引入了风险分担机制，倡导居民开展社区各类灾害保险工作等。

5. 在防灾减灾宣传教育活动中具有地方特色。

三、评分表

一级指标	二级指标	评定标准	满分分值	考核分数
1. 组织管理（10分）	1.1 社区减灾组织管理机构（4分）	成立了社区综合减灾组织管理机构，负责综合减灾示范社区的创建、运行、评估与改进等工作	4	
	1.2 社区减灾工作制度（4分）	制定社区综合减灾规章制度，规范开展风险评估、隐患排查、灾害预警、预案编制、应急演练、灾情报送、宣传教育、人员培训、档案管理、绩效评估等工作	4	
	1.3 社区防灾减灾建设资金管理（2分）	社区防灾减灾建设资金严格管理，规范使用	2	
2. 灾害风险评估（15分）	2.1 灾害风险隐患清单（4分）	（1）定期开展社区灾害风险排查，有社区内自然灾害、安全生产、公共卫生、社会治安等隐患清单	2	
		（2）针对各类隐患及时制定防范措施并开展治理	2	
	2.2 社区灾害脆弱人群清单（3分）	（1）有社区老年人、儿童、孕妇、病患者和残障人员等脆弱人群清单	1.5	
		（2）有脆弱人群结对帮扶措施	1.5	

（续）

一级指标	二级指标	评定标准	满分分值	考核分数
2. 灾害风险评估（15分）	2.3 社区灾害脆弱住房清单（4分）	（1）有社区居民住房和公共设施安全隐患清单	2	
		（2）有针对上述安全隐患清单的治理方案和时间表	2	
	2.4 社区灾害风险地图（4分）	有社区灾害风险地图，标示灾害危险类型、强度（等级）、风险点或风险区的时间、空间分布及名称等	4	
3. 应急预案（15分）	3.1 综合应急预案（7分）	（1）预案结合了社区风险隐患、脆弱人群、救援队伍、志愿者队伍、救灾资源等实际情况	2	
		（2）明确预警手段信息，预警手段信息便于居民理解接收	1	
		（3）明确预案启动标准	1	
		（4）明确协调指挥、隐患排查、转移安置、物资保障、信息报告、医疗救护等小组分工	1	
		（5）明确应急避难场所分布、安全疏散路径、医疗设施及指挥中心	1	
		（6）明确有所有工作人员的联系信息，所有脆弱人员的信息，以及结对帮扶责任分工	1	
	3.2 预案演练（8分）	（1）定期开展应急预案演练，城市社区每年不少于2次，农村社区每年不少于1次	2	
		（2）演练了组织指挥、隐患排查、灾害预警、灾害自救和互救逃生、脆弱人群疏散、转移和安置等环节	2	
		（3）社区居民参与程度高，社区内单位、社会组织或志愿者等广泛参与	1	
		（4）预案演练过程有照片或视频记录	1	
		（5）有演练效果评估，开展了社区居民满意度访谈或调查	1	
		（6）针对演练发现的问题和不足，不断完善预案	1	
4. 宣传教育培训（11分）	4.1 组织减灾宣传教育（3分）	（1）充分利用现有公共活动场所或设施（图书馆、学校），设置防灾减灾专栏、张贴有关宣传材料、设置安全提示牌	2	
		（2）充分发挥了广播、电视、互联网、手机等载体的作用	1	
	4.2 开展防灾减灾活动（3分）	（1）结合防灾减灾日、全国科普日等，集中开展了防灾减灾宣传教育活动	2	
		（2）集中宣传教育活动形式多样，方法灵活	1	
	4.3 防灾减灾培训（5分）	（1）组织社区居民参加了防灾减灾培训，城市社区居民参训率不低于85%，农村社区居民参训率不低于75%	3	
		（2）组织社区内学校、医院、企事业单位及社会组织参加了防灾减灾培训	2	

（续）

一级指标	二级指标	评定标准	满分分值	考核分数
5. 减灾设施和装备（15分）	5.1 建立应急避难所（6分）	（1）建立了社区灾害应急避难场所，明确避难场所位置、可安置人数、管理人员等信息	3	
		（2）避难场所通过多种形式储备了一定的应急食品、饮用水、棉衣被、通信、卫生间等生活基本设施，配备了一定的消防救生器材	3	
	5.2 明确应急疏散路径（3分）	（1）设有应急疏散路径示意图，标示明确	1	
		（2）在避难场所、关键路口设置了安全应急标志或指示牌	2	
	5.3 设置防灾减灾宣传栏或橱窗（3分）	设置了固定的防灾减灾宣传栏或橱窗	3	
	5.4 配备应急物资（3分）	（1）社区配备了必要的应急物资，包括救援工具、广播和应急通信设备、照明工具、应急药品和生活类物资等	2	
		（2）居民配备了防灾减灾用品，如逃生绳、收音机、手电、哨子、常用药品等	1	
6. 居民减灾意识与技能（11分）	6.1 居民防灾减灾意识（4分）	居民积极参与社区组织的风险隐患排查、风险图编制、防灾减灾宣传教育培训和演练等活动，发挥了妇女、儿童、残疾人等脆弱群体的作用	4	
	6.2 知晓本社区的风险隐患及应急避难（4分）	（1）居民知晓本社区的灾害风险隐患及分布	1	
		（2）居民知晓本社区的预警信号含义	1	
		（3）居民知晓本社区的应急避难场所位置	1	
		（4）居民知晓灾害应急疏散的路径	1	
	6.3 掌握减灾自救互救基本方法（3分）	（1）居民掌握不同场合（家里、室外、学校等）地震、洪水、台风、火灾等灾害来临时的逃生方法	1	
		（2）居民掌握基本的互救方法（帮助脆弱人群、灾时受伤、被埋压、溺水等互救的方法）	1	
		（3）居民掌握基本的包扎方法	1	
7. 社会多元主体参与（9分）	7.1 志愿者或社工队伍参与防灾减灾活动（2分）	（1）志愿者或社工队伍承担社区综合减灾建设的有关工作，如宣传教育和培训等	1	
		（2）志愿者或社工队伍承担社区灾害应急时的有关工作，如帮助脆弱人群等	1	
	7.2 社区主要机构参与防灾减灾活动（5分）	（1）相关企事业单位能积极参与综合减灾社区的各种工作，组织展开本单位防灾减灾活动	2	
		（2）学校能积极开展各类防灾减灾宣传教育、专题培训和应急演练活动	2	
		（3）医院能积极承担有关医护工作	1	
	7.3 社会组织参与防灾减灾活动（2分）	社会组织参与社区综合减灾活动	2	

（续）

一级指标	二级指标	评定标准	满分值	考核分数
8. 日常管理与考核（5分）	8.1 有相对完善的管理制度（2分）	社区综合减灾绩效考核、相关人员日常管理等制度健全	2	
	8.2 进行经常性的检查（2分）	（1）定期对社区的隐患监测工作、防灾减灾设施等进行检查（每季度1次）	1	
		（2）定期对社区应急救助预案、脆弱人群应急救助等工作进行检查	1	
	8.3 具体改进措施（1分）	定期对社区综合减灾工作开展考核，针对问题与不足有具体改进措施	1	
9. 档案管理（4分）	9.1 减灾工作档案（3分）	建立了规范、齐全的社区综合减灾档案，有文字、照片、音频、视频等信息	3	
	9.2 综合减灾示范社区创建过程档案（1分）	建立了综合减灾社区申报、审核、评估、颁发等过程档案	1	
10. 创建特色（5分）	10.1 明显的地方特色（3分）	（1）在创建过程中有独特有效的调动居民、社区内各单位参与的方式、方法	1	
		（2）有明显的针对各类脆弱人群的救助特色	1	
		（3）有明显的民族地区特色、文化特色	1	
	10.2 可供借鉴的独到做法或经验（2分）	（1）有明显的减灾工作创新，如利用本土知识或工具进行监测预警预报等	1	
		（2）有可供推广的做法或经验，如建立了社区综合减灾网站，购买了社区保险等	1	

参 考 文 献

[1] 马克思，恩格斯．马克思恩格斯选集（第一卷）[M]．中共中央马克思恩格斯列宁斯大林著作编译局，译．北京：人民出版社，2012.

[2] 刘建军．社区中国 [M]．天津：天津人民出版社，2021.

[3] 王宏伟．公共危机管理概论 [M]．2 版．北京：中国人民大学出版社，2021.

[4] 高和荣．从两极到综合：社区应急治理的新维度 [J]．东南学术，2020，278（4）：88-95+246.

[5] 孙萍．实用社区管理学 [M]．北京：高等教育出版社，2017.

[6] 杨正．突发事件下我国社区应急管理研究 [D]．重庆：重庆大学，2017.

[7] 刘诗琪，周海滔．社区参与公共危机治理的法律机制研究 [J]．社科纵横，2021，36（3）：104-113.

[8] 颜德如，隋永强．社区应急治理的理论与对策研究 [M]．沈阳：东北大学出版社，2020.

[9] 李军，黄玉玺．救灾与救政：中国古代社会救灾制度反思 [J]．南京农业大学学报（社会科学版），2018，18（3）：142.

[10] 胡轶俊．中国社区灾害应急管理 [M]．北京：中国社会出版社，2014.

[11] 邓云特．中国救荒史 [M]．北京：商务印书馆，2011.

[12] 包春玉．春秋战国时期的灾害救助研究 [D]．兰州：兰州大学，2013.

[13] 冯利兵．中国古代农业减灾救荒思想研究 [D]．咸阳：西北农林科技大学，2008.

[14] 白云光．两汉宗族救灾研究 [D]．西安：陕西师范大学，2017.

[15] 黄静．清代自然灾害救助法制州县实践研究 [D]．重庆：西南政法大学，2016.

[16] 童鹏飞．明代四川地区地震灾害初步研究 [D]．重庆：西南大学，2013.

[17] 王文远．古代中国防疫思想与方法及其现代应用研究 [D]．南京：南京中医药大学，2001.

[18] 陈忠海．古代防疫中的隔离治疗 [J]．中国发展观察，2020（23）：127-128+105.

[19] 王孝先．丝绸之路医药学交流研究 [M]．乌鲁木齐：新疆人民出版社，1998.

[20] 项继权．中国农村社区建设研究 [M]．北京：经济科学出版社，2016.

[21] 刘俊文．日本学者研究中国史论著选译：第 4 卷 [M]．北京：中华书局，1992.

[22] 冯尔康，闫爱民．宗族史话 [M]．北京：社会科学出版社，2012.

[23] 播振华，李小波．古代宗族组织在基层乡村治安控制中的作用及启示 [J]．山东警察学院学报，2015（6）：117-124.

[24] 夏一雪，郭其云，杨隽，等．我国古代公共危机应急救援的历史经验与有益启示 [J]．学术论坛，2012，35（7）：55-60.

[25] 张文．中国古代报灾减灾制度述论 [J]．中国经济史研究，2004（1）：60-68.

[26] 吴宾，党晓红．中国古代荒政思想与赈济制度探析 [J]．重庆工商大学学报（社会科学版），2008（5）：81-84.

[27] 刘夏欣．中国古代的寺院赈济 [J]．社会治理，2017（2）：133-139.

[28] 甄尽忠．先秦时期社会救助思想研究 [D]．郑州：郑州大学，2006.

[29] 卜风贤．周秦汉晋时期农业灾害和农业减灾方略研究 [D] 咸阳：西北农林科技大学，2001.

[30] 尹万东．中国古代救济研究 [D]．南京：河海大学，2006.

[31] 王玉．我国社区应急管理体系优化问题研究：以A市B区为例［J］．中共福建省委党校（福建行政学院）学报，2021（3）：160-161.

[32] 陈旭．四川城市社区安全风险评估与管理［M］．成都：四川大学出版社，2018.

[33] 党生翠．新冠疫情防控中应急社会治理共同体建设的北京实践［J］．中国民政，2020（23）：56.

[34] 董幼鸿，魏筝．超大城市社区安全风险精细化管理路径探索与优化：以上海静安区L街道社区"大脑"建设为例［J］．上海城市管理，2020（6）：12-21.

[35] 洪长安．"八桂应急先锋"社区响应队基础培训教程［M］．北京：应急管理出版社，2020.

[36] 程啸．我国城市社区防灾减灾法律制度研究［D］．重庆：西南政法大学，2014.

[37] 颜德如，张树吉．基层党组织统筹社区应急治理的组织化整合路径［J］．探索，2021（1）：125-138.

[38] 谭祝．信任关系视角下的公租房社区应急机制优化［D］．重庆：重庆大学，2018.

[39] 李韧．我国城市社区应急管理模式探讨［D］．重庆：重庆大学，2012.

[40] 王芳华，周洁如．非营利组织营销［M］．上海：上海交通大学出版社，2001.

[41] 卢汉桥，周巍，黄琴．非营利组织参与危机管理的途径和影响分析［J］．广州大学学报（社会科学版）.2004（12）：54-58+89-90.

[42] 夏剑霰．上海社区风险评估体系研究［D］．上海：复旦大学，2010.

[43] 童星．社会学风险预警研究与行政学危机管理研究的整合［J］．湖南师范大学社会科学学报，2008（2）：66-70.

[44] 张海波．风险社会与公共危机［J］．江海学刊，2006（2）：112-117.

[45] 刘霞，向良云．公共危机治理：一种不同的概念框架［J］．新视野，2007（5）：50-53.

[46] 薛澜，周玲，朱琴．风险治理：完善与提升国家公共安全管理的基石［J］．江苏社会科学，2008（6）：7-11.

[47] 钟开斌．风险管理：从被动反应到主动保障［J］．中国行政管理，2007（11）：99-103.

[48] 杨用君，刘祖德，赵云胜．新形势下城市公共安全应急管理体系建设探讨［J］．中国公共安全（学术版），2007（2）：50-52.

[49] 范维澄，刘奕．城市公共安全与应急管理的思考［J］．城市管理与科技，2008，10（5）：32-34.

[50] 丁辉．加强风险管理　推进安防建设［J］．中国安防，2009（3）：17-19.

[51] 罗云，樊运晓，马晓春．安全健康新知丛书：风险分析与安全评价［M］．北京：化学工业出版社，2004.

[52] 滕五晓，陈磊，万蓓蕾．社区安全治理模式研究：基于上海社区风险评估实践的探索［J］．马克思主义与现实，2014（6）：70-75.

[53] 尚志海，欧先交，曾兰华，等．城市社区公共安全风险评估：以东莞市虎门镇赤岗社区为例［J］．热带地理，2013，33（2）：195-199+230.

[54] 张小明．基于脆弱性分析的公共危机预防体系研究［J］．北京行政学院学报，2013（4）：52-57.

[55] 张小明．论公共危机事前风险管理与评估［J］．北京科技大学学报（社会科学版），2007（1）：36-40.

[56] 任国有．社区安全教程［M］．北京：清华大学出版社，2014.

[57] 葛全胜，邹铭，郑景云．中国自然灾害风险综合评估初步研究［M］．北京：科学出版社，2008.

[58] 冯启民，孙峥，颜锋，等．城市社区抗震能力模糊综合评价模型［J］．世界地震工程，2007，23（1）：1-5.

[59] 胡宝清．模糊理论基础［M］．武汉：武汉大学出版社，2004.

[60] 王莲芬，许树柏．层次分析法引论［M］．北京：中国人民大学出版社，1990.

[61] 张振国，温家洪，李雪丽．面向社区的参与式灾害风险评估模型研究［J］．灾害学，2013，28（3）：142-146.

[62] 何川，刘功智，任智刚，等．国外灾害风险评估模型对比分析［J］．中国安全生产科学技术，2010，6（5）：148-153.

[63] United Nations Disaster Relief Organization. Mitigating natural disasters：phenomena，effects and options：a manual for policy makers and planners［R］. New York：United Nations，1991.

[64] National Oceanic and Atmospheric Administration. Community vulnerability assessment tool：New Hanover County，North Carolina［R］. Charleston：National Oceanic and Atmospheric Administration Coastal Services Center，1999.

[65] Emergency Preparedness Canada. Evaluation of peacetime disaster hazard. In emergency preparedness program course-including annexes A-D［R］. Ottawa：Emergency Preparedness Canada，1992.

[66] Federal Emergency Management Agency. Hazard identification，capability assessment and multi-year development plan for local governments［R］. Washington，D. C.：Federal Emergency Management Agency，1987.

[67] Natural Disasters Organization. Community emergency planning guide［R］. Australia：Natural Disasters Organisation，1991.

[68] Sen，Yang. The development of UNEP's APELL program in Shanghai［J］. Industry and Environment. 1997，20（3）：36-37.

[69] 姚国章，昂玉洋，邓民宪．灾害风险评估发展研究［J］．南京邮电大学学报（社会科学版），2014，16（4）：46-51.

[70] 毕晓丽，洪伟．生态环境综合评价方法的研究进展［J］．农业系统科学与综合研究，2001（2）：122-124+126.

[71] 陈守煜．复杂水资源系统优化模糊识别理论与应用［M］．吉林：吉林大学出版社，2002.

[72] 李洪兴，汪培庄．模糊数学［M］．北京：国防工业出版社，1994.

[73] 金菊良，魏一鸣，丁晶．基于改进层次分析法的模糊综合评价模型［J］．水利学报，2004（3）：65-70.

[74] 许国志，顾基发，车宏安．系统科学［M］．上海：上海科技教育出版社，2000.

[75] 金菊良，丁晶．水资源系统工程［M］．成都：四川科学技术出版社，2002.

[76] 汪应洛．系统工程［M］．2 版．北京：机械工业出版社，2001.

[77] 国务院办公厅．国家综合减灾“十一五”规划［N］．人民日报，2007-08-15（5）.

[78] 周洪建，张卫星．社区灾害风险管理模式的对比研究：以中国综合减灾示范社区与国外社区为例［J］．灾害学，2013，28（2）：120-126.

[79] 刘洋．S 市突发公共事件信息报送工作优化研究［D］．西安：西北大学，2021.

[80] 俞祖成．社区公共危机管理指导手册［M］．上海：格致出版社；上海：人民出版社，2020.

[81] 刘颖，刘咏梅．众包危机管理理论研究：社会公共危机管理新方向［J］．探索，2016（2）：109-115.

[82] 赵欣辰．论“第一响应者”制度的构建［D］．西安：西北大学，2015.

[83] 严雪雁，谢金晶．重大疫情背景下的城市社区应急治理机制研究［J］．黑龙江工业学院学报（综合版），2020，20（3）：1-7.

[84] 兰旭凌．风险社会中的社区智慧治理：动因分析、价值场景和系统变革［J］．中国行政管理，2019（1）：140-145.

[85] 杜磊，郭伟，刘凤良，等．面向突发事件的应急处置程序性知识模型［J］．军事交通学院学报，2015，17（1）：87-91.

[86] 赵玉佩．基于社会网络分析的城市社区应急协同治理研究［D］．西安：西北大学，2019.

[87] 魏静．关于我国公共危机应对阶段的社会动员分析［D］．曲阜：曲阜师范大学，2010.

[88] 朱志萍．基于公共安全危机常态治理的公众参与机制建设［J］．山东警察学院学报，2020，32（2）：126-132.

[89] 曹海军，陈宇奇．社区公共卫生应急协同网络体系及其建构［J］．理论探索，2020（5）：91-98.

[90] 张成福．公共危机管理理论与实务［M］．北京：中国人民大学出版社，2009.

[91] 胡鹏，龙晓艳．公共危机治理视域下的社区参与探讨［J］．中共合肥市委党校学报，2009（1）：56-58.

[92] Klein R J，Tnicholls R J，Thomalla F. Resilience to natural hazards：how useful is this concept?［J］. Environmental Hazards，2003，5（1）：35-45.

[93] 汪辉，徐蕴雪，卢思琪，等．恢复力、弹性或韧性？社会-生态系统及其相关研究领域中“Resilience”一词翻译之辨析［J］．国际城市规划，2017，32（4）：29-39.

[94] 廖茂林，苏杨，李菲菲．韧性系统框架下的城市社区建设［J］．中国行政管理，2018（4）：57-62.

[95] 彭翀，郭祖源，彭仲仁．国外社区韧性的理论与实践进展［J］．国际城市规划，2017，32（4）：60-66.

[96] Wilson G. Community resilience and environmental transitions［M］. London：Routledge，2012.

[97] Norris F H，Stevens S P，Pfefferbaum B，et al. Community resilience as a metaphor，theory，set of capacities，and strategy for disaster readiness［J］. American Journal of Community Psychology，2008，41（1-2）：127-150.

[98] Doll L S，Bonzo S E，Sleet D A，et al. Building Resilience to Mass Trauma Events［M］. New York：Springer US，2007.

[99] Masten As，Best KM，Garmezy N. Resilience and development：contributions from the study of children who overcome adversity［J］. Development and Psychopathology，1990，2（4）：425-444.

[100] Cabinet Office. Strategic national framework on community resilience［R］. London：UK Government，2011.

[101] 俞孔坚，许涛，李迪华，等．城市水系统弹性研究进展［J］．城市规划学刊，2015（1）：75-83.

[102] Bruneau M，Chang S E，Eguchi R T，et al. A framework to quantitatively assess and enhance the seismic resilience of communities［J］. Earthquake Spectra，2003，19（4）：733-752.

[103] Ahmed R，Seedat M，Van Niekerk A，et al. Discerning community resilience in disadvantaged communi-

ties in the context of violence and injury prevention [J]. South African Journal of Psychology, 2004, 34 (3): 386-408.

[104] Magis K. Indicator 38-community resilience, literature and practice review [R]. Denver: US Roundtable on Sustainable Forests, 2007: 46.

[105] 邵亦文，徐江．城市韧性：基于国际文献综述的概念解析［J］．国际城市规划，2015，30（2）：48-54.

[106] Gunderson L H. Ecological resiliencein theory and application [J]. Annual Review of Ecology and Systematics, 2000, 31: 425-439.

[107] Nelson D R, Adger W N, Brown K. Adaptation to environmental change: contributions of a resilience framework [J]. Annual Review of Environment and Resources, 2007, 32 (1): 395-419.

[108] 彭翀，袁敏航，顾朝林，等．区域弹性的理论与实践研究进展［J］．城市规划学刊，2015（1）：84-92.

[109] Djalante R, Thomalla F. Community resilience to natural hazards and climate change impacts: a review of definitions and operational frameworks [J]. Asian Journal of Environment and Management, 2011, 3 (3): 339-355.

[110] 朱华桂．论社区抗逆力的构成要素和指标体系［J］．南京大学学报（哲学、人文科学、社会科学版），2013，50（5）：68-74+159.

[111] 胡曼，郝艳华，宁宁，等．应急管理新动向：社区抗逆力的测评工具比较分析［J］．中国公共卫生管理，2016，32（1）：27-29.

[112] 崔鹏，李德智，陈红霞，等．社区韧性研究述评与展望：概念、维度和评价［J］．现代城市研究，2018（11）：119-125.

[113] 刘佳燕，沈毓颖．面向风险治理的社区韧性研究［J］．城市发展研究，2017，24（12）：83-91.

[114] 孟令君，运迎霞，任利剑．基于RATA韧性评价体系的既有社区御灾提升策略：以天津市河东区东兴路既有社区为例［C］//中国城市规划学会．规划60年：成就与挑战：2016中国城市规划年会论文集．北京：中国建筑工业出版社，2016.

[115] Federal Emergency Management Agency. Draft interagency concept for community resilience indicators and national-level measures [R]. Washington D. C.: FEMA, 2016: 11-24.

[116] UNDP. Community based resilience analysis (Co BRA): conceptual framework and methodology [R]. New York: UNDP Drylands Development Centre, 2014: 34-36.

[117] Daly M, Becker J, Johnson D, et al. Defining and measuring community resilience to natural disasters [J]. Tephra, 2009 (22): 15-20.

[118] Twigg J. Characteristics of a disaster-resilient community: a guidance note [R]. London: Benfield UCL Hazard Research Centre, 2009: 7-11.

[119] 都彦妮．新冠疫情防控的社区韧性研究［D］．杭州：浙江大学，2021.

[120] 颜德如．构建韧性的社区应急治理体制［J］．行政论坛，2020，27（3）：89-96.

[121] 宋劲松．我国为什么组建应急管理部［EB/OL］．（2018-04-02）［2020-03-24］http://www.qstheory.cn/zhuanqu/bkjx/2018-04/02/c_1122627294.htm.

[122] 张海静．城市社区应急管理模式研究［D］．上海：上海交通大学，2010.

[123] 李韧．我国城市社区应急管理模式探讨［D］．重庆：重庆大学，2012.
[124] 方一森．社区应急管理中的公民参与研究［D］．北京：首都经济贸易大学，2015.
[125] 吴大明，宋大钊．美国应急管理法律体系特点分析与启示［J］．灾害学，2019，34（1）：157-161.
[126] 金磊．美国城市公共安全应急体系建设方法研究［J］．规划师，2008（2）：81-84.
[127] 陈浩．美国的救灾应对程序与NGO的力量［J］．中国减灾，2008（8）：42-43.
[128] 周永根．社区应急管理模式的国际比较［J］．求索，2017（9）：80-86.
[129] 王舒婷．城市社区应急管理研究［D］．南京：南京大学，2019.
[130] 何露．国外城市危机管理中的社区参与及其启示［J］．经贸实践，2018（11）：234.
[131] 赵成根．国外大城市危机管理模式研究［M］．北京：北京大学出版社，2006.
[132] Shaw R. Community practices for disaster risk reduction in japan［M］. Tokoyo：Springer Japan，2014.
[133] 伍国春．日本社区防灾减灾体制与应急能力建设模式［J］．城市与减灾，2010（2）：16-20.
[134] 张暄．日本城市防灾减灾对策研究［J］．智慧城市，2018，4（16）：26-27.
[135] 姚国章．日本突发公共事件应急管理体系解析［J］．电子政务，2007（7）：58-67.
[136] 董泽宇．德国应急救援体系及其启示［J］．中国应急管理，2011（11）：51-55.
[137] 国务院办公厅应急管理赴德国培训团．德国应急管理纵览［J］．中国行政管理，2005（9）：73-76.
[138] 韬业．德国的灾害防治机制［J］．中国减灾，2008（12）：2.
[139] 贾群林，郑荔．德国应急救援志愿者队伍　社会减灾的生力军［J］．城市与减灾，2006（5）：23-25+2.
[140] 杨华京．美国政府应急管理“三级跳”：美国公共管理协会主席蒙佐教授访谈［J］．国际人才交流，2004（4）：10-11.
[141] 沙勇忠，刘海娟．美国减灾型社区建设及对我国应急管理的启示［J］．兰州大学学报（社会科学版），2010，38（2）：72-79.
[142] Kapucu N. Culture of preparedness：household disaster preparedness［J］. Disaster Prevention and Management，2008，4.
[143] 唐桂娟．美国应急管理全社区模式：策略、路径与经验［J］．学术交流，2015（4）：64-69.
[144] 唐桂娟．美国应急管理全社区模式的实施及对中国的启示［J］．中国行政管理，2017（6）：142-146.
[145] 周永根．美国全社区应急管理模式研究［J］．求是学刊，2020，47（4）：10.
[146] 隋永强，杜泽，张晓杰．基于社区的灾害风险管理理论：一个多元协同应急治理框架［J］．天津行政学院学报，2020，22（6）：65-74.
[147] Ajinder W. Community based disaster preparation：need for a standardized training module［J］. Australian Journal of Emergency Management，2008（2）：42-52.
[148] Edwards R W，Jumper-Thurman P，Plested B A，et al. Community readiness：research to practice［J］. Journal of Community Psychology，2000，28（3）：291-307.

图书在版编目（CIP）数据

社区公共危机治理概论／范中启总主编；许文文主编．--北京：应急管理出版社，2022

高等教育应急管理系列教材

ISBN 978-7-5020-9046-3

Ⅰ.①社… Ⅱ.①范… ②许… Ⅲ.①社区—公共管理—危机管理—中国—高等学校—教材 Ⅳ.①D669.3

中国版本图书馆 CIP 数据核字(2022)第 128496 号

社区公共危机治理概论（高等教育应急管理系列教材）

总 主 编 范中启
主　　编 许文文
责任编辑 罗秀全
编　　辑 胡　畔
责任校对 张艳蕾
封面设计 罗针盘

出版发行 应急管理出版社（北京市朝阳区芍药居 35 号　100029）
电　　话 010-84657898（总编室）　010-84657880（读者服务部）
网　　址 www.cciph.com.cn
印　　刷 北京地大彩印有限公司
经　　销 全国新华书店

开　　本 787mm×1092mm $^{1}/_{16}$　**印张** 13　**字数** 277 千字
版　　次 2022 年 11 月第 1 版　2022 年 11 月第 1 次印刷
社内编号 20220779　**定价** 42.00 元